기후변화

SEÁN MCDONAGH
CLIMATE CHANGE
The Challenge to All of Us

The Columba Press
55A Spruce Avenue, Stillorgan Industrial Park,
Blackrock, Co Dublin
Copyright © 2006 Seán McDonagh

All rights reserved

Translated by Meeja HAMM
Korean translation copyright © 2008 Benedict Press, Waegwan, Korea
Korean translation edition is published by arrangement with Seán McDonagh

기후변화
2008년 3월 초판
옮긴이 · 함미자 | 펴낸이 · 이형우
ⓒ 분도출판사
등록 · 1962년 5월 7일 라15호
718-806 경북 칠곡군 왜관읍 왜관리 134의 1
왜관 본사 · 전화 054-970-2400 · 팩스 054-971-0179
서울 지사 · 전화 02-2266-3605 · 팩스 02-2271-3605
www.bundobook.co.kr
ISBN 978-89-419-0805-0 03230
값 10,000원

이 책의 한국어판 저작권은
Seán McDonagh와 독점 계약한 분도출판사에 있습니다.
저작권법에 따라 한국 내에서 보호를 받는 저작물이므로
무단 전재와 무단 복제를 금합니다.

기후변화

션 맥도나 함미자 옮김

분도출판사

감사의 말

이 책을 쓰는 동안 많은 도움을 주신 엘리자베스 맥아들에게 감사드린다. 또한 수차에 걸쳐 교정 작업을 해 주신 팻 코너튼 신부님께 감사드린다. 여러 가지 유익한 제안을 해 주신 션 보일 편집장에게도 감사드린다.

climate change

- 서문 7

1 · 대기권 13
2 · 기후변화와 극단적 기후 27
3 · 기후변화, 바다, 생태계 39
4 · 기후변화에 대한 반응 69
5 · 교토 의정서 89
6 · 원자력이 지구온난화의 해결책인가? 107
7 · 에너지 효율과 재생가능에너지 135
8 · 석유 생산의 정점과 운송 163
9 · 교회는 지구온난화에 어떻게 대응하고 있는가? 179

- 옮긴이의 말 229
- 관련 웹사이트 231
- 참고문헌 233
- 색인 235

많은 지원과 우정 어린 격려를 보내 준
골롬반의 동료 선교사들에게 이 책을 바칩니다.

■■■■ 서문

2006년 1월, 서로 다른 세 나라 정치인들이 지구온난화의 여파가 이 제껏 생각했던 것보다 훨씬 더 심각하다는 사실을 인정했다. 마이클 제프리 장관은 '2006년 호주의 날'에 행한 연설에서 "환경과 관련하여 우리가 직면하고 있는 가장 커다란 도전 가운데 하나는 지구온난화"라고 경고한 바 있다.[1] 빌 클린턴 전 미국 대통령은 스위스에서 열린 다보스 세계경제포럼Davos World Economic Forum에서 기후변화는 현재 우리가 직면한 가장 절박한 위협이라고 말했다. 기후변화는 문명의 발전에 종지부를 찍을 힘이 있다.[2] 영국의 토니 블레어 전 총리는 환경보고서 「위험한 기후변화를 피하는 길」Avoiding Dangerous Climate Change 서두에서, "기후변화의 위험은 우리가 생각하는 것보다 분명히 더 심각할 수 있다"라고 말한다.[3]

---

[1] Stephanie, Peatling, "Our golden soil is in danger, Jeffery warns", *The Sydney Morning Herald*, 27 January 2006, www.smh.com.au/news/national

[2] "Clinton's climate change threat", *The Sunday Independent*, 29 January 2006, 16.

[3] Michael McCarthy, "Climate poses increased threat, admits Blair", *The Independent*, 30 January 2006. www.news.independent.co.uk30/01/2006, 1 of 2.

영국 정부 과학수석자문위원 데이비드 킹은 "지구온난화가 야기하는 문제들은 정부가 직면한 가장 큰 도전이다"라고 거듭 주장했다.[4] 1970년대 후반에 『가이아: 지구 상의 생명을 보는 새로운 관점』Gaia: A New Look at Life on Earth을 쓴 과학자 제임스 러브록이 『가이아의 보복』The Revenge of Gaia이라는 새로운 책을 출판했다. 이 책에서 그는 21세기가 끝나기 전에 지구온난화로 온대의 기온이 섭씨 8도의 증가를 보일 것이며, 아열대의 기온은 섭씨 5도의 증가를 보일 것이라고 예측했다. 또한 기후변화는 바다의 조류를 통해 지구 곳곳에 열을 분배하는 세계의 열염 체계熱鹽體系(thermohaline system: 해수 온도와 염분에 의한 작용 체계)에 혼란을 가져올 것이라고 말했다. 기후변화에 대해 오랫동안 회의적이던 데이비드 아텐보러David Attenborough도 지금은 지구온난화가 일어나고 있다는 것을 확신하고 있다. 그 결과 그는 2006년 5월과 6월에 걸쳐 기후변화와 그 영향에 관한 두 편의 BBC 방송 다큐멘터리 제작에 참여했다. 그가 지구온난화에 대한 경고를 내보낸 이유는 아주 단순하다. "우리 손자들을 마주 보면서, 이런 위험에 대해 알고 있으면서 어떻게 내가 아무것도 하지 않았다고 말하겠는가."[5]

2006년 3월, 『사이언스』에 발표된 두 편의 연구 논문도 2100년 안에 해수면이 6미터 상승할 것이라고 예측했다. 그중 한 연구의 주 저자인 베트 오토-블리스너Bette Otto-Bliesner는 적합한 컴퓨터 모델을 만들기 위해 오래된 산호와 북극과 남극의 얼음덩어리에서 채집한 광범위한 자료를 사용했다. 그는 모델을 역으로 돌려 검증했을 때 거기서 얻은 결과가 정확하다는 것을 확인했다. 그런 다음 그 모델을 정상적으로 운용한 결과, 앞으로 100

---

[4] Eco Quotes, *The Guardian*, Environment Supplement, 3 November 2004, 12.

[5] Stuart Wavell, "It's serious – Attenborough says stop climate change", *The Sunday Independent*, news review, 21 May 2006, 8.

년 동안 해수면이 5~6미터 상승하게 된다는 사실을 알아냈다.[6] 이러한 현상이 생태계에 미칠 영향은 막대하며, 수천만 명의 생활환경이 매우 열악해지는 결과를 초래할 것이다.[7] 아일랜드의 더블린Dublin, 코크Cork, 워터포드Waterford, 벨파스트Belfast와 그 외 많은 도시, 특히 '다수 세계'[8]에 속한 많은 도시의 광대한 지역들이 범람하게 될 것이다.

현재 '다수 세계'라고 불리는 남반구 국가들의 상태는 더욱 심각해질 것이다. 영국의 기독교 자선단체인 크리스쳔 에이드Christian Aid가 예측한 바로는, 금세기 말까지 아프리카 사하라 사막 이남의 1억 8천2백만 주민이 지구온난화에 의한 질병으로 목숨을 잃을 것이라 한다. 말라리아, 콜레라, 뎅기열과 리프트 밸리열Rift Valley fever 같은 질병들이 더 기승을 부리게 될 것이며, 지금까지 영향을 받지 않았던 곳으로 확산될 것이다.[9]

이 책 제1장은 대기권에 대한 주제를 다루고, 지구의 역사에서 자연적으로 발생하는 온난화와 냉각기를 인간이 초래한 기후변화로부터 분리하려고 한다. 제2장 '기후변화와 극단적 기후'에서는 기후변화와 극단적 기후 형태 간의 관계를 조사한다. 제3장에서는 기후변화가 바다와 생태계에 미치는 영향을 알아본다. 제4장은 부정否定으로부터 문제를 삼으려는 시도

[6] Dick Ahlstrom, "Six-metre sea level rise predicted", *The Irish Times*, 24 March 2006, 15.
[7] James Lovelock, *The Revenge of Gaia*, Penguin, London, 2006.
[8] 오늘날에는 부국과 빈국의 관계를 묘사할 적당한 용어를 찾기가 어렵다. 1960~80년대에는 제1세계와 제3세계라는 용어가 사용되었지만, 제3세계인들이 제3의 지위에 처해지는 것을 달가워하지 않았다. 다른 용어로는 개발국과 개발도상국이라는 것이 있다. 지구 파괴의 주범이 경제 발전을 이룩한 나라들이므로, 다른 나라들까지 이러한 발전 노선을 따르라고 하는 것은 집단 자살을 부추기는 것과 같다. 그러므로 두 용어가 다 적절치 못하다. 부국들이 대개 북반구에 있으므로 일각에서는 그냥 북쪽과 남쪽이라고도 한다. 그러나 호주와 뉴질랜드는 남반구에 있다. 최근에는 다수와 소수 세계(Majority and Minority Worlds)라는 용어를 쓰기 시작했다. 이것은 단순히 인구통계학적 동일성의 표시다. 지구 상 빈자의 대부분은 다수 세계에, 부자의 대부분은 소수 세계에 거주한다.
[9] John Vidal, "Africa climate change could kill millions", *The Guardian*, 15 May 2006, 25.

에 이르기까지, 기후변화에 대한 여러 반응을 조사한다. 제5장은 1997년 온실가스 감축에 합의한 교토 의정서 The Kyoto Protocol에 대한 점검과 추후 진전 상황을 요약·설명한다. 일각에서는 기후변화에 대처하는 한 방법으로 원자력을 제안한다. 제6장에서는 그 제안을 검토한다. 제7장은 에너지 효율과 재생가능에너지원을 개발함으로써 온실가스 배출을 줄이기 위해 무엇을 해야 하는지에 초점을 맞춘다. 제8장은 '석유 생산의 정점頂點'(peak oil)의 개념에 무엇이 포함되는지, 그리고 도로와 항공수송을 포함한 현대의 운송 장치에 석유 생산 정점이 어떤 영향을 미칠 수 있는지 논한다. 제9장은 기후변화라는 과제에 교회가 어떻게 대응해야 하는지와 교회가 이 막대한 도전을 다루기 위해 향후 몇 년간 무엇을 해야 하는지 살펴본다.

안타깝게도 교황 베네딕도 16세가 모든 성직자에게 보낸 첫 회칙 「하느님은 사랑이십니다」 Deus Caritas Est와 교황청 주재 외교사절들에게 한 2006년의 연설문에는 지구온난화나 더 광범위한 환경 관련 문제들이 포함되어 있지 않다.

1979년에 발간된 교황 요한 바오로 2세의 첫 회칙 「인간의 구원자」 Redemptor Hominis에 환경에 미치는 위협이 언급된 점을 감안하면, 베네딕도 16세의 회칙에 환경 관련 문제들이 언급되지 않은 사실은 실망스럽다. 요한 바오로 2세는 바오로 사도가 로마 신자들에게 보낸 서간 8장 22절에서 "모든 피조물이 지금까지 다 함께 탄식하며 진통을 겪고 있다"고 한 말을 묵상하면서, 그 말을 전 세계적 환경파괴에 적용시켰다. 그러나 요한 바오로 2세도 지구온난화에 대해서 특별히 언급하지는 않았다.

베네딕도 16세는 2006년 6월 4일, 성령강림대축일 강론에서 환경보호의 필요성에 대해 언급한 바 있다.

이 책의 목적은 기후변화가 여러 문제 가운데 단지 환경과 관련된 한 가지 문제가 아니라는 것을 독자에게 이해시키는 것이다. 현재 일어나고 있는 대량의 종족파괴를 제외하고 기후변화는 이제까지 인류와 지구가 직면한 가장 심각한 환경문제다. 기후변화를 인류가 직면한 가장 심각하고 위급한 문제로 여기는 사람이 실제로 많다.

이러한 점들을 염두에 두고, 가톨릭 교회가 이 세상에서 생명이 번성하게 하는 것을 가장 중요한 사명이라고 믿는다면, 가톨릭 교회 안에서 기후변화가 최우선적으로 다루어져야 할 것이다.

다행히도, 지구온난화 문제가 영국 성공회 내에서 중요한 문제로 인식되고 있다. 2006년 3월 28일, 영국 BBC 라디오 채널 4와의 인터뷰에서 캔터베리의 로완 윌리엄스Rowan Williams 대주교는 영국 정치 지도자들이 기후변화를 조절하기 위한 행동에 실패한다면, 하느님 앞에서 막중한 책임에 대해 답변해야 할 것이라고 경고했다. 그는 기후변화에 대한 교토 의정서 같은 강제성을 띤 국제 의정서에 대해 말하기 좋아하는 사람은 없을지라도, 수십억 사람들에게 고통과 고난과 죽음을 초래할 수 있는 세계경제의 붕괴를 막기 위해, 좀 더 일치된 행동을 취해야 할 필요가 있다고 역설했다. 아울러, 탄소 배출량 감축을 위한 자신의 공약을 재천명하기 위해, 환경 전문 감시관들이 성공회 내의 탄소 배출 지역을 측정하도록 람베스 궁의 대주교 자택과 성공회 소유 자산들을 조사 중이라고 말했다.[10]

바로 이것이 모든 교회가 취해야 할 행동이다. 행동을 취할 수 있는 시간이 그야말로 얼마 남지 않았다. 과학자들은 향후 20년 동안 해마다 2.6%씩 탄소 배출량이 줄지 않으면, 이 지구 상 생태계에 돌이킬 수 없는 피해

---

10 Ruth Glendhill, "Politicians will answer: Dr. Williams said that global warming was a moral issue", *The Times*, 29 March 2006. www.timesonline.co.uk/politicians will answer/politics/29/03/2006

를 줄 것이라고 강력하게 주장한다. 2006년 1월 30일, 영국 학술원The Royal Society의 기후변화 보고서 발간에 즈음하여 '틴들 기후변화 연구 센터'Tyndall Centre for Climate Change Research의 레이첼 워렌Rachel Warren은 과학자와 정책 담당자들에게, 정부가 향후 20년 안에 기후변화에 대비하여 행동해야 한다고 경고했다.[11]

---

11 Lewis Smith, "20 years to defuse climate disaster time bomb", *Irish Independent*, 31 January 2006, 13.

■■■ 1

대기권

대기권은 지상 약 100킬로미터까지의 영역이다. 지구 대기권을 형성하는 가스의 대부분은 지상에서 5~10킬로미터 높이에서 발견된다. 이렇게 얇은 층의 가스 덕분에 지구의 모든 생명체가 살게 되는 것이다. 태양 에너지는 모든 생명체에 필수적인 것으로 대기권을 통해 지구에 도달한다. 대기권이 존재하지 않는다면 우리가 알고 있는 모든 생명체는 존재하지 않을 것이다. 대기권이 없다면 지구의 평균 기온은 대략 섭씨 영하 18도가 될 것이다. 이렇게 추운 기온에서는 생명체가 잘 자랄 수 없다. 대기권의 보호막 때문에 지구의 평균 기온은 섭씨 15도 정도를 유지할 수 있다.[1]

    대기권은 우리에게 필요한 구름과 바람을 생성한다. 구름은 대기권을 바다와 연결시키는 물순환 체계의 핵심 요소인 비를 생성한다. 대기권에

---

[1] 이 단락의 내용은 『그리스도교 천년기의 녹화』(Greening the Christian Millennium)에도 서술되어 있다. Dominican Publications, Dublin, 1999, 62-84.

는 뚜렷한 네 층이 있다. 대류권對流圈은 지표면에서 시작하여 지상 약 12킬로미터까지 뻗어 있다. 대류권은 대기권에 있는 가스의 80%를 함유한다. 이 대기층에서 가장 중요한 것은 대류권의 온도 변화다. 이것은 지표 부분이 가장 따뜻하고 그 후 1킬로미터 상승할 때마다 섭씨 6.5도씩 차가워진다는 것을 뜻한다. 대류권 위에는 성층권이 있다. 대류권과는 반대로 성층권은 위로 올라갈수록 뜨거워지는데 이것은 자외선 에너지를 끌어들이는 오존이 풍부하기 때문이다. 지표 50킬로미터 상공에는 섭씨 영하 90도의 중간권이 존재한다. 이곳은 대기권에서 가장 추운 곳이다. 중간권 위에는 매우 얇은 가스층으로 형성된 열권熱圈이 자리 잡고 있다.[2]

(인간의 활동이 기후변화를 초래했다고 비난하기 훨씬 전) 짧은 온난기 직전의 빙하기는 적어도 2백만 년 동안 세계 기후사의 한 특징이 되었다. 약 12만 년 전에 시작된 빙하기 마지막 기간 동안 아일랜드 대부분은 1킬로미터 두께의 얼음 아래 묻혀 있었다. 얼음이 매우 무거워 지각地殼을 맨틀mantle(지각과 핵 사이의 층)로 밀어 넣은 곳도 있다. 12,000년 전 얼음이 녹은 이래 곳에 따라서는 아직도 지각변동이 이루어지고 있다.

이렇게 온난기와 냉각기가 규칙적으로 반복되는 이유로, 과학자들은 세 가지 자연 발생적 현상을 꼽는다. 첫째 현상은 지구의 궤도가 원형圓形이라기보다 오히려 타원형에 더 가깝다는 사실에서 발생한다. 지구는 태양에 더 가까워지기도 하고 더 멀어지기도 하는데, 그 결과가 지구의 기후에 영향을 미치는 것이다. 또한 이것은 지구에 도달하는 태양 광선의 세기가 연중 현저히 다르다는 것을 뜻한다. 보통은 1월과 7월의 수치를 비교해 보면, 태양열의 차이는 6% 정도밖에 되지 않는다. 지구의 궤도가 완전히 타

---

[2] Tim Flannery, *The Weather Makers: The History and Future Impact of Climate Change*, Allen Lane (Penguin), London, 2005, 20-21.

원형이 될 때는 그 차이가 20~30%로 꽤 많은 양이다. 이러한 현상은 10만 년을 주기로 나타난다.

둘째 현상은 지구의 자전축 기울기와 관련된다. 이 기울기는 보통 23.4도에 머물지만 21.8~24.4도로 변하기도 한다. 이 주기는 태양열이 도달할 지점을 결정하는데, 이 주기가 완성되는 데는 42,000년이 걸린다.

셋째 현상은 22,000년마다 지구 회전축에 '흔들림'이 발생하는 것이다. 이 주기 동안에는 지구 축이 북극성을 가리키는 쪽에서 직녀성을 가리키는 쪽으로 이동한다. 이런 현상은 각 계절 기후의 강도에 영향을 미쳐서 덥지 않은 여름과 혹독하게 추운 겨울을 초래한다.

이들 세 자연 주기는 세르비아 과학자 밀루틴 밀란코비치의 이름을 따서 '밀란코비치 주기'Milankovitch cycles라고 부른다. 그는 '빙하기'와 '간빙기'間氷期의 발생을 설명하기 위해, 이러한 자연 발생적 현상들을 최초로 이용했다. 그의 이론은 연구 논문들이 세르비아어로 쓰였기 때문에 잘 알려지지 않았으며 영어로는 1960년대까지 발표된 바 없다.

'밀란코비치 주기'의 가장 흥미로운 관점 가운데 하나는, 그러한 주기가 동시에 일어났을 때조차 연간 지구에 가해지는 태양열은 0.1%도 채 안 되는데, 그런 작은 변화들이 빙하기의 시작을 자극할 수 있다는 사실이다.[3] 이러한 세 과정이 동시에 이루어지고 있다고 가정한다면, 지금 이 시점에서 지구의 기후는 따뜻한 간빙기에서 다시 빙하기로 되돌아가야 한다.

태양의 흑점은 국부적 기후변화에도 영향을 줄 수 있다. 17세기 말과 18세기 초에 태양 흑점 감소의 여파가 유럽을 강타하여, 리피나 템스 같은 강들이 정기적으로 얼어붙는 혹한의 원인이 되었다는 견해가 있다. 최초

---

[3] Tim Flannery, op. cit., 41-42.

로 이 문제에 관심을 가졌던 과학자의 이름을 따서 이 기간을 '마운더 극소기'Maunder minimum, 즉 '태양 흑점 수가 비정상적으로 감소된 시기'라고 부른다.[4] 어떤 과학자는 태양 흑점이 활동을 멈추면 일시적으로 지구가 냉각될 수 있다고 주장한다. 그러나 곧이어, 그러한 현상이 인간이 초래한 기후변화의 파괴를 단지 유예하는 것일 뿐이라고 지적한다.[5]

인간이 초래한 기후변화

그러나 과학자들, 특히 유엔 정부간 기후변화위원회UN's Intergovernmental Panel on Climate Change(IPCC)에서 활동하는 과학자들은 현금現今의 지구온난화가 인간 활동에 기인한다는 데는 의견의 일치를 보았다. 이것은 특히 산업혁명 이래, 과거 두 세기에 걸쳐 화석연료를 태운 것이 원인이었다. 영국 물리학자 존 틴들John Tyndall은 처음으로 이 분야에서 의미 있는 연구를 시작한 인물이다. 1859년, 그는 여러 종류의 가스 열을 끌어들이는 특성을 연구하기 위해 분광 광도계分光光度計(spectrophotometer)를 고안했다. 그는 대기권 대부분을 차지하는 가스인 산소와 질소가 빛과 적외선 양쪽을 모두 통과한다는 사실을 발견했다. 또 대기권에서는 이산화탄소와 무색 · 무취 · 무미한 기체 메탄의 양이 산소나 질소보다 훨씬 적지만, 적외선의 열을 끌어들인다는 것도 발견했다. 틴들은 바로 이런 가스들이 기후를 결정하는 원인이라는 것을 알아냈다. 이런 가스들이 존재하지 않는다면, 지구의 평균기온은 섭씨 영하 18도가량 되었을 것이다. 그러나 이산화탄소, 메

---

[4] Martin Rees, *Our Final Century; Will The Human Race Survive the Twenty-First Century?* William Heinemann, London, 2003, 106.

[5] Stuart Clark, "Saved by the SUN", *Newscientist*, 16 September 2006, 36.

탄과 다른 열을 흡수하는 가스들을 포함하는 보호층이 있기 때문에 지구 평균기온은 섭씨 영상 15도를 유지할 있으며 지구를 유기체가 번성하기에 매우 적합한 장소가 되도록 해 준다.

스웨덴의 화학자 스반테 아레니우스Svante Arrhenius가 틴들의 연구를 기초로 또 다른 연구를 추진하는 데는 거의 40년이 걸렸다. 그는 산업화된 세계가 대기권으로 맹렬히 토해 내는 이산화탄소가 기존 탄소에 추가되고 있는지 그리고 그 결과 어떤 일이 일어날 수 있는지에 대해 의문을 품었다. 1894년, 그는 이산화탄소 농도가 배로 증가하면, 지구의 온도에 어떤 변화가 일어날 수 있는지 계산하기 시작했다. 컴퓨터가 없던 때라, 이 프로젝트와 관련된 계산에 1년이 걸렸다. 1885년 12월, 그는 드디어 '스웨덴 왕립 과학 아카데미'Royal Swedish Academy에 연구 논문을 제출했다. 대기권에 이산화탄소 농도가 배로 증가하면, 지구의 기후는 그 영향을 받아 평균기온도 점차 올라갈 것이라는 예측이 연구의 결론이었다. 그는 석탄을 태워 대기권에 이산화탄소 농도를 배로 증가시키는 데 3,000년이 걸릴 것이라고 추정했다.

아레니우스의 발표 이래 70년 동안, 인간의 활동, 특히 화석연료를 태우는 일이 지구의 기후변화에 영향을 미치는지에 대해 과학자들은 거의 연구하지 않았다. 혹자는 바다가 대기권에 남아 있는 여분의 탄소를 빨아들이게 될 것이라고 주장한다. 대부분의 과학자들은 최근의 지구 역사에 의하면, 대기권에 있는 가스의 분포는 거의 일정하게 유지되어 왔다고 가정했다. 그러나 비교적 제한된 지역에 대해 하루나 이틀 정도의 짧은 기간을 미리 예측한다 할지라도 일기예보에 커다란 발전이 있었다.

지난 50여 년에 걸친 기후 연구로, 우리는 기후변화에 대해 상당히 많이 알게 되었다. 과학자들은 자료의 공급원을 더 많이 가지고 있다. 이러한 자료들은 전 세계 기상대의 정보망을 통해 입수되는 자료들 외에 인공위성, 빙핵氷核, 해저 표본, 기후에 관한 기록과 수목학樹木學(dendrology)으로부터 얻어진다.

주요 지식 공급원 중 하나는 남북 양극 지대에서 발견되는 빙상氷床(ice sheet)이다. 과학자들은 이제 빙상으로부터 1마일 깊이에 있는 표본을 채집할 수 있게 되었으며, 그런 표본을 이용하여 과거의 기후변화 모델에 관한 모든 종류의 정보를 얻게 되었다. 빙핵은 과학자들에게 과거 40만 년 동안 특정 시점에 대기권 내 존재한 다양한 종류의 가스 비율에 대해 말해 준다. 이 연구는 '기후변화는 매우 느리게 일어난다'는 기존 기후학의 독단적 주장을 뒤집었다. 이를 설명하는 한 사건은 12,000년 전 '소빙하기'小氷河期(Younger Dryas)라는 급속한 기후변화다. 이것은 희귀 식물로 유명한 아일랜드 중서부 클레어 주 뷰렌 지방에 서식하는 마운틴 아벤스Mountain Avens, 일명 담자리꽃나무Dryas octopetala라는 아름다운 극지 고산식물과 관련된 사건이다. 과거 수천 년 동안 온난기를 거쳤던 지구가 심한 냉각기로 급속하게 환원하여, 1200년 동안이나 소빙하기가 지속되었던 것이다.[6]

기온에 대한 자료는 빙상과 얼음에서 발견되는 작은 기포 내의 공기와 가스의 구성비에서 얻을 수 있다. 이러한 자료들은 지구 기온이 중간 플라이오세mid-Pliocene 온난기로 알려진 과거 350만 년 동안의 기온과 거의 비슷하게 따뜻하다는 사실을 지적해 준다. 빙핵은 과거 10,000년 동안 대기 내 이산화탄소가 200년 전 산업혁명 초기까지 평균 280ppm이었다는 사실을 말해 준다. 그러나 1958년 하와이 마우나 로아Mauna Loa 천문 기상대에서 찰스 킬링Charles Keeling의 연구 팀이 측정한 대기 내 이산화탄소는

---

6 Elizabeth Kolbert, "The Climate of Man 1", *The New Yorker*, 25 April 2005, 67.

315ppm이었다. 2005년에는 378ppm으로 증가했으며 해마다 2ppm씩 증가되는 추세다. 산업혁명 이래 대기 내 이산화탄소는 35% 증가한 것으로 추정되며[7] 2050년에는 500ppm을 넘을 것으로 예상되고 있다.

    뉴욕 고다드 우주연구소Goddard Institute for Space Studies(GISS) 같은 특수 연구소들은 기후가 어떻게 작용하며 기후변화의 역학力學이 무엇인지를 더 잘 이해할 다른 수단들을 제공한다. 고다드 우주연구소는 미 항공우주국NASA의 전진기지인데 처음에는 행성 연구기지로 출범했다. 오늘날 연구소의 주된 기능 가운데 하나는 기후정보를 제공하는 것이다. 고다드 우주연구소 소속 과학자 150명은 기후예측의 다양한 변수들, 즉 해양·식물 생장·대기권·구름의 변화와 강우량의 패턴 등을 연구한다. 연구 결과는 슈퍼컴퓨터에 입력되어 사용가능한 수학 공식으로 표현된다. 이러한 연구 결과를 토대로 고다드 우주연구소 소속 과학자들은 최근 '모델 E'라는 기후변화 모델을 개발했다. 125,000행의 컴퓨터 프로그램으로 이루어진 이 모델도 오늘날 가동 중인 컴퓨터 기후 모델 가운데 하나에 불과하다. 현재 독일 포츠담 임팩트 연구소Potsdam Institute Impact Research를 포함한 세계 각국에서 활용되는 컴퓨터 모델들은 15종에 이른다. 이들의 자료는 대부분 유엔 정부간 기후변화위원회에 제공된다.[8]

    과학자들은 이 미래 기후 예측 모델들의 정확성을 시험했다. 연구 결과가 문서·수목학·빙핵 등과 같은 다른 정보 원천이 제시한 과거의 실제 기후 패턴과 일치하는지 확인하려고 모델들을 역으로 돌려보았다. 고다드 우주연구소의 기후 모델은 1991년 필리핀 루손 섬의 피나투보Pinatubo 화

---

[7] Robin Mckie, "Condemned to death by degrees if we fail to act", *The Observer*, 26 June 2005, A1.

[8] Elizabeth Kolbert, "The Climate of Man 2", *The New Yorker*, 2 May 2005, 67.

산 폭발에서 얻은 데이터들을 계산에 넣었다. 당시 화산은 대기권에 무려 2천만 톤이 넘는 가스를 쏟아 냈다. 이 가스는 응축하여 햇빛이 다시 우주로 반사되도록 아주 작은 황산 물방울들이 되었다. 피나투보 화산 폭발이 세계 기후에 미친 영향에 대해 '모델 E'를 이용한 계산은 오차 범위가 900분의 1 정도밖에 안 되는 정확성을 기록했다.[9] 매우 정확한 것이었다.

북극 해저 표본에 대한 최근의 연구 결과에 따르면, 5,500만 년 전의 기후는 지금보다 훨씬 더 더워 연 평균기온이 섭씨 74도였다고 한다. 해저 표본 분석 결과에 의해, 과학자들은 북극 기온의 상승 요인인 열을 발생시키는 가스의 잠재력을 지금까지 과학계가 과소평가했다고 주장한다. 이제 과학자들은 해저 표본을 조사함으로써, 지난 4,500만 년에 걸쳐 진행되고 있는 가열과 냉각의 여러 주기를 이해할 수 있게 되었다. 이 연구는 기후 역사에서, 온난기와 냉각기의 반복이 근본적으로 '온실효과'라는 이론을 뒷받침할 것으로 보인다.[10]

최근 대기 내 여러 종류의 가스 비율에 변화가 생긴 원인은 무엇일까? 과거 두 세기 반 동안 사람들은 화석연료를 더욱 광범위하게 사용하기 시작했다. 영국, 유럽 대륙, 뒤따라 미국에서 일어난 산업혁명 초창기에 소요되는 동력을 공급하기 위해 처음에는 석탄이 사용되었다. 1880년대에 기름이 발견되자 기름이 점차 석탄을 대체하게 되었는데, 기름이 석탄보다 다방면으로 쓰임새가 훨씬 많다는 것이 주된 이유였다. 또한 승용차·화물차·열차·항공기·선박 내연기관의 연료로 기름이 더 선호되었다. 지금은 메탄이 주성분인 천연가스가 산업용과 가정용으로 널리 사용되고

---

9 *Ibid.*, 68.

10 Andrew C. Rivkin, "Studies Portray Tropical Arctic in Distant Past", *The New York Times*, 1 June 2006, www.nytimes.com/2006/06/01/science/earth01climate.html, 1-3.

있다. 천연가스는 21세기 초반의 가장 중요한 연료로 각광받게 될 것이다.

20세기, 특히 제2차 세계대전 이후에 승용차 보유가 늘자 탄화수소 사용이 급증했고 화력 발전發電에도 화석연료가 사용되었다. 실제로 20세기에 화석연료 소모량은 무려 16배나 증가했다.[11] 화석연료 소모량이 급증하자 대기의 가스 비율이 현저히 변화되었고 대기는 열을 받기 시작했다.

영국 이스트 앵글리아 대학 과학자들의 연구에 따르면, 20세기 후반은 800년 이래 북반구에서 가장 더운 기간이었다. 이 연구를 위해 과학자들은 나무의 나이테, 빙핵, 조개껍질의 화학적 구성에서 역사적 문헌에 이르기까지 다양한 출처에서 얻은 자료들을 활용했다. 이 연구의 공동 저자 티머시 오스본Timothy Osborn은 "과거 12,000년 동안 일어난 모든 자연적 온난기와 냉각기의 사건들과 비교할 때, 20세기는 비정상적으로 확산된 온기가 지속되는 점이 두드러진다"고 말했다.[12]

지구온난화를 '온실효과'라고 부르는 이유는 단순하다. 태양 복사열의 대부분은 지구 표면에 흡수된다. 나머지는 반사되어 되돌아가기도 하고 우주 공간으로 흩어져 버리기도 한다. 그러나 어떤 장파長波 복사에너지는 이산화탄소, 메탄이나 기타 다른 종류의 온실가스들에 붙잡힌다. 이런 가스들이 온실 유리와 같은 역할을 하여 열을 축적한다. 기후 조건을 조절하고 생명체의 존속에 필수적인 온기와 습기를 유지하는 지구에서, 이 모든 과정은 정상적으로 진행되고 있다. 대기 내 여러 종류의 가스 비율이 대체로 일정하게 유지되는 한, 현 생태계의 지속적 존립을 보장할 수 있는 균형이 확립되는 것이다.

---

11 Tim Flannery, *The Weather Makers*, op. cit., 77.

12 Steve Connor, "World is at its warmest for a millennium", *The Independent*, 10 February 2006. www.news.independent.co.uk/environment/article344513 11/02/2006

기후변화의 원인이 되는 가스는 이산화탄소 말고도 있다. 바로 메탄, 이산화질소, 불화탄화수소, 불화탄소와 황 헥사불소 같은 가스들이다. 메탄가스는 화석연료 추출, 목축, 벼농사, 쓰레기 매립과 특히 최근에는 영구동토층永久凍土層의 해빙 때문에도 발생한다. 대기권에서 메탄의 평균 존속 기간은 대략 12년 정도다. 이는 메탄의 수명이 이산화탄소보다 훨씬 짧다는 것을 말해 준다.

이산화질소는 비중이 작은 온실가스다. 대기권에서 이산화질소의 농도는 0.3ppm이며 현재는 산업혁명 이전보다 약 16% 정도 증가한 수준이다. 그러나 이산화질소의 수명은 길어서 대기권 잔류 기간이 약 115년이나 된다.[13] 이산화질소의 주 공급원은 농업, 화공업과 화석연료의 연소다.

염화불화탄소 화합물Chlorofluorocarbon(CFC)이 대기 오존층을 파괴한다는 사실이 1970년대에 알려지기 전까지는, 이 화학제품도 안전성과 다양한 용도 때문에 냉각제로 널리 사용되었다. 대기권으로 방출되면 염소가 오존층에 도달하는 데 5년이 걸린다. 오존층에 도달하면 염소는 오존을 공격하여 파괴시킨다. 1985년, 조 파만Joe Farman이 이끄는 영국의 남극 탐사팀은 남극 상공 오존층의 거대한 면적이 대기권에서 사라진 사실을 발견한다. 오존은 태양에서 방출되는 해로운 자외선의 복사를 흡수하기 때문에, 오존 결핍은 인류 복지와 자연계에 막대한 악영향을 끼친다. 1980년대 초 각국 정부가 오존 결핍의 심각성을 인지한 결과, 1987년 몬트리올 의정서The Montreal Protocol가 채택되었다. 염화불화탄소류는 온실가스다. 극미량의 염화불화탄소류만 대기에 포함되어 있어도, 단 한 개의 분자가 지구온난화에 미치는 영향은 이산화탄소 분자의 5,000~10,000배에 달한다.

---

[13] John Haughton, 2004, *Global Warming*, CUP, 44.

몬트리올 의정서가 채택된 이래, 염화불화탄소류는 다른 할로겐화탄소와 불화탄화수소로 대체되었다. 이 두 화학제품은 염소나 브롬 성분이 없기 때문에 오존층을 파괴하지 않는다. 이 제품이 지구온난화에 미치는 영향은 염화불화탄소류보다 훨씬 적지만, 대량생산이 계속될 경우 지구온난화를 초래하는 가스도 증가할 것이다.

유엔 정부간 기후변화위원회가 제출한 가상 시나리오에 의하면, 지구 평균기온은 지속적으로 상승될 것이다. 이 위원회는 지표 온도가 21세기 말까지 섭씨 1.4~5.8도가량 상승할 것이라고 추정한다. 2006년 5월, 영국 생태·수문학水文學 센터Centre for Ecology and Hydrology 연구원들은 이 수치가 낮춰 잡은 예측이며, 적어도 섭씨 2도 정도 더 상승할 수도 있다고 주장했다. 이 연구소 이사인 피터 콕스Peter Cox에 의하면, 이러한 최초의 추정은 이산화탄소가 마치 지구에 담요를 두른 듯한 단열 효과를 가져온다는 잘 알려진 사실에 근거한 것이었다. 덜 알려진 사실은, 지구온난화로 이산화탄소가 육지와 바다 양쪽에서 더 많이 배출되어, 결국 대기 내 이산화탄소를 증가시키는 결과를 초래한다는 것이다. 연쇄 효과로 발생하는 다음 단계는 훨씬 더 심각한 지구온난화다.[14]

기온변화의 폭이 낮게 책정되었다손 치더라도, 기후변화의 역동성, 기후변화가 미칠 영향과 최악의 사태를 완화시킬 방법은 강구되어야 한다.

어떤 측면에서 이러한 변화들은 일부 지역이 현재보다 실제로 더 추워질 수도 있다는 것을 뜻한다. 예컨대 멕시코 만류Gulf Stream가 지구온난화의 영향으로 방해를 받을 수도 있고 아일랜드, 영국과 북유럽이 소빙하기에 돌입할 수 있다. 멕시코 만류는 서유럽에 태양열의 3분의 1을 공급한

---

14 Ian Sample, "Global warming predictions are underestimated say scientists", *The Guardian*, 23 May 2006, 3.

다. 멕시코 만류의 속도가 느려지다가 멈춘 과거 기록들이 있는데, 이러한 현상의 원인이 된 과정들이 지금은 더 잘 파악되고 있다. 멕시코 만류에서 유입된 더운 바닷물이 북상하여 대서양의 추운 지역들로 이동하면서, 주변 바닷물보다 염분 농도가 높아진 바닷물은 무거워 가라앉게 된다. 결과적으로 더 따뜻하고 짠 바닷물이 북쪽으로 유입된다. 녹아내리는 빙하에서 흘러 들어온 담수淡水가 멕시코 만류의 염도를 희석시키면, 서유럽에 미치는 온난화의 강한 충격은 멈추거나 감소할 수도 있다.[15]

현재 북극에서 일어나는 지구온난화는 '알베도 효과'Albedo effect로 알려진 현상을 통해 가속화되고 있다. '알베도'는 순백색을 뜻하는 라틴어에서 왔다. 겨울 동안 북극해의 결빙結氷 지역이 확장되면서 증가한 흰 표면이 태양 광선을 반사하여 우주로 되돌려 보낸다. 알베도 효과는 0.8~0.9 정도로 측정된다. 그러나 해빙解氷과 함께 바닷물이 태양열을 흡수하면, 알베도 효과는 0.1~0.07 이하로 떨어진다. 이러한 현상을 엘리자베스 콜버트는 「뉴요커」 기고문에서, "최상의 반사재反射材를 최악의 반사재로 대체하는 것과 같다"고 간단명료하게 설명했다.[16] 여기서 우리는 자동제어장치의 순환 개념을 본다. 해빙海氷이 바다로 더 많이 유입될수록 더 큰 에너지를 흡수하는데 이것이 지구를 데우는 원인이 된다. 엘리자베스 콜버트는 북극해의 급속한 온난화의 주된 원인이 바로 알베도 효과라고 본다.[17]

일부 회의론자와 기득권자들, 특히 화석연료 산업에 엄청난 투자를 하는 기업들이 있음에도 불구하고, 이제는 과학자들 사이에 기후변화가 실제 일어나고 있다는 데 대해 폭넓은 공감대가 형성되어 있다. 그러므로 기후변화가 인간과 다른 피조물과 지구에 미칠 영향에 대한 충분한 이해가

---

[15] Tim Flannery, op. cit., 60.
[16] Elizabeth Kolbert, *The New Yorker*, 25 April 2005, 64.　　　　　[17] *Ibid*.

있어야겠다. 결국, 최악의 사태를 막기 위해 우리가 할 수 있는 일이 무엇인지도 마땅히 알아야겠다.

기후변화와 관련된 시간의 척도

이 책 18-9쪽에서 언급했듯이, 최근까지도 기후가 갑자기 변화하지는 않을 것이며, 현저한 기후변화가 일어나기까지는 수십 년 혹은 수세기가 걸릴 것이라는 가정이 우세했다.

최근 이러한 가정이 도전받고 있다. 더블린 트리니티 대학의 과학자들은, 약 11,500년 전 위클로우 주 글렌달로에 매우 심한 지역적 기후변화가 있었다는 사실을 발견했다. 과학자들은 호수의 침전물에서 추출된 꽃가루를 분석하여, 7년 동안에 툰드라 같은 동토凍土 기후에서 온화한 기후로 변했다는 사실을 알아냈다. 처음에는 풀과 히스과科 식물과 약간의 노간주나무 덤불만 있던 지역에, 10년 동안 자작나무·떡갈나무·느릅나무와 소나무 등이 생장했다. 이 프로젝트의 통계학자 존 해슬럿John Haslett은 이렇게 말했다. "이 기후변화 속도는 우리를 어리둥절하게 만든다. 그러한 변화는 영화「투모로」The Day After Tomorrow에서처럼 24시간 내에 일어나지는 않을지 몰라도 영화가 보여 준 과학적 시각은 정확하다. 심각한 기후변화는 멕시코 만류의 유입·유출 현상과 관련이 있다." [18]

제2장은 그린란드의 현재 상황이 11,500년 전 위클로우에서 일어난 현상과 매우 흡사하다는 것을 일깨워 준다. 현 시점에서, 우리는 기후변화가 급작스럽게 일어나는 현상을 목격할 수 있을까?

---

[18] Jan Battles, "How Wicklow went from artic to mild in seven years", *The Sunday Times*, 25 June 2006, 6.

■■■2

기후변화와 극단적 기후

점점 빈번해지고 격렬해지는 폭풍

지구온난화가 자메이카와 멕시코 해안 지방에 엄청난 참화를 가져온 1988년의 길버트Gilbert 같은 광포한 열대성 허리케인의 직접적인 원인은 아닐 수도 있다. 그러나 지구온난화 때문에 악화되었다. 1992년에 플로리다 주를 강타한 허리케인 앤드루Andrew도 마찬가지다. 허리케인 미치Mitch는 1999년 10월 중앙아메리카를 강타하여 막대한 홍수 피해를 냈으며, 베네수엘라의 카리브 해안에 산사태를 일으켜 무려 10,000여 명의 사망자가 발생했다.[1] 2004년에는 카리브 해와 미국 남부에 다수의 사망자와 막대한 재산 피해를 초래한 네 번의 강력한 허리케인이 발생했다. 이 허리케인들은 450억 달러 이상의 재산 피해를 낸 것으로 집계되었다.

2004년에 일본, 대만, 한국, 필리핀 등의 태평양 연안 국가들은 유례없

---

[1] Sir David King, "Clean air act", *The Guardian Supplement*, 24 November 2004, 15.

이 강력한 태풍을 겪었다. 최근 사상 최초로 남대서양에서 허리케인이 발생했다. 허리케인 카타리나Catarina가 몰고 온 시속 90마일의 강풍은 브라질을 휩쓸어 12명이 사망했다. 과학자들은 지구온난화가 가속화됨에 따라 아열대 폭풍의 강도와 발생 횟수가 모두 증가할 것이라고 예측한다.[2]

2005년, 대서양과 카리브 해 지역에서 관측 이래 허리케인이 가장 많이 발생하여 1969년의 기록을 깼다. 허리케인 카트리나Katrina는 뉴올리언스 시, 미시시피 주와 앨라배마 주 걸프 해안 대부분을 초토화시킨 위력 때문에 향후 수십 년 동안 사람들의 뇌리에서 지워지지 않을 것이다. 150만여 명에 달하는 이재민이 발생했고 1,800명이 목숨을 잃었다. 이 폭풍으로 미시시피 강의 제방이 무너져, 해수면보다 6피트나 낮은 뉴올리언스로 강물이 마구 쏟아져 들어왔다. 도시 복구 사업과 이재민 구호 비용은 약 1,000억 달러로 추산되었다. 이 재해로 인해 사람들이 겪은 끔찍한 고통 비용은 이 금액에 포함되지도 않았다.

그 후 한 달도 채 지나지 않아 리타Rita라는 강력한 허리케인이 루이지애나와 텍사스 해변을 강타했다. 어느 한 시점을 기준으로 이 허리케인은 최고 강도를 뜻하는 '카테고리 5'에까지 이르렀고, 갈브스톤Galveston과 아서 항Port Arthur의 정유 시설을 덮쳐 석유산업을 붕괴시킬 가능성 때문에 많은 사람을 공포로 몰아넣었다. 또다시 백만 명 이상이 갈브스톤과 휴스턴을 떠나 이재민이 될 수밖에 없었다. 주 정부와 연방 정부 관계자들은 허리케인 리타가, 개선된 대비 태세에도 불구하고 건물 창문을 박살내고 고압선을 쓰러뜨리는 등 엄청난 피해를 입혔다고 했다. 해당 지역 주민들의 대피 과정은 극도로 어려웠다. 수많은 인파가 몇 시간 동안 고속도로에서 발이

---

2 "G8 Summit", *The Independent*, 5 July 2005, 7.

묶여 꼼짝할 수 없었다. 주유소에 유류 공급이 끊겨 수천 대 자동차의 연료가 바닥났다. 휴스턴에서 양로원 노인 38명을 싣고 대피하던 버스에 화재가 발생하여 댈러스 남쪽에서 폭발했다. 이 사고로 적어도 24명이 목숨을 잃었다. 허리케인 리타가 몰고 온 폭우와 강풍이 재차 뉴올리언스의 제방들을 무너뜨렸다. 진행 중인 복구 작업도 4주가량 지체되었다.

  2005년 10월 19일에는 대서양에서 형성된 강력한 허리케인 윌마Wilma가 멕시코와 플로리다 주를 향해 돌진했다. 생성 초기에 이미 극도로 위험한 '카테고리 5' 허리케인이었다. 윌마는 2005년 들어 21번째 발생한 대형 태풍이었다. 2005년 10월 23일, 윌마는 멕시코 유카탄 해안에 막대한 피해를 입힌 후 플로리다 주를 강타하여 적어도 6명의 목숨을 앗아 가고 3백만 가구에 전기 공급을 끊어 놓았다. 보험회사들은 플로리다 주 예상 복구 비용을 약 90억 달러로 추정했다. 윌마는 지난 15개월 이내 플로리다 주를 덮친 여덟 번째 허리케인이었다. 같은 해 10월, 윌마가 쿠바에 상륙하자 64만 명이 대피했고, 스쿠버 장비를 갖춘 구조대원들이 고무보트와 수륙양용차를 이용하여 아바나 침수 지역 주민 250여 명을 구했다.

  열대성 폭우는 태평양에서도 발생한다. 1970년, 20세기 최악의 폭우 중 하나가 방글라데시 저지대에서 무려 25만 명의 목숨을 앗아 갔다. 1999년, 방글라데시에 상륙한 또 다른 강력한 태풍도 막대한 인명 피해를 초래했다. 1993년에는 필리핀 루손 남부의 동쪽 해안을 덮친 태풍의 영향으로 산사태가 발생하여 수천 명이 목숨을 잃었다.

  특정 폭우가 지구온난화의 직접적인 결과라고 단정할 수는 없지만, 기온과 해수면 상승이 해안 지역에 심각한 피해를 초래하리라는 사실은 분명하다. 가용한 과학적 증거는 지구온난화가 장차 미증유의 파괴력을 지닌 허리케인을 발생시킬 수 있음을 암시한다(이미 진행되고 있는지도 모른다).

열대성 폭우가 더욱 격렬해진다는 경험적 증거가 있다. 매사추세츠 공과대학(MIT)의 허리케인 전문가 케리 엠마누엘Kerry Emanuel은, 지난 30년 동안 허리케인의 강도가 두 배로 증가했다는 연구 결과를 『네이처』Nature에 발표했다.[3] 샌디에이고 소재 캘리포니아 대학교의 나오미 오레스크스 Naomi Oreskes는 1993년부터 2003년까지 다른 과학 학술지에 발표된 928편의 논문을 분석한 결과를 『네이처』에 기고했다. 그녀는 여기서, 인간의 행위 때문에 지구 온도가 상승하고 있다는 최근의 일치된 견해를 반박하는 논문이 단 한 편도 없다는 사실을 발견했다.[4]

보험회사도 기후변화의 진행을 감지하고 있다. 2000년, 세계 최대의 보험회사 중 하나로 손꼽히는 뮤니히-레Munich-Re는 한 보고서에서 이렇게 주장했다. "기후변화는 전 세계적으로 연간 수천 억 달러의 손실을 초래할 것이다. 대부분의 국가에서 기후변화로 인한 연간 손실은 국민총생산량(GNP)의 1% 미만에서 시작하여, 작은 도서島嶼 국가의 경우에는 10%를 초과하는 수준까지도 이를 수 있다."[5]

영국과 아일랜드의 극단적 기후

지구온난화가 예상대로 지속된다면, 극단적 기후가 아일랜드와 영국에 영향을 미칠 것이다. 영국 정부와 기후변화 과학자들의 지원으로 만들어진 보고서가 2004년 4월 말에 발표되었다. 보고서에 의하면 그해 초 석 달 동

---

[3] *New York Times*, 11 September 2005. www.nytimes.com/2005/09/11opinion

[4] Robin Meckie, "Condemned to death by degrees if we fail to act", *The Observer*, 7 July 2005, A2.

[5] *Solidarity with the Victims of Climate Change*, January 2002, World Council of Churches, 9.

안의 기온이 과거 천 년 동안의 어느 시점보다 더 크게 상승했다고 한다. 이 보고서는 영국과 아일랜드의 기후가 더 따뜻해지고 더 불안정해질 것이라고 예측했다. 2002년 11월에 더블린, 코크Cork와 미드Meath 주 지역에 광범위한 홍수가 발생했다. 30년에 한 번 있을까 말까 한 이런 홍수가 이제는 빈번히 일어나고 있다.

50년마다 한 번씩 홍수가 나던 지역들도 2080년이 되면 10년 중 9년은 홍수를 겪게 될 것이다. 겨울이 되면 해안 지역은 이전보다 더 자주 폭풍우와 거친 바다의 호된 공격을 받게 될 것이다. 아일랜드와 영국의 여름은 더 길고 건조해질 것이라고 예측하는 이들이 많다. 평균기온은 10년마다 섭씨 0.25도씩 상승할 것이다. 영국 남부의 최고 온도가 섭씨 40도까지 상승할 것이다. 이 격심한 기후변화는 아일랜드의 농업과 풍광에 엄청난 영향을 끼칠 것이다.[6]

다른 분석가들은 아일랜드의 미래가 그리 밝지는 않을 것이라고 예상한다.[7] 이 예측은 북극의 만년설萬年雪이 녹으면서 온화한 북유럽 기후의 원인이 되는 멕시코 만류의 흐름을 방해하거나 일시적으로 정지시킬 수 있다는 사실에 근거한다. 이미 언급했듯이, 멕시코 만류 북쪽으로 유입되는 따뜻한 소금물이 그린란드의 빙원氷原으로부터 유입되는 담수를 희석시켜 소금물을 해저로 가라앉지 못하게 할 수도 있다. 이 경우 운반 장치인 '컨베이어 벨트'의 속도를 늦추거나 아예 멎게 하여, 세계 기후에 지대한 악영향을 미칠 것이다. 결국 아일랜드와 북유럽 대부분 지역이 지금보다 훨씬 추워질 것이다. 전혀 달갑지 않은 시나리오다! 멕시코 만류의 열염 순환熱

---

[6] Ann Cahill, "Days of drought and deluge loom", *The Irish Examiner*, 1 May 2002, 5.
[7] William Calvin, *A Brain for All Seasons, Evolution and Abrupt Climate Change*, University of Chicago Press, 2002.

鹽循環이 금세기 내로 완전히 끝나버릴 가능성은 희박하지만, 그 속도가 느려질 가능성은 확실히 상존한다.

빙하가 녹는다

지구 상에는 약 16만 개의 빙하가 있다. 이 가운데 지난 30년 동안 단 40개 정도만 면밀히 관찰되어 왔다. 이들 대부분은 지난 20년 동안 지구온난화로 인해 급속히 녹아내리고 있다. 지구온난화가 계속되면 빙하는 더 빠른 속도로 이동하고 붕괴할 것이라는 두려운 조짐이 모든 측면에서 나타나고 있다. 빙하의 용해가 가속화되는 원인은 빙하 표면에서 녹은 물이 갈라진 틈새로 스며들어 윤활유처럼 빙하의 활동을 촉진하는 데 있다.

영국 남부 항구도시 스완지 소재 웨일스 대학의 아드리안 루크만Adrian Luckman과 동료 과학자들은 그린란드와 캉거들룩쑤아크Kangerdlugssuaq와 헬헬름Helhelm의 빙하 중 가장 큰 두 개의 빙하를 연구한다. 서로 300킬로미터 정도 떨어진 이 빙하들은 그린란드 면적의 10분의 1에 이르는 얼음 덩어리들을 대서양으로 던져 넣는다. 과학자들은 이 빙하들이 2004~5년 사이에 활동 속도를 배로 증가시켜, 연간 14킬로미터의 속도로 움직이고 있다는 것을 발견했다. 1998년에 과학자들은 세계에서 가장 빠르게 움직이는 쟈콥샤븐Jakobshavn 빙하가 비슷한 증가 속도를 보이고 있음을 알아낸 바 있다. 과학자들은 위성사진을 통해, 캉거들룩쑤아크와 헬헬름의 두 빙하가 해마다 100입방킬로미터의 얼음덩어리들을 대서양으로 쏟아 붓는다는 사실을 산출해 냈다. 루크만은 『지구물리학 연구 동향』*Geophysical Research Letters*이라는 학술지에 기고한 글에서, "오랜 세월 활동하지 않던 이 두 빙하가 최근 수년 동안 서로 비슷하게 활동하는 것은 기후변화라는 공통된 원인에 기인하며, 그린란드의 다른 빙하들도 이와 유사하게 반응할 확률이 높다는 사실을 암시한다"고 주장했다.[8]

히말라야 산맥 동쪽의 눈과 얼음은 1970년대 이래 30% 감소했다.[9] 향후 5년 내로 히말라야 산맥 고지대, 특히 네팔과 부탄의 얼음이 녹으면 많게는 40여 개의 호수가 새로 생길 것이다. 이 신생 호수들이 둑을 무너뜨린다면 저지대 골짜기 주민들은 엄청난 피해를 입게 된다. 폴 브라운에 의하면, "인도, 파키스탄, 아프가니스탄, 티베트와 중국에 비슷한 종류의 유동적 시한폭탄이 수백 개 더 존재한다는 주장이 있다".[10] 이 많은 신생 호수들이 지질학적으로 불안정한 지역에 있다는 사실 때문에 상황은 더욱 위험해 보인다. 대규모 지진은 재앙을 유발한다.

해빙解氷이 농업에 미치는 영향도 파국적이다. 히말라야 산맥에서 빙하가 녹아내리면, 갠지스 · 브라마푸트라 · 메콩 · 양쯔 강의 수위水位가 영향을 받는다. 인류의 4분의 1 이상이 식량 생산을 이 강에 의존한다.[11]

남아메리카 페루는 지난 30년 동안 빙하의 3분의 1가량을 잃었다. 인구의 대다수가 리마 같은 대도시에 밀집해 있는 페루인들에게 이런 현상이 초래할 결과는 치명적이다. 리마의 수자원은 빙하에서 유입되는 강물에 의존한다. 향후 20년 안에 안데스 산맥의 페루 쪽 빙하가 녹아 없어지면, 리마의 7백만 주민들은 심각한 물 기근 현상에 시달리게 될 것이다.[12]

---

[8] "Glacier Slip-Sliding Away", *Newscientist*, 11 February 2006, 7.

[9] David Adam, "UN urged to save glaciers and reefs", *The Guardian*, 16 March 2006, 9.

[10] Paul Brown, "Global warming melts glaciers and produces many unstable lakes", *The Guardian*, 17 April 2002.

[11] Elizabeth Kolbert, "The Climate of Man", op. cit., 71.

[12] Michael McCarthy, "Waiting in the wings: the other leaders who must take a giant leap for the planet", *The Independent*, 5 July 2005, 5.

아이슬란드는 빙하를 체계적으로 연구할 뿐 아니라 빙하의 상태를 일상 대화거리로 삼을 만큼 빙하에 관심이 큰 나라다. 여름 해빙기가 끝나고 가을이 되면 '아이슬란드 빙하 연구소'Icelandic Glaciological Society의 자원봉사자들은 300개가 넘는 빙하의 상태를 조사하여 보고서를 제출한다. 지구온난화를 믿지 않는 사람들은 1970~80년대 아이슬란드 빙하의 증가 현상을 종종 거론한다. 그러나 1990년도 중반부터 아이슬란드의 빙하가 (처음에는 천천히, 점차 빠르게) 감소하기 시작했다. 예를 들면, 솔하이마조컬Solheimajokull이라는 빙하는 1996년부터 서서히 감소하기 시작했는데, 한 해 손실 폭이 10피트나 되었다. 1997년에는 33피트, 1998년에는 98피트에 이르렀다. 2003년에는 302피트가 사라졌고 2004년에는 285피트가 더 줄었다. 2004년, 이 빙하는 1994년보다 무려 11,000피트나 작아졌다. 일부 기후 예측 모델이 향후 150년 내 아이슬란드에 빙하가 사라질 것이라고 예언할 정도로 현 사태는 절망적이다.[13]

지구온난화로 인한 빙하 소멸 현상은 범세계적이다. 그러나 일부 경우, 특히 스칸디나비아 해양 빙하들은 평형을 유지하거나 20세기 마지막 수십 년 동안은 미미하나마 확장되기까지 했다. 로완 필리Rowan Fealy와 존 스위니John Sweeney는 『국제 기후학 저널』에 발표한 보고서에서, 이러한 북대서양 대기의 변이성變異性은 바다에서 불어 오는 바람의 강도가 세졌기 때문이라고 주장한다. 이 현상은 남쪽에서 유입되는 따뜻한 공기가 그 지역으로 들어오는 것을 방해한다. 겨울 강수량의 변화도 해양 빙하의 변화에 영향을 끼친다. 그러나 1980년대 이래 스칸디나비아의 해양 빙하는 감소 추세에 있으며, 지구온난화로 지구 온도가 상승함에 따라 감소 폭도 계속 증

---

[13] Elizabeth Kolbert, "The Climate of Man 1", *The New Yorker*, 25 April 2006, 70.

가할 것으로 예상된다.[14] 지구온난화로 그린란드에도 같은 현상이 빚어진다. 만년설 정상頂上부터 빙하가 놀라운 속도로 녹아내리는 동안에도 만년설의 일부는 겨울 동안 적설량이 증가하면 두터워진다. 노르웨이 과학자 올라 요하네센Ola Johannessen(2005년도 유럽연합의 데카르트European Commission's Descartes 상은 그의 연구 팀에게 수여되었다)은 미국 '극우파 정책 연구소들'right-wing think-tanks이 지구온난화 주장을 반박하는 데 자신들의 데이터를 사용하자 아연실색했다. 2005년 5월 미국 석유화학 회사 엑손 모빌Exxon Mobile이 거금 200만 달러를 투자하여 설립한 기업 경쟁력 연구소Competitive Enterprise Institute는, 빙하 감소론이 근거 없는 통설일 뿐이라는 텔레비전 연속 광고를 내보냈다. 이 상업광고는 "이산화탄소 — 남들은 공해라 하지만 우리는 생명이라 부른다"라는 슬로건으로 끝난다.[15]

겨울 관광산업이 타격받는다

빙하가 녹으면 스키 관광산업도 피해를 입는다. 스위스만 하더라도 스키장의 반 이상이 영향을 받을 것이다. 독일, 이탈리아와 오스트리아가 입을 영향은 더 심각하다. 이 나라들은 향후 10년 동안 적설량이 충분하리라고는 기대하지 않는다. 적설량이 부족한 산기슭 스키장은 인공 눈을 사용하고 있다. 살균제, 소금, 수백만 입방미터의 물을 함유한 인공 눈은 토양과 식물에 부정적인 영향을 끼친다.

---

[14] Rowan Fealy and John Sweeney, "Detection of a possible change point in atmospheric variability in the north Atlantic and its effects on Scandinavian Glacier mass Balance", *International Journal of Climatology*, 2005.

[15] Frank McDonald, "Global Warming: the front line", *The Irish Times, Weekend Review*, 24 June 2006, 3.

스위스 연방 눈 연구소Swiss Federal Institute for Snow와 다보스Davos의 눈사태 연구소Avalanche Research 소속 과학자 소냐 비프Sonja Wipf는 "지구온난화가 이 지역 전 생태계에 영향을 미치고 있다"고 주장한다. "봄 서리 내리는 시기가 점점 더 늦어져 식물들의 결정적인 성장 단계에 심각한 피해를 입히는 바람에" 2005년 다보스와 클로스터스Klosters 지역의 월귤나무 blue berry 농사는 완전히 실패했다.[16] 알프스 빙하의 용해로 많은 종의 알프스 고산식물이 모진 시련을 겪고 결국 멸종에 이르고 말 것이다. 노리치 소재 이스트 앵글리아 대학 기후 연구소Climate Research Unit의 데이비드 바이너David Viner 연구원은 기후변화로 유럽 관광객들은 대륙의 모진 혹서기를 피해 영국과 아일랜드로 떼 지어 몰려올 것이라고 내다본다.[17]

영구 동토층

화씨 32도 미만, 즉 결빙 상태가 2년 이상 지속되는 토양이나 바위를 '영구 동토층'Permafrost이라 부른다. 이것은 겨울 동안에 얼었다가 늦은 봄이나 초여름에 녹는 토양과는 뚜렷한 차이를 보인다. 과거 10만 년 이상 수백만 에이커를 차지했던 북극지방의 영구 동토층이 녹기 시작했다는 증거가 포착되었다. 영구 동토층이 녹으면서 대지에 거대한 균열이 생기기 시작했다. 이것이 '서모카르스트'thermokarsts 지형이다. 서모카르스트 지형은 알래스카의 페어뱅크스 지역에 정기적으로 나타난다. 연쇄적 해동解凍 효과로 거주 불능 상태의 가옥이 많아졌고 도로도 많이 파손되었다.

---

16 Jennifer Forsyth and Nelson Graves, "Steep Decline", *The Guardian*, Society/Guardian/Environment, 15, 2006, 8.

17 www.travel.guardian.co.uk/print/0,,329540820-104894,html

안타깝게도, 영구 동토층의 해동이 미치는 부정적 영향은 이 외에도 많다. 그나마 최근까지는 죽은 나무나 다른 유기체들이 완전히 썩지 않을 정도로 추웠다. 부분적으로 썩은 유기체에서 새로운 식물들이 발아했다. 시간이 흐르면서, 이렇게 일부만 썩은 유기체들의 층이 영구 동토층으로 밀려 내려가 수천 년간 결빙 상태로 남아 있었다. 이것을 '동토 구조'凍土構造(cryoturbation)라고 한다. 영구 동토층이 녹자 이러한 유기체들이 다시 썩기 시작했고, 이 과정에서 이산화탄소와 메탄이 대기 속으로 방출되었다. 북극지방 전역에 걸쳐 이렇게 썩은 유기체들이 얼마나 더 많이 매장되어 있는지는 알려지지 않았다. 혹자는 무려 4천억 미터톤을 상회할 것이라고 추정한다.[18]

---

[18] Elizabeth Kolbert, "The Climate of Man 1", *The New Yorker*, 25 April 2005, 61.

■■■3

기후변화, 바다, 생태계

해수면의 상승

빙하기는 12만 년 전에 시작되었고 지구가 따뜻해지기 시작한 것은 약 15,000년 전부터다. 빙하기의 해수면은 오늘날보다 적어도 100미터 정도 낮았다. 기후가 온화해지면서 유럽과 북아메리카의 만년설이 녹아내린 결과 해수면이 상승하고 있다. 50년 전까지만 해도 해수면의 높이는 약 8,000년 전과 같은 수준에서 안정되었는데 지금 다시 변하고 있다. 현재 해수면의 연간 상승 폭은 3밀리미터로 추산된다.[1] 2001년 유엔 정부간 기후변화위원회(IPCC)는, 2100년에 이르면 해수면 상승 폭이 약 4인치에서 3피트 사이가 될 거라고 예측했다.[2] 그린란드나 남극의 빙상氷床에서 바다로 유입되는 해수량은 산정하지 않았으므로 이 예상치는 실제보다 낮다.

---

[1] John von Radowitz, "Glacier melt rate has doubled in five years", *Irish Examiner*, 17 February 2006, 9.

[2] Elizabeth Kolbert, "The Climate of Man 1", *The New Yorker*, 25 April 2005, 68.

그린란드와 남극의 예상 기온은 이미 지구 전체 평균기온보다 섭씨 1~3도 정도 높게 나온다. 최근 수십 년 동안 해 온 대로 화석연료를 계속 사용하여 그린란드의 만년설이 녹아내린다면, 해수면은 적어도 6미터가량 상승하게 될 것이다. 예전에는 해수면이 이 정도 상승하려면 약 1,000년 세월이 걸릴 거라고 했지만, 최근의 연구 결과는 이러한 예측을 뒤집었다. 가령, 2002년에 그린란드와 북극의 만년설이 100만 킬로미터 축소되었다는 사실을 발견함으로써 그해까지 최대 규모를 기록했다. 하지만 2년 후인 2004년, 과학자들은 그린란드의 빙하들이 예상했던 것보다 열 배나 더 빠른 속도로 녹아내리고 있다는 사실을 발견했다.[3]

영국 자연환경연구협회Britain's Natural Environment Research Council 대표 앨런 트롭Alan Thrope에 의하면, 과거 40년 동안 양극지방의 온난화는 지구 어느 곳보다 더 빠르게 진행되고 있다. 2002년 3월, 남극 파견 과학자들은 라센B 빙붕氷棚(ice shelf)이 5~10억 톤의 담수淡水를 바다로 쏟아 부으며 급속히 지도에서 사라지고 있다고 발표했다. 빙하학자들은 이 지역의 붕괴 속도에 경악했다. 단 31일이 걸렸을 뿐이다. 2005년, 영국 남극 탐사국British Antarctic Survey 팀장 크리스 레이플리Chris Rapley 교수는 서남극의 거대한 빙상이 붕괴하고 있다고 발표했다. 이는 그 자체만으로도 해수면을 자그마치 16피트나 상승시킬 수 있음을 의미한다.[4]

2006년 3월, 콜로라도 대학 연구 팀은 위성 자료를 분석하여, 남극 빙상에서 매년 36입방마일의 얼음이 사라지고 있다고 판단했다. 매우 의미심장한 발견이다. 비유컨대, 로스앤젤레스 같은 도시의 연간 물 소비량도 고

---

[3] Tim Flannery, op. cit., 144.

[4] Michael McCarthy, "Climate poses increased threat, admits Blair", *The Independent*, 30 January 2006. www.news.independent.co.uk/environment/article341944 30/01/2006, 1 of 2.

작 1입방마일에 불과하다. 여기다가 35입방마일을 더한 만큼의 엄청난 양이 서남극 빙상에서 사라지고 있는 것이다. 유엔 정부간 기후변화위원회의 2001년도 연구는 21세기에 남극 빙상이 확장될 것이라는 예측을 내놓았다. 그 지역의 온도가 상승함에 따라 설위雪位가 높아진다는 이유에서였다. 그러나 내륙과 해안 지역에서 일어나는 변화의 역동성을 간과했기 때문에 이런 이유는 옳지 않을 수도 있다.[5]

남극 빙원이 그토록 급속히 붕괴되는 이유는 그 지역의 기온이 과거 50년 동안 섭씨 2.5도 상승했기 때문이다. 얼음이 유동하고 눈이 녹아 해수가 되면, 알베도 효과가 감소되어 북극과 남극의 기온은 더 빠르게 상승한다. 제1장에서 언급했듯이(24쪽 참조), 알베도 효과는 얼음이 눈으로 덮여 있을 때 가장 높고, 얼음이 녹아 해수가 되면 가장 낮아진다.[6] 빙상의 감소는 야생동물, 특히 북극곰에게 해롭다. 발밑의 얼음이 깨지면 먹잇감인 바다표범 사냥이 훨씬 더 힘들어지기 때문이다. 바다표범을 사냥하지 못하게 되면 북극곰의 미래는 불확실해지고 멸종 사태에 직면할지도 모른다.

콜로라도의 미국 국립 설해雪海 자료 센터US National Snow and Ocean Data Center 과학자들은 북극지방의 따뜻한 공기가 더 많은 양의 얼음을 녹여 다시 공기를 데우는 파괴적 악순환을 우려하고 있다. 2006년은 2003년 이래 연이어 녹아내린 얼음 양이 평균치보다 많았던 네 번째 해였다. 이러한 현상은 해빙海氷의 전체 감소율을 2002년의 6.4%에서 8%로 높였다.[7] 콜로라도 소재 미국 국립 빙설氷雪 자료 센터US National Snow and Ice Data Center의

---

[5] *Ibid.*

[6] Elizabeth Kolbert, "The Climate of Man 1", *The New Yorker*, 25 April 2005, 64.

[7] David Adam, "Arctic meltdown just decades away, scientists warn", *Sydney Morning Herald*, www.smh.com.au/news/world/arctic-meltdown../30/09/2005

월트 마이어Walt Meier 연구원은, 2006년 3월 북극의 해빙海氷 지역이 전년에 비해 30만 평방킬로미터나 줄었다는 연구 보고서를 제출했다. 녹는 속도가 이 추세대로라면 2030년에는 북극에서 아예 얼음이 사라지게 될지도 모른다고 전문가들은 예측한다.[8]

그린란드 빙원은 170만 평방킬로미터 지역을 두께 3킬로미터로 덮고 있다. 2006년 초에 발표된 연구 결과는 이 빙원에서 사라진 얼음의 양이 극적으로 증가했음을 보여 준다. 1996년에는 90입방킬로미터였던 것이 2005년에 무려 224입방킬로미터로 증가했다.[9] 그린란드의 빙상이 완전히 녹아 없어지면, 지구 상의 해수면은 23피트 혹은 7미터 상승할 것이다.[10]

2005년, 과학자들은 표류하는 해빙海氷덩어리가 한 세기 혹은 훨씬 더 긴 기간 동안 가장 작은 크기로 축소되었다는 사실이 새로운 자료들에 의해 밝혀졌기 때문에, 북극지방의 지구온난화는 걷잡을 수 없이 가속화될 것이라고 경고했다. 2006년 3월, 인공위성은 북극의 겨울 해빙海氷이 전년도보다 30만 평방킬로미터나 줄었다는 사실을 보여 주는 영상을 보냈다. 각종 데이터를 가장 정교한 기후 모델에 입력·분석한 과학자들은 2080년 즈음이면 북극의 해빙은 사철 내내 존재하지 않을 것이라는 결과를 얻었다. 겨울에 형성되는 계절적 해빙은 계속 남아 있을 것이다. 그러나 여름은 얼음이 없는 계절이 될 것이다.[11]

---

[8] David Adam, "Meltdown fear as Arctic ice cover falls to record winter low", *The Guardian*, 15 May 2006, 12.

[9] John von Radowitz, op. cit., 9.

[10] *Ibid.*

[11] Elizabeth Kolbert, "The Climate of Man 1", *The New Yorker*, 25 April 2005, 65.

해수의 열팽창

해수면 상승의 주된 원인은 해수의 열팽창이다. 수십 년 혹은 수세기에 걸쳐 대기 온도가 상승하면, 열에너지가 대기에서 바다로 점차 이동하게 된다. 물이 열을 받으면 물의 양이 팽창한다. 열팽창이 미치는 결과는 장소마다 다를 것이다. 열팽창은 온대지방보다 열대지방에서 훨씬 더 심각할 것이다. 존 호튼John Houghton 교수는 전형적인 방식을 도입했다. 호튼 교수에 의하면 섭씨 5도(고위도 지역의 전형적인 기온)에서 1도의 상승은 물의 양을 10,000분의 1만큼 증가시키는 원인이 된다. 섭씨 25도(열대 위도의 전형적인 기온)에서 1도의 기온 상승은 물의 양을 약 10,000분의 3만큼 증가하게 한다.12 팽창률이 획일적이지는 않을 것이다. 바다의 최상층이 제일 먼저 뜨거워질 것이다. 세계 해양 자료 센터World Data Center For Oceanography 연구원들은 바다의 온난화에 대한 자료를 50년에 걸쳐 수집했다. 이 자료는 연구 기관, 함정, 잠수함, 상선과 인공위성으로부터 수집되었다. 그들은 700만 번의 관측 결과를 기후 모델에 입력하여 1955년 이래 세계 바다상공 10,000피트가 온난화로 인해 평균 섭씨 0.037도씩 상승하고 있다는 사실을 밝혀냈다. 따뜻해진 물이 광대한 바다를 온난화시키는 데는 훨씬 더 긴 세월이 걸릴지도 모른다. 그럼에도 불구하고 이러한 발견은 우리에게 위기를 알리는데, 이는 온난화가 해양 생물에게 입힐 손상 때문이다.13 더욱이 일단 진행된 과정은 거의 되돌릴 수 없다. 모든 과정이 끝나는 데는 몇백 년의 세월이 걸릴지도 모른다. 그러나 오늘 우리가 취하는 조치는 미

---

12 John Haughton, *Global Warming*, op. cit., 46.
13 Colin Woodard, "Warming up the Seas", *E The Environmental Magazine*, July/August 2005, 38.

래에도 지속될 과정들을 위해 준비하는 것이며, 앞으로 다가올 세대들에게 영향을 미칠 것이다.

해수면 상승이 미치는 영향

예상 수치를 임의로 낮추어 2030년까지 해수면의 높이가 10센티미터만 상승한다고 가정해도, 수천만 명의 생존에 미치는 영향은 부정적이다.

첫째, 지구 상 인구의 반 이상이 인구밀도가 높은 해안 지역에서 생활하고 있으며 가장 비옥한 농경지를 경작하고 있다. 총인구 144,319,628명의 방글라데시는 해수면이 0.5미터만 높아져도 농경지의 반이 소실된다. 수천만 명의 방글라데시 사람들이 이주할 수밖에 없을 것이다.

1970년, 방글라데시에서는 태풍이 몰고 온 폭우와 해일로 약 25만 명이 목숨을 잃었다. 1991년에 발생한 비슷한 태풍에도 10만 명이 목숨을 잃었다. 해안 지역을 해일에서 보호해야 함은 선택의 여지가 없다.

둘째, 농경지 대부분이 삼각주에 위치해 있다. 이 농경지들은 염수鹽水가 신선한 대수층帶水層으로 침식해 들어옴에 따라 소실될 것이며, 일부 해안 지역에는 사람이 살 수 없게 될 것이다. 이런 상황에서 방글라데시의 수백만 환경 난민은 과연 어디로 이주할 것인가?

이러한 상황에 처한 나라가 비단 방글라데시만은 아닐 것이다. 나일 삼각주의 상황도 유사하다. 이집트는 경작 가능한 농경지의 약 20%가 삼각주에 있으며, 7백만 명이 넘는 인구가 삼각주에서 생활한다. 태평양의 투발루, 키리바시, 팔라우, 공가, 마우루와 쿡 제도와 마찬가지로, 인도 해협 인근 저지대의 몰디브와 마셜 제도 같은 섬나라들도 대부분 해발 3미터도 안 되는 곳에서 생활하기 때문에 여건이 매우 불리하다. 해수면 상승 폭이 극히 미미하다 해도 담수지로 바닷물이 유입되면, 얇은 렌즈처럼 취약한 상태에 있는 담수 공급원은 피해를 입는다. 이런 이유로 섬나라들은 홍수로 물에 잠기기 훨씬 전에 식수 공급이 끊겨 사람이 살 수 없게 될 것이다. 필리핀, 인도네시아, 태국, 이집트와 중국에서도 수천만 환경 이재민이 발생할 것이다.

지구 기온이 화씨 5도 상승한 마지막 시기는 3백만 년 전이다. 당시 해수면은 지금보다 80피트 더 높았다. 앞으로 200~300년 후에 이런 일이 발생한다면, 뉴욕·필라델피아·워싱턴과 마이애미를 포함한 미국 동부 해안의 많은 도시가 홍수 피해를 입게 될 것이다. 플로리다 주 대부분은 해수의 범람으로 소실될 것이다.[14]

해수면의 상승은 주요 도시들(더블린, 코크, 워터포드, 리머릭, 골웨이, 슬라이고, 데리 등)이 해안선을 따라 자리하고 있는 아일랜드에도 막대한 비용을 초래할 것이다. 단 0.5미터의 상승에도 이 도시들의 기간 시설은 엄청난 피해를 입는다. 해변 철도는 이전되어야 한다. 기간 시설의 핵심부는 특별히 보호해야 한다. 그러나 바다의 위협에 대비하여 방어 시설을 갖추는 일은 비용이 만만치 않으며, 2005년 미국 뉴올리언스 홍수의 경우에서도 보았듯이 매우 위험한 일이기도 하다.

빙하기에는 아일랜드 북쪽 지역 대부분의 지각을 내리누르던 1킬로미터 이상 되는 만년설이 있었다. 그 지역의 땅이 지금도 계속 원상태로 돌아가려고 하기 때문에, 해수면 상승도 이 현상에 보조를 맞추어 왔다. 빙하기에 심각한 영향을 받지 않은 아일랜드 남쪽 지역은 상황이 다르다. 이는 이 지역이 해수면 상승으로 인한 해안 침식과 홍수의 영향을 더 받게

---

14 Jim Hansen, "The Threat to the Planet", *New York Review*, 13 July 2006, 13.

된다는 뜻이다. 키란 히키는 현재 해안 침식 수준이 1~2미터라고 한다. 지구온난화로부터 해안 지역을 보호하는 데는 많은 자금이 소요된다. 히키는 컨설턴트인 브래디, 쉽만과 마르틴이 작성한 해안 지역 관리 전략에 관한 방대한 보고서를 정부가 묵살한 데 대해 신랄하게 비판했다.[15]

지각地殼에 미치는 기후변화의 영향은 최근 몇 년 동안 많이 연구되어 왔다. 런던 대학의 저명한 과학자 빌 맥과이어는 지질학적 위험에 대해 연구한다. 맥과이어 교수는 기후변화와 그로 인한 빙하의 용해와 해수면의 상승이 역사적으로 지각 변화를 일으켜, 화산 폭발과 지진을 촉발시켰다는 견해를 피력한다. 또한, 화산을 억누르고 있던 빙상과 활성 단층이 용해되어 지각이 다시 튀어 오르고 지진과 화산활동이 증가하게 되었다고 말한다. 그는 10,000년 전에 시작된 현재의 간빙기에 아이슬란드에서 화산활동이 증가했음을 지적하면서, 현재 진행 중인 빙하 용해와 해수면 상승으로 미루어, 과거 아이슬란드에서 일어났던 것과 같은 과정이 다시 되풀이될지도 모른다고 생각한다.[16]

지구온난화와 해양 생태계

해수온난화는 해양 생태계에 영향을 미친다. 알래스카의 베링 해에는 빙어과의 작은 물고기를 비롯하여, 청어와 기타 한대 어류들이 사라져 가고 있다. 해수가 따뜻해지자 날개다랑어 같은 어류가 위도 상 훨씬 북쪽에서도 나타나기 시작했다.

---

[15] Kieran R. Hickey, "Sea-Level Rise Will Cost Ireland Billions", *The Local Planet*, November 2005 - February 2006, 38.

[16] Bill McGuire, "Earth, Fire and Fury", *NewScientist*, 27 May 2006, 32-36.

지구온난화는 산호초에도 큰 변화를 가져온다. 열대 우림과 더불어 산호초도 생물학적으로 지구 상에서 가장 풍부한 생태계 중 하나다. 산호초는 지구 상 어류의 4분의 1을 포함하여, 동식물 900만 종 이상의 서식처다. 지구온난화로 해수 온도가 상승하면서 산호초를 형성하는 산호 개체가 하얀 산호층만 남겨 둔 채 죽어 가기 시작했다. 이런 현상을 '산호 백화 白化'coral bleaching라고 한다. 1998년, 지구 온도가 특히 아시아에서 기록적으로 상승했을 때 산호초의 90%가 백화의 영향을 받았다. 지구온난화로 인해 1998년과 같은 재난이 해마다 발생하게 된다면 산호초의 생존은 전 세계적으로 위험수위에 이르게 될 것이다.[17] 남 호주 박물관South Australian Museum 이사인 팀 플래너리는 『기후 창조자』에서 특히 호주의 거대한 산호초들이 위험에 처해 있다고 주장했다: "2050년 이후 퀸즐랜드를 방문하는 여행객들은 거대한 그루터기 모양의 산호밖에 보지 못할 것이다."[18] 세계 최대의 산호초 단지 그레이트 배리어 리프Great Barrier Reef에 대한 2004년 6월의 퀸즐랜드 가톨릭 주교단 교서는 기후변화, 특히 산호 백화와 해수면 상승에 관련된 문제들이 생태계가 직면하고 있는 문제라고 언급한다.[19] 지구온난화가 현재 속도로 진행된다면 향후 40년 안에 산호초의 절반 정도가 유실될 것이다.

남극대륙 과학자들은 지구온난화와 해수 온도의 상승이 남극대륙의 야생동물에 심각한 악영향을 미친다는 사실을 발견했다. 고래, 바다표범과

---

[17] "G8 Summit", *The Independent*, 5 July 2005, 6.

[18] "The winds that whisper the collapse of civilisation", *The Sydney Morning Herald*, www.smh.com.au/articles/2005/09/231126982230825.html> Tim Flannery, *The Weather Makers*, op. cit., 104-113.

[19] *Let the Many Coastlands be Glad* (Ps 97), *A Pastoral Letter on the Great Barrier Reef*, by The Catholic Bishops of Queensland, 17.

갑각류인 크릴새우를 포함한 많은 생물이 향후 수십 년 내에 감소할 것이다. 2005년의 연구에 의하면 남극반도 서쪽 바다의 온도는 1960년대 이래 1도 상승했다고 한다. 이것은 남쪽 해양이 온난화되고 있다는 첫 번째 증거였다. 종래의 이론은 얼음과 살을 에는 듯한 바람과 해류가 이 지역의 바닷물을 차갑게 유지하여 그곳 생물들을 보호할 것이라는 것이었다.

영국 남극 조사국의 해양생물학자 로이드 펙Lloyd Peck은 말한다: "해수 온도가 예측 못한 방식으로 상승하고 있으며, 이 사실은 해양생물에게 더욱 우려할 일이다. 수집된 증거와 연구 모델에 의하면 남극대륙의 해수 온도는 큰 변화가 없을 것이라고 했다. 그러나 온도가 1도 상승하면 그 지역 동물들은 생물학적 · 생리학적 · 생태학적 능력을 잃고 죽게 될 것이다. 지구온난화가 지금 같은 속도로 향후 50~100년 동안 지속된다면, 지금 내가 연구하는 많은 동물과 전체 동물 종種이 위기에 처하게 될 것이다."[20]

가장 큰 위기에 처할 종은 크릴새우다. 2004년의 연구 보고에 의하면 크릴새우가 1970년 이래 무려 80%나 감소했다고 한다. 과학자들은 크릴새우의 멸종 위기를 해빙海氷의 감소와 연관 짓는다. 크릴새우는 6센티미터까지 자라는 갑각류다. 이들은 많은 해양 종, 특히 고래의 주식이다. 크릴새우의 격감은 해양동물에게 파국적 결과를 가져올 수 있다.

과거 200년 동안 인류가 대기권에 쏟아 부은 필요 이상의 이산화탄소 중 절반가량이 바다로 흡수되었다. 이산화탄소가 바다를 더욱 산성화시키고 있는 것이다. 산업혁명 이래 0.1 pH의 산성도 변화가 일어난 것으로 추정된다. 숫자만으로는 그렇게 엄청난 증가가 아닌 것처럼 보이지만, 실제로는 바다 상층부가 1800년의 평균 산성도보다 30%나 더 산성화되었다는

---

[20] David Adams, "Sea ice melts and glaciers shrink at accelerating rate: Decline in stocks of krill hits entire food chain", The Guardian, 19 October 2005, 9.

것을 뜻한다.²¹ 바다의 산성화는 탄산칼슘이 뼈의 주성분인 수천 해양 종에게 영향을 줄 것이다. 이 중에는 연체동물, 산호초와 석회화하는 다른 생물체가 포함된다. 이런 생물체들은 물이 조금만 산성화되어도 껍질을 만드는 데 어려움을 겪는다. 이런 어려움을 겪게 된 해양 생물체 군집 중 하나는 콜리소포리즈colithophorids라는 해조류海藻類다. 이 해조류는 해양 먹이사슬의 가장 기본이 되는 식물이다. 독일 알프레드 벵거 극지 및 해양 조사연구소Alfred Wenger Institute for Polar and Marine Research의 울프 리베젤 Ulf Riebesel이 이끄는 조사 팀은, 현재 얕은 바다에서 진행되는 산성화 상황에서, 2100년까지 해양 미세조류에 속하는 콜리소포리즈 껍질의 성장은 현재보다 무려 83%나 느려질 것이라는 사실을 발견했다. 이것은 해조류를 먹고 사는 모든 동물에게 어떤 식으로든 끔찍한 영향을 미칠 것이다.²²

담수 문제

지구온난화는 식수와 농업을 위한 담수淡水 확보에 영향을 미칠 것이다. 세계적 차원에서 보면, 북반구의 겨울 강우가 늘고 여름은 더 가물 것으로 예상된다. 남반구와 동남아시아의 우기 강수량은 증가하는 반면 남유럽, 중앙아메리카, 아프리카, 호주 등지는 더욱 건조해질 것이다.

고다드 우주연구소 데이비드 린드David Rind의 예측이 정확하다면 열대 지방의 강수량 증가는 사실과 다를지도 모른다. 제1장에서 고다드 우주연구소가 수년간 정밀한 컴퓨터 기후 모델을 어떻게 정립했는지에 대해 논

---

21 Thomas E. Lovejoy, "Rising acidity threatens marine life", *International Herald-Tribune*, 7 June 2006, 8.

22 Colin Woodward, "Warming up the seas" *E The Environmental Magazine*, July/August 2005, 39.

의한 바 있다. 린드가 이 모델에 이산화탄소의 양을 달리 입력했을 때, 대기에 이산화탄소가 증가하면 세계는 더 심한 담수 부족을 겪게 될 것이라는 사실을 발견했다. 이 부족 현상은 열대지방에서 시작하여 극지방까지 확산된다. 이산화탄소가 2050년까지의 예측 수준인 500ppm에 도달하면, 미국의 방대한 지역이 심한 가뭄에 시달리게 될 것으로 예상된다.[23]

호주 서부에서 기록이 시작된 1829년경부터 1975년까지는 겨울 강수량 예측이 맞아떨어졌다. 이것은 농민들이 겨울 밀 농사를 지을 수 있었고, 작물에 충분한 비가 내릴 것을 확신할 수 있었다는 것을 의미한다. 그러나 1975년 이후, 평균 강수량은 15%나 줄었다. 기후학자들은 이러한 감소 추세가 대체로 지구온난화 때문이라고 주장한다. 강수량의 감소는 밀 농사에 치명적인 영향을 주어 이농離農 현상을 부추긴다.

호주 서부의 수도인 퍼스도 심한 물 부족을 겪고 있다. 겨울 강우가 사라져, 퍼스는 '낭가라 마운드'Gnangara Mound라는 지하수를 끌어 올려 사용해야 했다. 정부는 물 손실을 대체할 지하수를 개발했으나 30년이 지난 지금 지하수도 위태로울 지경이다. 퍼스의 물 전문가들은 미래를 심각하게 걱정한다. 이들은 '물 공급 대실패' 확률이 다섯 중 하나, 즉 20%나 된다고 한다. 도시 식수 공급을 위해 3억 5천만 달러를 들여 바닷물에서 염분을 제거하는 해수 처리장을 설립할 계획도 있다. 이렇게 엄청난 비용을 들여 만든 시설도 현재 수요의 15%밖에 공급하지 못할 것이라고 한다. 이 도시 150만 인구의 미래는 불확실하며, 그 주범은 바로 지구온난화다.

호주 동해안의 시드니는 퍼스보다 훨씬 더 많은 급수 저장 시설을 갖추고 있지만 과거 10년 동안의 가뭄으로 심한 어려움을 겪고 있으며, 지구온

---

23 Elizabeth Kolbert, "The Climate of Man 2", *The New Yorker*, 2 May 2005, 70.

난화로 기온이 계속 상승한다면, 시드니의 미래도 암담하다.[24] 시드니 물 소요량의 80%를 공급하는 와라감바 댐 용량이 37.2% 줄었다. 현재 물 소비량을 근거로 예상컨대 시드니는 2030년까지 2천억 리터의 물 부족을 겪게 될 것이다. 지구 상에서 가장 건조한 대륙에 사는 호주 사람들이 세계에서 가장 물을 많이 소비하는 사람들 가운데 하나라는 사실은 역설적이기도 하다. 호주의 담수 문제를 해결하는 데는 많은 비용이 들 것이다. 이를 위해서는 더욱 엄격한 자원 보호책, 상수도 요금 인상, 해수 처리장 건설 등이 필요하다.[25]

고온은 수분 증발을 가속화하여 더 많은 양의 물 손실을 초래할 것이다. 강수량의 감소와 증발의 가속화는 다양한 토양에 상이한 종의 작물을 재배하는 데 대단히 복합적인 악영향을 미친다. 벼농사를 주로 하는 필리핀 같은 지역은 종래 방식의 농작물 재배에 소요되는 농업용수를 충분히 확보할 수 없을 것이다. 20세기 후반 필리핀에 건설된 고비용의 정교한 관개 시설은 불필요해질 것이다.

2006년 1월, 에티오피아 · 케냐 · 소말리아 · 지부티의 1,100만 주민은 가뭄으로 기근에 시달렸다. 유엔 환경 기구United Nations Environment Agency의 클라우스 토퍼Klaus Toepfer는 기후변화가 산림 벌채와 더불어 가뭄의 원인 중 하나라고 확신한다. 산림 벌채는 비가 올 때 땅이 최대한의 강우량을 저장할 수 있는 능력을 감소시킨다.[26] 옥스팜Oxfam에 의하면, 전 지구적

---

24 Tim Flannery, *The Climate Makers*, Allen Lane, Penguin, 103-131.

25 Xenya Cheerny, "Drought-hit-Sydney Tackles Water Crisis", Reuter News Service, Australia, 8 May 2005. www.planetark.com/daily-newsstory.cfm/newsid/30713/story.htm

26 Rob Crilly, "Climate change a matter of life and death in Africa", *The Irish Times*, 14 January 2006, 11.

차원에서 볼 때 중동과 인도의 아대륙亞大陸(Indian sub-continent)과 그 외 지역에 거주하는 30억 이상이 극심한 물 부족 현상에 직면하게 될 것이라고 한다.[27]

기온이 상승하면서 지구온난화 모델들이 예측하는 바로는, 아일랜드에는 서쪽과 북서쪽 지방에 겨울 우기 동안 지표 위를 흐르는 빗물의 양이 증가할 것이라고 한다. 이 현상은 홍수의 증가를 초래할 것이다. 이와 반대로, 아일랜드 동쪽 지방에는 특히 여름 동안 훨씬 적은 양의 비가 내릴 것이다. 강우량이 30% 정도 감소할 것이라는 예측이다.[28] 아일랜드 국민 대부분이 렌스터, 특히 수도권 더블린 주변에 거주하기 때문에, 수돗물 소요량을 충족시키기 위해서는 중부 내륙 지방의 러프 리Lough Ree로부터 수도관을 설치해 물을 공급받아야 할 것이다. 앞으로 보게 되는 바와 같이, 아일랜드 동쪽 해안 지역의 농민들도 수세기 동안 아일랜드에서 전통적으로 재배해 오던 특정 작물들의 재배를 아예 포기하거나 작물의 관개에 대해 재고해야 할지도 모른다.

사막화

지구의 약 25%를 차지하는 사막에는 대략 5억 명이 살고 있다. 과학자들은 지구온난화로 사막화가 가속화되고 있다고 믿는다. 기후변화는 지구상의 많은 반건조半乾燥 지대를 더욱 건조하게 만들고 있다. 기온이 상승하고 깨끗한 물이 부족해지면, 5억의 사막 거주자들에게는 한층 견디기 힘든

---

[27] "World governments fail to act on aid as water crisis worsens" press release; 19 April 2004, www.oxfam.org.uk/press/release/watercrisis190404.hlm

[28] John Sweeney, et al., *Climate Change: Scenarios and Impacts for Ireland*, Environmental Protection Agency, PO Box 3000, Johnstown Castle, Co Wexford, 98.

상황이 닥칠 것이다. 지하수가 줄고 염분이 늘면 사우디아라비아의 리야드와 미국의 피닉스 같은 도시들은 미래가 그리 밝지 않을지도 모른다.

사막이 점점 확장되고 있는 것은 분명하다: 중국에는 770평방마일 이상의 땅이 해마다 사막으로 변하고 있다. 가축의 과도한 방목과 기타 파괴적 농법들도 한몫을 하기 때문에, 지구온난화가 사막화의 유일한 원인이라고는 말할 수 없다. 그럼에도, 지구온난화는 지구 사막화에 큰 역할을 하고 있으며 상황은 악화일로에 있다. 장기간의 기후 관측 기록에 의하면, 최근 수십 년 동안 강수량은 점차 감소하고 기온은 점차 상승하는 추세를 보인다.[29] 21세기 지구온난화로 예상되는 격심한 가뭄의 악순환 때문에, 중국 일부 변방과 건조 지역들, 그리고 지구 상 많은 다른 지역에서의 사막화는 점증할 것이다.

이란 다슈티크비르 사막은 과거 15년간 강우량이 16% 감소했다. 아프리카 칼라하리 사막의 강우량은 12%, 칠레 아타카마 사막에서는 8% 감소했다.[30] 파키스탄도 가뭄의 영향권에 있다. 2006년 5월 7일 자 「던」지는 6월과 7월 두 달 동안, 파키스탄에 거의 비가 오지 않아 가뭄이 들 가능성이 있다는 기상청의 경고에 관한 보고서를 게재했다. 특히 신드Sindh와 발루치스탄Baluchistan 주에 심한 가뭄이 예상되었다. 가뭄은 농작물뿐 아니라 약 100만 명의 사람들에게 큰 타격을 입힐 것으로 예상되었다.[31]

세계자연보호기금World Wide Fund for Nature이 2003년 1월에 발표한 한 보고서에서, 2002년 호주의 기록적 폭염은 지구온난화 때문이며 건조한

---

29 David Adams, op. cit., 9.

30 John Vidal, "Deserts cities are living on borrowed time, UN warns", *The Guardian*, 5 June 2006. www.guardian.co.uk/print),,329496810110970,00.html 05/06/2006>

31 Sher Baz Khan, "Pakistan facing drought threat", *Dawn*, 8 May 2006.

호주 대륙 전 지역에 미증유의 수분 증발을 초래한 원인이었다고 주장했다. 이 현상들은 지구의 사막화를 촉진시키는 데 기여한다. 이 보고서는 호주 연방 과학 산업 연구소Commonwealth Scientific and Industrial Research Organization(CSIRO) 연구원들의 지지를 받았다. CSIRO 대기 관측 연구 팀의 수석 연구원 케빈 헤네시Kevin Hennessy는 호주 남동부 내륙 지방을 거의 점하는 머레이–달링 분지Murray-Darling Basin의 기온이 2030년까지 섭씨 0.5~2도가량 상승할 것이며, 10% 더 건조해질 것이라고 예측했다.[32] 국민 일인당 연간 27.6톤의 이산화탄소를 배출하는 호주가 세계에서 가장 높은 이산화탄소 배출 국가라는 사실은 흥미롭다. 이것은 호주의 전력 공급 체계가 대부분 석탄을 연료로 사용하는 화력발전소이기 때문이다. 호주에서 생산되는 석탄의 상당량이 아시아 국가들, 특히 일본으로 수출되고 있다. 이런 연유로 존 하워드 수상의 호주 정부가 교토 의정서 비준에 실패한 것이다. 이산화탄소 배출량 순위를 보면, 미국과 캐나다가 호주를 바짝 뒤쫓아 2위와 3위를, 아일랜드가 4위를 차지하고 있다. 인도와 중국이 최근 괄목할 만한 경제성장을 이루었지만, 미국의 일인당 이산화탄소 배출량은 중국의 6배, 인도의 13배에 달한다.[33]

　최근까지 인류가 초래한 기후변화에 관한 우려는 주로 남북 양 극지방에 초점을 맞추고 있었다. 새로운 위성 자료는 지구온난화 때문에 지구 상에 열대 지역이 확장되고 있음을 보여 준다. 25년간의 위성 측정 기록에 근거한 이 새로운 자료는 1979년 이래 열대 지역이 140마일이나 확장되었

---

[32] www.planetark.com/dailynewsstory.html

[33] Just Comment: a joint publication of the Edmund Rice Centre for Justice and Community Education and The School of Education Catholic University, Vol 4, 2005, 1. Data from Comprehensive emissions per capita for industrialized countries, Hal Turton and Clive Hamilton, The Australian Institute, 2001.

음을 보여 준다. 이 자료를 기초로, 2006년 워싱턴 대학의 토마스 레이셔 Thomas Reicher 교수는 열대 지역의 확장이 남북 양 반구에서 모두 진행되고 있다고 말했다. 레이셔 교수 연구 팀과 중국 남주 대학 연구원들은, 대기권 30,000~50,000피트 사이를 흐르는 더운 기류('제트 기류'jet stream라고도 한다)가 남북 양 반구에서 1도씩 상승한 사실을 발견했다.

존 월리스John Wallace 교수에 의하면 이러한 제트 기류는 열대 지역의 가장자리를 흐른다. 그러므로 제트 기류가 극지로 향한다는 것은 열대 지역이 확장된다는 뜻이다. 열대 지역 바로 근접한 곳에 지구 상 대부분의 사막이 있기 때문에 이것은 몹시 우려할 일이다. 또한 이 제트 기류는 양극 지방으로 확산된다. 최근 유럽 남부와 미국 남서부에 가뭄이 장기화된 이유가 바로 이 때문일 것이다. 중국과 인도 북부에서 중동, 북아프리카, 플로리다, 미국의 멕시코 만, 남아프리카 공화국, 아르헨티나, 호주처럼 인구밀도가 높은 지역들이 장기적 가뭄에 시달리고 있다.[34] 미국 서부의 가뭄은 이제 영영 그 지역 삶의 모습이 될지도 모른다고 믿을 만한 정황들이 있다. 거대한 콜로라도 강이 이제는 옛모습의 흔적에 불과할 정도로 작아졌다. 콜로라도 볼더 소재 국립 대기연구소National Center for Atmospheric Research의 케빈 트렌버스Kevin Trenberth는 과거 30년 동안 지구 상에서 심각한 가뭄의 영향을 받은 면적이 두 배로 증가했다는 사실에 주의를 환기시킨다. 1970년대에는 15%의 지역만 가뭄 피해를 입었으나 2006년에는 무려 30%에 달했다.[35]

---

[34] Geoffry Lean, 'Widening tropics will drive deserts into Europe" *The Independent*, 4 June 2006. www.independent.co.uk/environment-news/04/06/2006>

[35] "Why deserts will inherit the Earth" www.new.independent.co.uk/environment/article25034.ece/05/06/2006 page 5, from Fred Pearce, The Last Generation, Transworld, London, 2006.

기후변화와 공중보건

기후변화는 다양한 방식으로 인류 건강에 영향을 끼친다. 이에 대한 자세한 정보가 세계보건기구World Health Organization(WHO)의 면밀한 연구 논문에 들어 있고 그 일부는 『네이처』 2005년 11월 호에 발표된 보고서에 수록되었다. 이 보고서는 기후변화의 직접적인 영향을 받는 세계 최빈국들이 말라리아, 뎅기열, 설사, 영양실조 등으로 인한 사망률의 급격한 증가에 봉착하게 될 것이라고 지적한다.[36] 대규모 홍수로 인해 하수가 그대로 식수원으로 흘러들어 수인성 질병을 확산시킨다. 콜레라가 창궐하기 좋은 조건이다.

세계보건기구는 지구온난화로 해마다 15만 명 이상이 목숨을 잃고 5백만 명이 질병에 시달리게 될 것이라고 예상한다. 이 수치는 2030년까지 두 배로 증가할 것이다. 매디슨 위스콘신 대학의 보건·기후 과학자들은 지구온난화를 측정하기 위해 그 어느 때보다 포괄적인 연구를 수행했다. 연구에 의하면 지구 온도의 상승으로 가난한 나라들은 불균등한 영향을 입을 것이라고 한다. 이들 가난한 나라는 애초부터 지구온난화를 일으킬 만한 일을 거의 하지 않았다. 같은 대학의 게이로드 넬슨 환경연구소Gaylord Nelson Institute for Environmental Studies와 공중보건과학부Department of Population Health Sciences에서 연구를 주도하는 과학자 조나단 파츠Jonathan Patz는, 기후변화로 가장 위험해질 곳이 아시아와 남아메리카의 태평양 연안 지역, 인도양 연안 지역과 사하라 사막 이남 지역이라고 본다.[37]

---

[36] Ian Sampie, "Climate change will fuel disease among poor", *The Sydney Morning Herald*, 18 November 2005, 4.

[37] *Ibid*.

그러나 유럽과 미국조차 이미 기후변화의 영향을 받고 있다. 2003년 유럽 폭염으로 30,000명이 목숨을 잃어, 그해 통상적 2주간의 평균 사망자 수를 능가했다. 사망자 상당수가 노인이었다. 또한 폭염은 아이들과 심장병·뇌졸중·호흡기 장애가 있는 사람들에게 몹시 해롭다. 지난 세기 가장 뜨겁고 건조했다는 1999년 여름에는 62명이 웨스트 나일 뇌염에 걸렸다. 이 질병은 뇌에 염증을 일으키는 치명적인 병이다. 1999년 미국에서는 발병자 가운데 일곱 명이 생명을 잃었다. 뉴욕에서 이 병이 발병한 것은 처음이었다고 한다. 이 질병은 괸 물에서 번식하는 지하집모기culex pipens에 의해 전염된다. 이 모기는 정상적인 환경에서는 새들을 물지만, 가뭄이 계속되면 새들이 깨끗한 물을 찾아 다른 곳으로 이동하기 때문에 공격할 숙주가 없어져 대신 사람을 공격한다.[38] 하버드 대학의 폴 엡스타인Paul Epstein도 지구온난화와 웨스트 나일 뇌염과의 연관성을 강조했다. 2002년에는 웨스트 나일 뇌염이 미국 전역으로 확산되어 44개 주와 워싱턴 DC에서도 발견되었다.

컬럼비아 대학 공중보건학 교수인 딕슨 데스포미어Dickson Despommier에 의하면 기온 상승이 모기 무는 횟수를 증가시키는 원인이 된다고 한다. 딕슨은 비슷한 유형의 사건들과 모기의 새로운 이주지를 루마니아, 남아프리카공화국, 이스라엘처럼 먼 곳에서도 발견했다. 2005년 9월에 호주 의학협회Australia Medical Association와 호주 최대의 환경보호 단체인 호주 환경보호재단Australia Conservation Foundation이 공동으로 준비한 개황 보고서는 기후변화 관련 공중보건에 대한 우려를 표명했다. 이 보고서는 1970년대 중반부터 금세기 말 사이에 기온이 조금만 상승해도, 기후변화의 결과

---

[38] Jim Motavalli, "Feeling the Heat; The World Warms Up", *Our Planet*, newsletter1@emagazine, week of 26 March 2006.

로 25만 명이 목숨을 잃게 될 것이라고 주장했다. 또한 2020년까지 호주에서 기후변화로 인한 사망자 수가 해마다 2,500명씩 증가할 것이며 일부 지역에서는 홍수로 인한 사상자 수가 무려 240%나 증가할 가능성이 있다고 했다. 고온과 불규칙한 강우량은 식품 매개 질환과 수인성 전염병의 강도와 횟수를 증가시킬 것이다.

지구온난화와 생물체의 멸종

2004년 1월, 영국 리즈 대학의 크리스 토마스Chris Thomas는 『네이처』에 기후변화가 자연계에 미치는 영향에 관한 논문을 발표했다. 토마스와 그의 연구 팀은 향후 50년 동안 기후변화가 육지 생물 4분의 1을 멸종 위기로 내몰 것이라고 예측했다. 이 논문은 2년간의 연구를 토대로 한 것이다. 토마스는 이렇게 말했다. "연구를 시작할 때는 명확한 결과에 도달하고 싶었다. 그러나 막상 우리가 발견한 사실은 그 결과가 명확한 것이 아니었으면 하는 것이었다. 연구 결과는 우리가 생각했던 것보다 훨씬 더 심각했다. 심지어 우리가 발견한 것이 과소평가되었을 가능성도 있다."[39]

멸종의 상당 부분이 지역 기후변화로 촉발된다. 기후가 변화하면서 일부 종種은 변화에 빨리 적응하지 못하고 그대로 멸종되고 말 것이다. 호주 대륙에서는 나비 종의 54%가 2050년 이전에 멸종될지도 모른다. 오렌지 흰점박이 나방과 웨스턴 주얼 나비는 기후변화로 분포 범위의 90~98%까지 잃을 위기에 직면해 있다. 보이드 나무 도마뱀의 상황은 특히 취약하다. 더 심각한 사실은 유럽 조류의 25%가 멸종될 것이라는 예측이다.[40]

---

[39] Paul Brown, "An unnatural disaster", *The Guardian*, 8 January 2004, 1.
[40] John von Radowitz, *Irish Examiner*, 1 September 2004, 3.

개구리와 양서류는 특히 멸종되기 쉽다. 지구 상에는 약 5,743종의 양서류가 서식하고 있다. 최근의 연구 결과에 의하면 양서류의 32.5%가 멸종위기에 처해 있다고 한다. 기후변화로 야기된 환경 변화가 멸종 원인을 제공하고 있는 것이다.[41]

동물학자 팀 플래너리는 지구온난화가 어떻게 멸종을 초래할 수 있는지에 대해 좋은 사례를 제시한다. 겨울나방 애벌레의 유일한 먹이는 어린 떡갈나무 잎사귀다. 지구온난화로 겨울나방은 50년 전보다 3주 더 일찍 알에서 부화한다. 그러나 불행히도 겨울나방 애벌레의 유일한 먹이인 어린 떡갈나무 잎사귀는 애벌레가 알에서 부화한 지 3주가 지나서야 나온다. 애벌레들은 먹이 없이는 며칠밖에 생존할 수 없으므로, 겨울나방은 점점 더 감소되고 종 전체가 멸종 위기에 직면한다.[42]

아일랜드의 동식물들이 기후변화로 얼마큼 영향을 받을지는 단정짓기 어렵다. 『기후변화: 아일랜드에서의 시나리오와 영향』의 저자들은 아일랜드 동식물의 다양성에 대한 기초 자료가 엄청나게 부족하다는 사실을 알고 있다. 이러한 상황은 미래의 일을 예측하기 어렵게 만든다. 연어과의 민물고기와 빙어류가 서식하는 해저 환경이 열악해질 것이라는 데는 의견이 일치한다. 기후변화의 영향을 받을 해안 지역은 철새, 특히 섭금류涉禽類에게 아주 중요하다. 서식지를 확장하여 살아남을 수도 있을 종에는 유럽산 두꺼비와 남방 투구 박쥐가 있다. 곤충류, 특히 나비는 호주에 사는 그들의 '사촌'들과는 달리 잘 생존하겠지만, 말라리아균의 숙주인 모기 같은 해충의 생존까지 우리가 바라지는 않는다. 식물 중에는 아마 붓꽃과科,

---

41 Ian Sample, "Disease, habitat loss and climate change threatens amphibians", *The Guardian*, 7 July 2006, 13.

42 Tim Flannery, *Weather Makers*, op. cit., 89-90.

철쭉과 식물들이 번성할 것이다. 해양 환경의 변화는 강 하구 서식지의 심각한 손실로 이어질 것이다. 생물 종들은 인공적·자연적 장애물 때문에 이동에 불편을 겪을 것이며, 그로 인해 '해안 압박'coastal squeeze이라는 현상으로 고통받을 것이다.[43] 반면 온난화된 바다에는 숭어, 농어, 붉은 성대는 물론 참치 같은 어류가 더 번성할 것이다.

산림에 미치는 영향

산림, 특히 열대우림은 생장 과정에서 수십억 톤의 탄소를 흡수하여 지구의 온도를 안정시킨다. 전형적인 나무 한 그루가 매 입방미터 성장할 때마다 약 1톤의 탄소를 흡수한다.[44] 산림 파괴는 지구온난화의 주된 원인 중 하나다. 산림이 훼손될 때 수백만 톤의 이산화탄소가 대기로 배출된다.

산림은 지구온난화로 고통받을 것이다. 다양한 종의 나무들이 각자 생육에 알맞은 지역에서 성장한다. 수천 년에 걸친 자연적 진화 과정에서는 산림 생태계가 생태학적 시련에 직면할 경우, 남북으로 이동하면서 새로운 상황에 적응한다. 그러나 지구온난화로 인한 급속한 기후변화 때문에 이런 적응이 불가능해질 것이다. 이미 병든 나무들은 다른 질병이나 해충의 공격에 취약하다. 변화의 주기에 있는 이 순간에도, 캐나다의 여러 다양한 지역의 나무를 조사한 결과, 나무의 각종 질병과 고사병枯死病은 산성비 때문이 아니라 겨울철 이상 고온과 건조한 여름 날씨의 장기화 때문이라는 결론에 도달했다.[45]

---

[43] John Sweeney et al., *Climate Change: Scenarios and Impact for Ireland*, EPA, 2003, 227.

[44] David Hickey, "Nature's Corridors", *The Irish Times*, 8 February 2005.

지구온난화로 아일랜드가 혜택 받을 수 있는 분야는 산림이다. 현재 아일랜드의 산림은 전 국토의 9%로, 유럽에서 가장 낮은 산림 조성비를 나타내고 있다. 이산화탄소의 증가는 나무의 성장을 촉진할 것이다.[46] 그러나 지구온난화로 인한 태풍과 겨울 강우의 증가는 산림에 부정적인 영향을 미칠 것이므로, 이런 혜택도 별 소용이 없을 것이다.

농업에 미치는 영향

약 12,000년 전의 지축地軸 변동이 농업을 일으킨 우선적 추진력이었다는 사실을 의심하는 고고학자들이 더러 있다. 이제는 이 고고학자들이 현재 진행 중인 기온 변화가 농업의 종언終焉을 알리는 신호가 되지 않을까 하는 생각을 하고 있다. 남아메리카 안데스 산맥에 현저한 기후변화가 감지되고 있다 — 비가 훨씬 많이 내린다! 이러한 변화는 감자 생산에 치명적 타격을 입힌다. 비 많은 기후는 전에 없이 해발 4,000피트에서도 줄기마름병이 창궐할 여건을 조성한다. 2003년에는 줄기마름병으로 토종 감자를 거의 수확하지 못했다.[47]

기후변화는 아시아의 벼와 밀 농사에 영향을 미친다. 농사는 적시적량의 강우와 밀접히 연관되어 있다. 강우량 부족은 무엇보다, 관개시설을 이용할 능력이 없는 가난한 농민들을 힘들게 한다. 이들은 농업용수를 전적으로 계절풍에 의한 장맛비에 의존하고 있다. 그러나 최근 몇 년 동안 이 장맛비도 엘니뇨El Niño 현상(주로 페루 해역 동태평양 표층수에 가해지는 열의 순환

---

45 John Haughton, *Global Warming*, op. cit., 173.
46 John Sweeney et al, *Climate Change: Scenarios and Impacts for Ireland*, EPA, 225.
47 Brian Halweil, "The Irony of Climate", *World-Watch*, March/April 2005, 18-23.

패턴을 말한다. 엘니뇨란 '아기 예수'를 뜻하는 스페인 말로, 주로 성탄절 전후로 발생하여 붙은 이름이다)의 여파로 믿을 것이 못 되었다. 기후변화가 장차 이 엘니뇨 현상을 증가시킬 것이라고 예상하는 사람이 많다. 1983년에 엘니뇨 현상이 필리핀의 민다나오, 특히 산악 지방의 티볼리 족에게 막대한 피해를 입혔던 일이 기억난다. 이 부족은 바나나 잎을 먹으며 생존할 수밖에 없었다.

인도네시아의 가뭄은 작물 수확의 현격한 감소를 초래했다. 옥수수 수확은 관개시설 없이 55%, 관개시설이 있어도 41% 감소했다. 벼 수확은 수리안전답에서 34%, 열대산 카사바 수확은 19% 감소했다. 농민과 영농 전문가들은 지구온난화로 이러한 추세가 지속될 것을 두려워한다. 고다드 우주연구소의 수석 기후 연구원 데이비드 린드는 "지구온난화가 더 심해지면, 우기에 심각한 변화가 있으리라 믿어 의심치 않는다"고 공표했다.[48] 바로 이것이 문제의 핵심이다. 세계 어디서든 강우 패턴이야말로 성공적인 영농의 근본이기 때문이다. 명백히, 중국 북부 평야에서 남부 아프리카, 동남아시아에 이르기까지 강우 패턴의 변화는 종잡을 수 없어서, 종종 긴 가뭄으로 농사를 망치고 있다.

급상승한 기온에 식물이 어떻게 대처할지도 우려된다. 미국 농무부US Department of Agriculture와 플로리다 대학의 연구원 하트웰 앨런Hartwell Allen은, 각기 다른 기온과 다른 수준의 이산화탄소 함량 아래 식물들이 어떻게 성장하는가에 대해 20년 넘도록 연구하고 있다. 연구 결과는 주목할 만하다. 대기의 이산화탄소량을 두 배로 늘리고 기온을 약간 상승시켰을 때 식물들은 더 크게 자랐다. 그러나 기온이 매우 높아지자 성장이 저하되기 시작했다. 성장의 모든 단계가 심하게 훼손되었다.[49]

---

48 *Ibid.*, 18, 19.
49 *Ibid.*, 19.

필리핀 마닐라 근교 로스 바뇨스에 자리한 국제 쌀 연구소International Rice Research의 생물학자 존 쉬디John Sheedy는 개화開花 시기의 기온이 섭씨 30도를 넘으면 쌀 경작에 해롭다는 사실을 발견했다. 섭씨 40도가 되면 전혀 수확을 기대할 수 없다. 그는 기온이 섭씨 1도씩 상승할 때마다 쌀, 밀과 옥수수의 수확이 10%씩 감소할 것이라고 확신한다. 밤 사이에 상승하는 기온이 가장 많은 피해를 입힌다. 이것은 식물들이 호흡하기 위해 더 많이 활동하고 더 많은 에너지를 소모시킨 결과다. 현재의 변화 예측대로라면 열대 국가들의 곡류 생산은 향후 50년 동안 30%까지 감소할 것이다. 이렇게 되면, 특히 인구가 증가함에 따라, 많은 나라에서 기아에 허덕이는 극빈자의 수도 증가할 것이다.

중국 경제는 지난 15년 동안에 괄목할 만한 성장을 했다. 도시민과 농민 간에 큰 소득 불균형이 존재하지만, 과거처럼 극심한 빈곤과 기아 현상은 거의 찾아볼 수 없다. 그럼에도, 13억 인구의 식량 공급을 위해서는 앞으로 수백만 톤의 식량을 증산해야 할 것이다. 지구온난화의 영향으로 쌀과 밀 같은 주요 식량 공급원의 수확이 감소할 경우에는 더욱 그러하다.

기후변화는 중국이 최근에 달성한 식량 보존 전략을 수포로 돌아가게 할 수도 있다. 중국과 영국 정부의 공동 연구에 의하면, 지구온난화와 관련하여 과학자들이 예측한 가장 우려할 만한 일들이 일어날 수 있다고 정확하게 입증될 경우, 중국의 쌀·밀·옥수수의 수확량은 20~37% 감소할 것이라고 한다. 대기의 이산화탄소 함량이 높을 때 일반적으로 작물의 성장이 촉진되지만, 이러한 이득은 성장 촉진 수준과 토양 자양분의 가변성可變性에 의해 상쇄될 수 있다. 중국의 농업을 더욱 어렵게 만드는 요소는 질병의 증가와 온난한 기후에서 새로운 지역으로 확산되는 병충해다. 또한 이 연구는 중국이 혹서와 호우豪雨를 포함한 극단적 기후의 영향을 더 많이 받을 가능성이 있다는 것을 발견했다. 중국 전역의 평균 기온은 21세기 말에 섭씨 3~4도가량 상승할 것이다. 예상 수치는, 중국 인구의 대부분이 다시 기아와 가난으로 되돌아갈지도 모른다는 전망을 제시한다.

요약하면, 기후변화는 기상 조건의 심각한 변화를 초래한다. 강우량과 바람, 홍수와 가뭄까지, 기상 조건들의 극단적인 편차가 증가할 것이다. 이는 세계적으로 안정된 식량 조달에 좋은 소식이 아니다. 수천 년 동안 농민들은 사실상 안정된 기후 조건에서 주요 작물들을 생산해 왔다. 지구온난화로 인해, 이제 농민들이 자신과 농산물을 지키려면 과거와 달리 좀 더 폭넓고 다양한 작물을 재배해야 할 것이다. 그래야 마땅하다. 온대와 열대 양 지방의 기존 단일 품종 영농 체계는 장기적으로 볼 때 지속가능성이 없기 때문이다. 이것은 토양의 자양분을 고갈시키고 막대한 부식을 초래하며 화석연료의 공급에 좌지우지될 수밖에 없다.

세계 많은 곳에서 농민들은 이미 농림복합산업agroforestry에 관여하기 시작했다. 농림복합산업은 곡물, 유실수와 다른 종의 나무를 접목한 근채류根菜類 식용작물 재배를 포함한다. 이러한 3차원 영농은 토양 상하층뿐 아니라 나무 위에서도 작물 재배가 가능하므로, 작물을 열에서 보호하고 토양을 풍식작용風蝕作用에서 보존할 수 있다. 나무뿌리는 토양 수분의 유지를 도와 작물에 더 많은 수분을 공급하며 부식토를 개선한다.

지구온난화가 심화되고 화석연료 가격이 상승하여 구하기 어려워지면, 식량의 지역별 생산은 경제적으로도 훨씬 수지맞는 일이 될 것이다. 물류 비용을 감안하면, 지구의 반을 돌아 기본 식량을 수입해 오는 것은 더 이상 경제적 타산이 맞지 않는다.

전문가들은 기후변화로 아일랜드의 농업이 세계의 다른 지역보다 특별히 더 큰 파국을 맞을 것이라고는 생각하지 않는다. 그러나 현격한 변화는 피할 수 없을 것이다. 보리 같은 곡물은 고온다습한 가을 날씨로 인해 고사병에 굴복할 수밖에 없다. 가장 이득을 많이 볼 작물은 옥수수다. 고열량의 사료작물로 더 많이 활용되려면 옥수수가 상당량 증산되어야 한다. 기온이 상승하고 여름 강우량이 줄면 농민들은 콩 재배로 전환해야 할지도 모른다. 가장 손해를 많이 볼 작물은 감자다. 여름 강우량이 줄면 감자 재배의 성공 여부는 고비용의 관개시설 설치에 좌우될 것이다.

미래의 목축업 육성은 목초 생산의 변화 패턴에 의존한다. 이것은 개선될 것이다. 겨울 날씨가 따뜻하면 가축들이 우리 안에 갇혀 지내는 시간이 줄어든다. 그러나 날씨가 따뜻해도 필요 이상의 비가 내리면 가축들을 침수된 목초지에 방목하기 어려울 것이다.[50]

축산업은 소나 양 같은 반추동물의 트림과 장 가스 문제를 해결해야 한다. 전 세계 메탄 배출량의 약 15%가 이 현상에 기인한다. 600만 두가 넘는 아일랜드의 소, 그보다 더 많은 수의 양들을 감안할 때, 이것은 온실가스 배출 통제 전략 전반에 심각한 우려 요소다. 문제는 메탄이 온실가스를 심하게 오염시킨다는 데 있다. 스코틀랜드 연구원들은 반추동물의 장 가스와 트림을 줄이는 사료 첨가제를 개발했다. 이 사료 첨가제에 함유된 푸마르산fumaric acid은 소의 신진대사 과정에서 메탄 분자를 구성하는 원소 중 하나인 수소를 억제한다. 이 사료를 개발한 스코틀랜드의 로웨트 연구소Rowett Research Institute 연구원 존 윌리스는 그 과정을 이렇게 설명한다. "우리는 고高에너지 연료인 메탄을 가정용 취사에 사용한다. 메탄의 형성이 억제되었을 때, 그 에너지가 대기로 방출되지 않고 가축의 체내에 남아 있다고 상상해 보라."

---

50 John Sweeney, 2003, *Climate Change: Scenarios and Impacts for Ireland*, EPA, 224.

이 보조 사료는 가축들의 체중을 불려 목축업자에게도 도움이 되고, 메탄 배출을 감소시켜 환경보호에도 도움이 된다.51

위협받는 사람과 문화

기후변화는 또한 많은 문화의 소멸을 초래할 것이다. 북극지방의 기온 상승은 캐나다 북부, 미국과 러시아의 외딴 마을에 사는 이뉴잇족의 문화와 생계를 위협한다. 그들이 의지하는 동물들, 특히 바다표범과 순록은 이미 수요를 충족시킬 만큼 충분하지 않다. 지난 20년 동안 기후변화는 그들에게도 분명히 나타났다. 과거에는 적어도 연중 다섯 달은 눈이 내렸으며, 에스키모 가옥인 이글루를 지을 수 있을 정도로 추웠다. 지금은 이글루를 지을 만한 눈이 고작 여섯 주 동안만 내린다. 또한 기후변화는 순록이나 흰돌고래들이 출현하는 통상적 계절을 바꿔 놓았기 때문에, 식량 조달을 위한 사냥 방식도 달라지고 있다. 툰드라 지역 초목의 결핍으로 순록들이 굶어 죽어간다. 과거 30년 동안 40만 평방미터의 해빙海氷이 녹아내렸다. 40%나 얇아진 얼음 두께도 이뉴잇족의 유목 생활에 치명적이다. 날씨도 매우 변덕스러워 이제 그들은 사냥을 나갈 때 전통적인 이글루 대신 천막을 사용한다. 이러한 상황에서 기온이 급강하하면 얼어 죽을 수도 있다.52 이제 그들은 더 이상 유목민이 아니며 기후변화의 진행 속도를 감안할 때 지구온난화에 희생될 최초의 종족들 중 하나가 될 것 같다.

---

51 Marina Murphy, "New diet to curb bovine emissions", *The Irish Times*, 9 February 2006, 15.

52 Clare Kendall, "Life on the Edge of a Warming World", *The Ecologist*, July/August 2006, 26-28.

모든 변화가 생활에 막대한 영향을 끼쳤다. 많은 경우, 이러한 변화는 이뉴잇족을 알코올과 약물 중독에 빠지게 했다. 10대 청소년들의 자살률은 세계 최고에 속한다. 국제 인권위원회Inter Commission on Human Rights에 제출한 탄원서에서, 이뉴잇족은 그 지역의 온난화로 야기된 여러 건의 사고 사례를 제시했다. 쿠자크의 수도 누나빅 인근 동쪽 해안에 사는 리지 고르돈은 변덕스럽고 강한 눈보라에 여러 명의 가족이 목숨을 잃었다고 했다. 노련한 사냥꾼들도 얇아진 얼음에 빠지는 사고를 당했다. 이런 사고들은 치명적이어서 목숨을 잃는 경우도 다반사다. 이제 스키 스쿠터를 타고 다니기도 너무 위험한 환경이 되고 말았다.[53]

도서島嶼 공동체, 특히 태평양 지역 공동체들은 해수면 상승으로 큰 위험에 직면해 있다. 만조 때 키리바시에서는 많은 가옥이 침수되고 식수원이 오염된다. 태평양의 바누아투 북쪽 라토 주민 백여 명은, 기후변화와 연관된 태풍과 해일이 급증하여 해안 가옥의 침수가 거듭되자 고지대로 이주했다. 최근 수년 동안 부쩍 잦아진 홍수로 말라리아와 피부병을 앓는 아이들이 증가하는 등 많은 문제가 야기되고 있다. 유엔환경계획UN Environment Programme(UNEP)은 기후변화에 취약한 12개국 이상을 대상으로 범국가적 적응 프로그램을 개발하는 중이다.[54]

---

[53] Clare Kendall, "Climate forces Inuit onto thin ice", *Sydney Morning Herald*, 27 May 2006. www.smh.com.au/articles/2006/05/26/1148524886121.html, 1 and 2.

[54] www.climateimc.org/?g=no de/183

■■■ 4

기후변화에 대한 반응

부정

당선된 지 몇 개월 지나지 않아 조지 부시 미국 대통령은 교토 의정서 The Kyoto Protocol(온실가스 배출량 규제 국제협약)의 이행을 거부했다. 결정의 배후에는 세계에서 가장 영향력 있는 미국 석유회사 엑손 모빌의 압력이 있었다. 2005년 6월, 스코틀랜드 글리니글에서 G8(선진 8개국) 정상회담이 열리기 직전 배포된 부시 행정부의 보고서에는, 기후변화에 대한 미국의 정책 수립 과정에 도움을 준 엑손 모빌 경영진에게 거듭 사의를 표명하는 대목이 있다. 2003년, 엑손 모빌 홍보팀장 닉 토마스Nick Thomas는 영국 상원의 과학기술위원회에 제출한 보고서에서 이 사실을 부정했다. 국제 환경보호 운동 단체 그린피스가 정보공개법Freedom of Information Act에 따라 획득한 문서는 닉 토마스의 주장을 반박한다.[1]

---

[1] John Vidal, "Revealed: how oil giant influenced Bush", *The Guardian*, 8 June 2005, 4.

69

미국 보수 단체와 부시 행정부가 교토 의정서의 이행을 반대하는 또 다른 이유는 이렇다: 교토 의정서 합의 사항을 이행하려면 자국에 엄청난 재정 부담을 안겨 미국의 경제성장이 둔화될 것이며, 많은 일자리가 교토 의정서 비합의국들로 유출될 수밖에 없으리라는 것이다. 미국 에너지부는 교토 의정서의 요구를 달성하는 데 연간 3,780억 달러가 소요될 것이라고 주장한다. 클린턴 행정부는 다른 수치를 제시하여, 연간 10억 달러 정도가 소요될 것이라고 예상했다. 예일 대학의 윌리엄 놀다우스William Nordhaus와 하버드 대학의 데일 조르겐슨Dale Jorgenson 같은 다른 논평자들은 교토 의정서 합의 사항을 이행하는 데 드는 비용은 그렇게 많지 않을 것이며, 보수 단체의 주장처럼 미국을 파산시킬 정도는 아니라고 예측한다. 그 비용은, 아무 대책 없이 겪은 2005년의 태풍보다 훨씬 더 파괴적인 태풍을 겪은 후에 지불해야 할 피해 복구 비용에 상당하는 수십억 달러에 이를 것이다. 지구온난화로 초래될 장기간의 혹서와 다른 기상이변들이 미칠 영향을 감안한다면 비용은 훨씬 가중될 터이다.[2]

부시 행정부 관리들이 온실가스 배출과 지구온난화의 관련성에 대한 학계의 주요 보고서를 조작했다는 명백한 증거가 있다. 백악관 환경위원회 White House Council on Environmental Quality의 수석 보좌관 필립 쿠니Philip Cooney는 과학적 소양이 전혀 없음에도 진실을 왜곡하는 데 일조했다. 그는 "해빙解氷은 홍수의 패턴을 바꾸어 주민을 위협할 것이다"는 조항을 보고서에서 삭제하면서, "그따위 주장은 연구를 벗어난 황당한 추측"이라고 비꼬았다.[3] 쿠니에 관한 폭로 중 가장 충격적인 것은 그가 백악관에 근무

---

[2] Tim Flannery, *The Weather Makers*, op. cit., 233-236.

[3] Roland Watson, "Bush aide altered climate reports", *The Times* (World News), 9 June 2005, 39.

하기 전에 미국 석유협회American Petroleum Institute를 위해 수석 로비스트로 일했다는 사실이다. 이 협회는 석유산업계를 대표하는 가장 큰 거래 단체다.[4] 이 단체는 지구온난화 논의와 관련된 불확실성 때문에 온실가스 배출 제한을 지연시키는 것이 정당하다고 한결같이 주장해 왔다.[5]

많은 보수 단체와 케이토 연구소Cato Institute처럼 자유주의 시장경제를 주창하는 미국 내 '정책 연구소들'think-tanks이 교토 의정서에 반대했다. 케이토 연구소 후원자 명단에는 엑손 모빌, 쉐브론 텍사코, 테네코 같은 여러 거대 석유회사들이 포함되어 있다. 케이토 연구소는 지구온난화에 대한 과학적 근거를 믿지 못하겠다는 보고서들을 발표했다. 이 보고서 가운데는 「공포의 기후: 왜 우리는 지구온난화와 빙하의 용해를 걱정할 필요가 없는가? 지구온난화에 대한 과학자, 정치인, 미디어의 왜곡된 예상」Climate of Fear: Why We Shouldn't Worry About Global Warming, and Meltdown: The Predictable Distortion of Global Warming by Scientists, Politicians and the Media 등이 포함되어 있다.[6] 막강한 환경/공공사업 위원회Committee on Environment and Public Works 의장인 제임스 이노페James Inhofe 상원의원은 지구온난화가 미국민에게 침투한 가장 큰 허구적 조작이라고 말했다.[7]

석유회사의 자금 지원을 받는 로비 단체들은 미국에서만 활동하는 것이 아니다. 밥 메이Bob May 영국 학술원장은 그런 단체들이 정치인들로 하여금 지구온난화와 기후변화의 위협을 무시하게끔 영국을 겨냥하고 있다고

---

[4] Andrew C. Revkin, "Bush Aide Softened Greenhouse Gas Links to Global Warming", *The New York Times*, 8 June 2005. www.nytimes.com/2005/96/08politics

[5] *Ibid.*, 2 of 3.

[6] David Cromwell, "Burning the Planet for Profit", *Znet Commentary*, 18 January 2006. www.zmag.org/sustainers/content/14/01/2006 cromwell.cfm

[7] Jim Hansen, 'The Threat to the Planet', *The New York Review*, 13 July 2006, 14.

경고했다. 이 경고는 2005년 1월, 과학 연맹Scientific Alliance이라는 한 단체가 런던에서 기후변화에 대한 회의론자들의 회합을 계획하고 있을 즈음에 때맞춰 발표되었다. 2004년 12월, 과학 연맹은 워싱턴의 조지 마셜 연구소 George C. Marshall Institute와 합동 보고서를 발표했다. 이 보고서에서 그들은, 대다수의 기후변화 과학자들이 지구온난화를 증명하는 데 활용한 자료들을 뒤집어엎었다고 주장했다.

때를 같이하여, 일단의 영국 과학자들이 『네이처』에 연구 결과를 발표했다. 그들은 온실가스 배출이 2050년까지 500ppm 미만으로 내려간다고 해도, 온실가스는 기후변화에 훨씬 더 심각한 영향을 미쳐 평균기온이 섭씨 11도까지 상승할 것이라고 주장했다. 이 연구에 참여한 데이비드 프레임David Frame은 "실제 일어날 수 있는 상황이 우리가 제시하는 수준의 상향선 가까이에 있다고 가정하면, 오늘날의 온실가스 배출 수준은 이미 위험할 정도로 높다"고 말했다.[8]

2005년 허리케인 발생 철에, 무엇보다 허리케인 카트리나가 기후변화에 대한 미국 내 여론을 변화시키기 시작했다는 사실은 의심할 여지가 없다. 유가油價 상승도 미래에 대한 경각심을 드높였다. 이런 이유로 부시 대통령은 2006년 연두교서에서 짧은 시간, 정확하게 2분 15초를 에너지 문제에 할애했다. 그는 미국이 더는 수입 원유를 고집하지 말아야 한다면서, 이 위험한 추세를 역전시키기 위해 2025년까지 중동산 수입 원유의 75%를 바이오 연료로 대체하려 한다고 덧붙였다.

바로 다음 날 「뉴욕 타임스」 사설은 부시 대통령의 이 같은 발언이 한심할 정도로 불충분하다고 일축했다. 그 후 「뉴욕 타임스」 사설은 부시 대통

---

[8] David Adam, "Oil firms fund campaign to deny climate change", *The Guardian*, 27 January 2005, 1.

령이 지구온난화 문제와 대면하기를 꺼려한다며 다음과 같이 논평했다: "에너지에 관한 부시 대통령의 발표 중 가장 큰 약점은 미국의 수입 원유 의존도에 버금갈 정도로 심각한 에너지 위기인 지구온난화 문제를 언급하기를 꺼린 것이다. 역행하는 에너지 회사에 고용된 일부 학자들 말고 제대로 교육받은 과학자들이라면, 화석연료 연소로 발생되는 이산화탄소의 대부분이 대기에 흡수된 결과가 지난 수십 년간 진행된 지구온난화의 중대한 원인이라는 사실을 그 누구도 의심하지 않는다." 이 사설은 부시 대통령이 지구온난화에 직면하기를 주저하는 진짜 이유를 곱씹는 것으로 끝난다: "부시 대통령이 이 문제를 제대로 직면하지 않는 것은 무지의 소치다. 이런 태도는 결코 지구를 회복시킬 수 없다. 그는 지구가 온난화되고 있으며 그 막중한 책임이 인류에게 있다는 견해에 결국 동의는 했지만, 그 현상에 대한 진지한 개선안들은 모두 거부하는 한편 이 문제에 관한 허위정보를 유포시키기 위해 입안된 프로그램의 활용을 보좌관들에게 허용했다. 최근에 열린 지구온난화 정상회담에서 대통령 수석 대변인은, 대통령의 프로그램이 각 회사의 자발적 온실가스 감축 효과를 낳았다고 억지를 부렸지만 사실은 정반대였다."[9]

   미국의 수입 원유에 대한 집착을 버리겠다는 부시 대통령의 약속에 런던의 매스컴이 더 호의적인 반응을 보였다는 사실은 주목할 만하다. 향후 6년 안에 농업 폐기물에서 추출한 셀룰로오스 에탄올cellulosic ethanol을 경쟁력 있는 자동차 연료로 실용화시키겠다는 부시 대통령의 제안이 특히 환영받았다. 현재 미국에서 운행되는 2억 2천만 대의 자동차 가운데 단 2%만이 바이오 에탄올을 연료로 쓴다. 이 약속이 있고 일주일도 채 안 되

---

[9] Editorial, "The State of Energy", *The New York Times*, 1 February 2006. www.nytimes.com/2006/02/01>

어 에너지부가 예산 삭감을 이유로 덴버 인근의 국립 재생가능에너지연구소National Renewable Energy Laboratory 직원들을 퇴출시켰다는 것은 아이러니가 아닐 수 없다. 이 연구소의 2005 회계연도 예산은 2억 2백만 달러에서 1억 7천4백만 달러로 삭감되었다. 새로운 예산은 2005년 10월 1일부터 적용되어, 전체 직원 930명 가운데 40명이 직장을 잃게 되었다.[10]

데이비드 벨라미

지구온난화를 대수롭지 않게 여기는 또 한 사람은 유명한 식물학자 데이비드 벨라미David Bellamy다. 그는 『뉴 사이언티스트』The New Scientist에 보낸 2005년 4월 16일 자 편지에서, "지구 상 빙하는 감소하는 것이 아니라 사실은 더 증가하고 있다"고 말했다. 또, "취리히의 세계 빙하 감시 기구World Glacier Monitoring Service(WGMS)의 관찰에 의하면, 1980년 이후 빙하 625개 중에서 555개가 확대되고 있다"고 주장했다.[11] 조지 몬비오트George Monbiot가 WGMS에 전화를 걸어 확인하자, 그 기구는 벨라미의 주장을 부인했다. 기구 대변인은, 벨라미의 인용 자료는 한마디로 부정확하고, 어떤 신빙성 있는 참고자료도 제시하지 못했으며, 이 주제에 관련된 과학적 맥락과 현재 통용되는 문헌들을 간과했다고 말했다.

몬비오트의 도전을 받은 벨라미는 웹사이트 www.iceagenow.com으로 주의를 환기시켰다. 이 웹사이트를 만든 로버트 펠릭스Robert W. Felix는 지구온난화를 걱정하는 대신 우리가 빙하기로 가고 있다고 믿는 사람이다.

---

[10] Elizabeth Bumiller, "Bush's Goals on Energy Quickly Find Obstacles", *The New York Times*, 2 February 2006. www.nytimes.com/2006/02/02/politics/02energy.html?

[11] George Monbiot, "Junk Science", *The Guardian*, 10 May 2005. www.Monbiot.com/archives/2005/05/10/junk science, 1 of 4.

벨라미가 『뉴 사이언티스트』에 보낸 편지에서 인용한 것과 비슷한 자료가 이 웹사이트에 있다. 마침내 몬비오트는 그것이 프레드 싱어Fred Singer 교수가 자신의 웹사이트 www.sepp.org에 올린 자료라는 것을 알아냈다. 하지만 프레드 싱어 교수는 이 수치들을 어디서 얻었을까? 추적은 1989년에 『사이언스』에 발표된 한 논문에서 끝났다. 몬비오트는 1989년에 나온 『사이언스』 전 권을 조사했는데, 빙하 감소에 대한 언급은 찾을 수가 없었다. 그러므로 벨라미의 주장을 뒷받침할 만한 아무런 자료가 없는 것이다. 지구 어느 곳에서든 빙하 가까이에 살면서 과거 30년 동안 빙하를 지켜본 사람이라면 누구라도, 다소 예외는 있겠지만, 빙하가 사라지고 있으며, 그것도 엄청난 속도로 사라지고 있다는 사실을 알고 있다.

비욘 롬보그

유명한 덴마크의 수학자 비욘 롬보그Bjorn Lomborg는 지구온난화가 일어나고 있다는 사실을 부정하지 않는다. 그는 이산화탄소 배출량을 감축시키려면 너무 엄청난 비용이 들므로, 그 비용을 깨끗한 식수와 위생, 더 나은 보건복지시설과 만인을 위한 교육에 투자하는 것이 더 바람직하다고 믿는다. 그는 화석연료 배출 감축에 투자하기보다는 인류의 고통, 특히 아프리카에 만연하는 에이즈 퇴치에 역점을 두어야 한다고 생각한다. 롬보그는 지구 온도를 안정시키는 데 드는 비용은 그로 인해 입을 혜택을 초과한다는 생각으로, 그의 견해에 동조하는 경제학자들의 모임인 코펜하겐 컨센서스Copenhagen Consensus를 만들었다.[12] 이 모임은 교토 의정서에 명시된

---

12 Bjorn Lomborg, "Global Warming should not be our No.1 priority", *The Scotsman*, 1 December 2005, 32.

기간 안에 지구온난화를 해결하려면 적어도 연간 870억 파운드가 소요될 것이라고 예상했다.

2006년 2월 영국 학술원은 롬보그에 반대 입장을 취했다. 학술원은 전통적 경제학이야말로, 인류와 지구의 복지에 장기적 해악을 끼칠 지구온난화 같은 엄청난 문제를 평가할 능력이 없다고 주장했다. 단순한 물물교환에서 현대의 시장경제에 이르기까지 어떤 형태의 경제학이든, 모두 안정된 기후와 환경에 그 성패가 좌우된다. 지구온난화는 가뭄의 장기화를 초래할 것이며 모든 형태의 인간 활동을 불가능하게 만들 것이다.

기후변화에 대한 긍정적 대응

『사이언스』에 게재된 한 연구 결과에 따르면, 상당수의 화물선 연료를 에탄올로 바꾸면 미국의 온실가스 방출은 15% 감축될 것이라고 한다.[13] 그러나 대체연료 개발 비용이 극히 적다는, 즉 새로운 에탄올 개발에 고작 5,900만 달러, 정화석탄 개발에 5,400만 달러가 든다는 주장은 유보할 여지가 있다. 논평가들은 부시가 백악관의 주인이 된 이래, 자동차 제조업체들에게 높은 연비를 요구하는 계획을 줄곧 반대해 왔다는 사실을 지적한다. 미국 내 많은 집단, 특히 과학계가 부시의 정책을 애초부터 지지하지 않았으며, 현재도 지지하지 않는다는 사실을 인식하는 것이 중요하다.

미국 과학 아카데미National Academy of Sciences는 1979년에 이미 지구온난화에 대한 엄밀한 연구를 실시했다. 연구 예비 결과에 큰 충격을 받은 지미 카터 당시 대통령은 '이산화탄소와 기후에 관한 특별 연구 그룹'Ad

---

[13] Julian Borger, "Bush hits the road to take a green message to his nation of oil addicts", *The Guardian*, 2 February 2006. www.guardian.co.uk/print/02022006, 1 and 2.

Hoc Study Group on Carbon Dioxide and Climate을 설립하도록 지시했다. 이 모임은 좌장을 맡은 매사추세츠 공과대학의 저명한 기상학자 줄리 차니Julie Charney의 이름을 따서 종종 '차니 위원회'Charney panel라고 불리기도 했다. 차니 위원회의 연구 결과는 명백했다. 위원회는, 인재人災가 야기한 온난화를 예측하기 위해 컴퓨터 모델을 활용하는 과학자들의 연구에서 어떤 결점이 있는지 살펴본 후, "이산화탄소가 계속 증가하면 기후변화가 일어나리라는 사실은 의심의 여지가 없으며, 그 변화가 무시해도 좋을 정도라고 믿을 만한 근거를 발견하지 못했다"고 결론지었다.[14] 덧붙여, 이산화탄소의 수준이 산업혁명 이전 수준의 두 배로 증가하면, 지구 평균기온은 화씨 2.5~8도의 증가를 보일 것이라고 발표했다. 또한 레이건 전 대통령으로부터 조지 부시 대통령에 이르기까지, 미국 행정부가 취한 방관적 접근 태도가 가장 위험하다고 주장했다. 엄중한 경고를 할 겨를도 없이, 이산화탄소 수준이 기후변화가 필연적으로 일어날 수밖에 없는 단계에 이르게 되기 때문이다.

그 후 미국 과학 단체들이 기후변화를 경고하는 수백 건의 보고서를 발표했다. 미국 과학 아카데미는 거의 200건에 달하는 지구온난화 관련 보고서를 발표했다. 그러나 기후변화에 대한 조치가 단기적으로 재정적 손실을 초래할 수도 있다고 여긴 미국 행정부 관리들은 이 보고서들을 '쓰레기 과학'이라고 일축했다. 나사NASA 고다드 우주연구소 이사인 짐 한센Jim Hansen은 "신문과 텔레비전은 지구온난화에 관한 과학계의 압도적인 의견 일치에도 불구하고, 화석연료 산업이 후원하는 비주류 '반대파'들에게도 동일한 시간과 지면을 할애한다"는 흥미로운 지적을 했다.[15]

---

14 Elizabeth Kolbert, "The Climate of Man 1", *The New Yorker*, 25 April 2005, 58.
15 Jim Hansen, "The Threat to the Planet", *The New York Review*, 13 July 2006, 14.

스코틀랜드의 글리니글에서 G8 정상회담이 열리기 전인 2005년 6월, 미국 과학 아카데미는 G8의 다른 과학 아카데미와 공동으로 지구온난화에 관한 성명서를 발표했다: "심각한 지구온난화가 진행되고 있는 유력한 증거가 있다. 최근 수십 년간 일어난 온난화는 대체로 인간 행동에 기인한 것이다. … 기후변화가 과학적으로도 충분히 명백하게 해명되었으므로, 이제는 각국은 정당하게 신속한 조치를 취할 수 있게 되었다. 세계 각국이 비용 면에서 즉시 실천가능한 고효율의 조치들을 찾아내어, 온실가스 배출의 상당량을 실질적이고 장기적으로 감축하는 데 기여함은 대단히 중요한 처사다."[16]

지구온난화 대응 조치에 대한 충분한 근거를 미국의 많은 과학자가 분명히 밝혔다. 2003년에 미국 지구과학협회American Geophysical Union와 미국 기상학회American Meteorological Society는 공히, 인위적 지구온난화는 현실이며, 실질적인 위험으로 대두되었다고 주장했다.

2004년 「옵서버」지는 미 국방부 고문 앤드루 마셜Andrew Marshall이 의뢰한 비밀보고서를 입수했다. 그 보고서는 기후변화가 전 세계 많은 지역에 참담한 결과를 초래할 것이라고 예측했다. 긴 가뭄이 미국 중서부를 강타하고 세계 도처에서 물을 확보하기 위한 전쟁이 일어나며 엄청난 수의 사람들이 생존을 위해 더 잘사는 나라로 이주할 것이라는 예측도 나왔다. 백악관이 이 문서를 덮어버렸다는 것은 흥미롭지만 놀랄 일은 아니다.[17]

이듬해인 2005년, 미국 과학진흥협회American Association for Advancement of Science는 영국·일본·독일·중국 과학 학회들과 함께 공동성명을 발표

---

[16] David Adams, "US scientists pile on pressure over climate change", *The Guardian*, 8 June 2005, 4.

[17] Mark Townsend and Paul Harris, "Now the Pentagon tells Bush: climate change will destroy us", *The Observer*, 22 February 2004, 3.

했다: "현재 지구온난화가 일어나고 있다는 강력한 증거가 있다."[18] 2006년 5월, 기후변화에 관한 부시 행정부의 협력 단체인 기후변화 과학 프로그램Climate Change Science Program은 "기후 체계에 인간이 영향을 미치고 있다는 확실한 증거"를 발견했다고 주장했다.[19]

그레그 니켈스Greg Nickels 시애틀 시장은 뉴욕을 비롯한 다른 131개 도시 시장들과 공동으로, 각 도시 차원에서 교토 의정서 합의 사항을 이행할 것을 결의했다. 2005년 6월 1일, 「뉴욕 타임스」와 CBS 뉴스가 공동으로 시행한 여론조사에서 밝혀진 사실은 이러하다: 미국인들은 정부가 유류세를 인상하는 데는 강력하게 반대하지만, 여론조사 참가자의 55%는 추가로 징수된 세수稅收가 지구온난화를 해결하는 데 사용되고 미국의 에너지 공급을 위한 수입 원유의 의존도를 낮추는 데 쓰여진다면, 높은 세금을 납부할 용의가 있다고 응답했다.[20]

공화당 소속 뉴욕 시장 마이클 블룸버그Michael Bloomberg는 2006년 5월, 존스 홉킨스 의과대학 졸업식 연설에서, 조지 부시 대통령 이름은 거론하지 않고, 과학계가 지구온난화의 위협을 불신하도록 여론을 조작해 온 행태를 비판했다. 그는 "거의 만장일치에 가까운 과학계의 견해에도 불구하고, 정치 이념과 단기적 이익에만 치우쳐 기후변화의 증거를 무시한 채 당면한 현실을 왜곡하려는 움직임이 있다"고 말했다.[21]

---

[18] Gregg Easterbrook, "Finally Feeling the Heat", *The New York Times*, 24 May 2006, www.nytimes.com/2006/05/24, 1 of 3.

[19] *Ibid.*, 2 of 3.

[20] Louis Uchitelle and Megan Thee, "Americans Are Cautiously Open to Gas Tax Rise, Poll Shows", *The New York Times*, 28 February 2006. www.nytimes.com/2006/02/28/national/28, 1 and 2.

[21] Diane Cardwell, "In Speech to Medical Graduates, Bloomberg Diverges from G.O.P. Line", *The New York Times*, 26 May 2006. www.nytimes.com/2006/05/26, 2 of 2.

미국 과학 아카데미는 인위의 결과로 대기권에 온실가스가 축적되고 지표면과 해수의 온도가 상승하는 것은 명백한 사실이라고 천명하면서, 온실가스 감축을 위한 즉각조치들을 취하라고 요구했다. 미국 기상학회, 지구과학협회와 과학진흥협회도 동일한 성명서를 발표했다.[22] 더 중요한 것은 일반인들도 기후변화를 감지하기 시작했다는 사실이다. 미국 대평원 지역 주민들은 더욱 그랬다. 초원은 몇 개월씩 눈으로 덮이지 않았다.

미국 연방 기후변화 과학 프로그램Federal Climate Change Science Programme이 2006년 5월에 실시한 연구는 대기가 갈수록 더워지고 있다고 결론지었다. 이 발견은 대단히 의미심장하다. 회의론자들은 현저한 온도 상승을 입증하는 위성 데이터가 전송되고 있지 않다는 사실에만 집착하기 때문이다. 이 보고서는 "대기권 상층부에 비해, 지표 온도 평균 상승률은 일정하다"고 주장했다.[23] 결론은, 지구온난화가 일어나고 있으며, 이런 현상은 자연적으로만 발생하는 것이 아니라 석탄과 기름의 인위적 연소 때문에도 발생하게 된다는 것이다.

2006년 8월 30일, 민주당이 다수 의석을 차지하는 캘리포니아 의회와 공화당 소속 주지사 아놀드 슈왈제네거Arnold Schwartznegger는 2020년까지 이산화탄소 배출을 25% 감축하는 법안에 합의했다. 따라서 공공기업, 정유 공장과 시멘트 공장들은 이산화탄소 배출량을 줄여야 할 것이다. 법 집행을 위한 기초 작업이 즉각 개시되었다. 배출량 측정과 위반 사례 적발의 선봉은 캘리포니아 대기 정화국California Air Resources Board이 맡았다. 목표는 배출량을 2020년까지 1990년 수준으로 줄이는 것이다. 규제는 2012년

---

22 Poly Ghazi, "A storm brewing", *The Guardian*, 6 July 2005, 13 (supplement).
23 Alec Russell, "US report admits pollution to blame for climate", *The Irish Independent*, 4 May 2006, 13.

부터 시작된다. 이 법안에는 기업들의 목표 달성을 돕기 위한 지원금 조항도 포함되었다. 이 법안의 후원자인 파비안 누네즈Fabian Nunez는 이 입법 과정은 시작에 불과하다고 생각한다. 최종 목표는 캘리포니아를 무탄소 지대로 만드는 것이다. 그렇게 되면 기업들이 규제가 없는 노스캐롤라이나 혹은 중국으로 이전할 것이라고 업계 일각에서는 예측하지만, 캘리포니아 주 공공정책 연구소Public Policy Institute of California가 최근 실시한 여론조사 응답자 다섯 명 중 네 명은 기후변화에 시급한 대응 조치가 필요하다고 믿고 있다. 대다수는 캘리포니아가 기후변화에 취약하다는 사실을 인식하고 있다. 캘리포니아 주는 상수원의 상당량을 시에라네바다 산맥의 설괴빙원雪塊氷原에 의존하고 있다. 미국 과학 아카데미의 2004년도 연구 결과는, 지구온난화가 계속될 경우, 산정의 눈은 금세기 말까지 적어도 29%가량 감소할 것으로 예상했다.[24]

캘리포니아 수소고속도로 네트워크Californian Hydrogen Highway Network도 주목할 만한 사업이다. 2010년 이전에 가동될 이 기구는 무온실가스 수소자동차를 선택하는 기업들을 우선 지원한다. 수소자동차가 배출하는 것은 수증기와 약간의 엔진오일 흔적뿐이다. 캘리포니아는 21개 주립 고속도로에 약 20마일당 한 개꼴로 총 150~200개 정도의 수소충전소를 설치하려고 한다.

수소를 에너지원으로 사용하는 데 따르는 문제점은, 수소가 우주에 풍부하긴 하지만 항상 어떤 다른 원소나 분자와 화학적으로 결합되어 있다는 점이다. 물 분자는 수소 원자 둘과 산소 원자 하나로 구성되어 있다. 물을 전기분해하면 수소를 얻을 수 있다. 현재로서는 고비용의 공정일 뿐 아

---

[24] Felicity Barringer, "Officials Reach California Deal to Cut Emissions", *The New York Times*, www.nytimes.com/2006/31/washington/31warming.html? 1 and 2.

니라 종종 화석연료도 사용해야 한다. 그러나 화석연료나 원자력을 사용하지 않고 수소를 분리하기 위한 실험들이 많이 행해지고 있기도 하다.

잊지 말아야 할 것은, 수소를 저장하는 일이 지금으로서는 어렵다는 것이다. 수소는 같은 무게의 석유보다 더 강한 힘을 제공하지만, 부피 면에서는 석유보다 못하다. 이로 인해 충분한 저장 공간을 확보하는 데 문제가 발생한다. 또 안전 사고가 우려되기도 한다. 수소는 냄새가 없어서 누출을 감지하기 어렵다. 고압 수소를 저장하려면 어떤 경우에도 누출되지 않는 저장소 설비가 필수다. 누출 감지 장치 개발이 지금 진행 중이다. 수소나 기타 대체연료를 선택하면 당연히 공적 자금의 혜택을 받아 중요한 부수적 연구를 촉진시키게 될 것이다. 감지 장치는 사고 발생 즉시 전체적인 작동이 중지되도록 개발되어야 한다. 1937년, 뉴욕에서 일어난 힌덴부르그 비행선 폭발 사고처럼, 수소 폭발로 인한 화재의 공포가 아직도 사람들의 기억 속에 생생하다. 그러나 이 시나리오는 정확한 것이 아니다. 힌덴부르그 화재는 가연성이 높은 섬유소와 풍선의 알루미늄 표면에서 발화되었다. 그것이 피해 원인이다. 수소는 대기 속으로 급속히 흩어졌다.[25]

2005년 8월, 미국 북동부 7개 주는 이산화탄소에 대처할 산업 체계 수립에 합의했다. 이 합의 사항은 유럽연합의 의무 조항에 비하면 약한 감이 있지만, 온실가스 배출 감축과 관련하여 연방정부가 결단성 있는 조치를 하도록 압력을 행사할 만큼 획기적인 것으로 평가된다.[26]

지구온난화 논쟁에 미 연방대법원은 아직 개입하지 않고 있다. 미국의 저명 과학자들은 2006년 5월, 매사추세츠 주와 미국 환경보호기구Environ-

---

25 Timothy Gardner, "UPDATE US Northeast States to Act on CO_2", 16 August 2006, Reuters, know now.

26 *Ibid.*

mental Protection Agency(EPA) 간의 분쟁을 연방대법원이 심리해 줄 것을 촉구했다. 이 사건은 EPA가 온실가스 방출을 강제로 제한하는 것을 미국 청정 공기법Clean Air Act이 허용하느냐에 대한 것이었다. 이 법안의 골자는, 새로 출고된 자동차의 배기 가스가 공중보건에 해로운 대기 오염을 일으킬 수 있다고 EPA 대표가 판단할 경우, 새로 출고된 자동차의 배기 가스를 '통제해야 한다'는 것이다. EPA는 이 법안의 적용을 받는 운송업계의 온실가스 방출을, 확정 판결이 내려질 때까지 통제하지 않기로 했다. 이런 입장을 취하는 데 대해, EPA는 기후변화의 불확실성이 상존하고 있다는 점을 이유로 내세웠다. EPA는 의회가 규제 조항을 이 법안에 포함시키기를 원했다면, 1990년 이 법이 수정되었을 때 사안을 더욱 분명하게 짚고 넘어갔어야 했다고 주장했다.

   EPA는 이산화탄소 배출 문제는 자기들의 영역 밖이라고 주장했다. 매사추세츠 주와 캘리포니아와 뉴욕을 포함한 다른 11개 주는 EPA의 주장을 반박하고 법정투쟁을 벌였지만 2001년 미국 상소법원에서 2대 1로 패소했다. 원고들은 대법원에 항소하기로 결정했다. 매사추세츠 주 수석 변호사 제임스 밀키James Milkey에 의하면, EPA는 '위기'의 올바른 기준을 한 번도 제시한 적이 없었다. 과학자들은 상소법원이 기후변화에 대한 미국 과학 아카데미의 보고서에서 불확실성들만 취사선택했다고 주장한다. 상소법원은 지구온난화와 그 필연적 결과에 관하여 현재 과학계에서 통용되는 일치된 소견에 따라 행동하기를 거부했다.

   연방대법원이 이 사건을 심리하기로 결정하고 매사추세츠 주의 손을 들어준다 하더라도, EPA가 온실가스 배출을 통제하도록 강요할 수는 없을 것이다. 그럼에도 대법원 재심은, 기후변화가 시급히 대처해야 할 심각한 문제라는 메시지를 던지는 획기적인 전환점이 될 것이다.[27]▶

기업과 지구온난화

미국 기업들도 비화석연료원이 사업적 호기가 될 수 있다는 점을 간파하기 시작했다. 2005년 5월, 미국 5대 기업 중 하나인 제너럴 일렉트릭은 청정에너지 기술 개발 예산을 2010년까지 두 배로 늘리겠다고 발표했다.[28] 스포츠웨어 제조업체인 팀벌랜드도 탄소 배출 감축 방법을 연구하기로 결정했다. 이 회사는 가능한 방안을 망라했다. 도미니카 공화국에 풍력발전소를 건설하고, 재생가능한 공급원으로부터 전력을 구매하며, 최종적으로 태양열 사용을 확충하는 것 등이 포함되었다. 회사는 이 모든 방법을 다 동원하기로 결정했다. 연구 결과는 온실가스의 상당 부분이 자회사의 가죽 부츠 생산 과정에서 소가 내뿜는 메탄과 관련이 있는 것으로 나왔다. 팀벌랜드의 제프리 스와츠Jeffrey B. Swartz 회장은 지구온난화에 대한 우려에 동참하면서, 친환경 정책을 선택한 더 중요한 이유는 경제적 측면 때문이라고 말했다. 에너지 절감으로 경제적 타산도 맞추고 경쟁사들에 대한 우위를 점할 수도 있다는 것이다.[29]

지구온난화에 대한 부시 행정부의 소극적인 태도에도 불구하고, 미국 기업들은 탄소 배출 감축과 비용 절감을 위해 더 많은 기여를 할 수 있을 것이다. 매년 배출되는 이산화탄소의 25%가 미국 탓이다. 미국의 이산화탄소 배출량은 줄곧 증가하여 미국 에너지부는 이산화탄소 배출량이 2030년까지 80억 톤까지 상승할 것이라고 예측하기에 이르렀다.

◂27 Jessica Marshall, "Let the Supreme Court decide", *The New Scientist*, 27 May 2006, 8.

28 Poly Ghazi, op. cit., 13.

29 Jad Mouawad, "The Greener Guys", *The New York Times*, 30 May 2006. www.nytimes.com/2006/05/30/business/30carbon.html, 1 of 4.

현재까지 탄소 배출량 감축을 위한 EPA 프로그램에 자발적으로 서명한 미국 내 기업은 86개에 불과하다. 걱정하는 과학자들의 모임Union of Concerned Scientists의 청정에너지 프로그램 이사 앨런 노기Alan Nogee는 "재계에 심각한 무기력증이 팽배해 있으며, 많은 기업이 타조처럼 모래에 머리를 처박고 과학계의 압도적 의견 일치가 어떻게든 사라져 버리기만을 바라고 있는 것 같다"고 말했다.[30]

교회와 지구온난화

2005년 초, 복음주의 교회 목회자 1,000명이 지구온난화를 비롯한 환경문제에 백악관이 좀 더 솔선수범해 줄 것을 촉구하는 편지를 부시 대통령에게 보냈다. 그들은 편지에서, 피조물에 대한 관심과 지속가능한 환경을 만들기 위해 노력하는 것은 모든 기독교인의 의무라고 호소했다.

2006년 2월, 복음주의 교회 지도자 86명은 지구온난화 방지를 위한 주요 사업들을 지원하기로 서약했다. "세상에서 가장 가난한 수백만의 이웃들이 기후변화로 금세기 안에 죽을지도 모른다"는 믿음 때문이었다.[31]

이 서약에 동참한 사람들 중에는 39개 복음주의 교회의 대학 학장, 구세군 지도자, 원조 단체, 소위 '대형 교회의 목회자'들도 있었다. 베스트셀러 『목적이 이끄는 삶』The Purpose-Driven Life의 저자 릭 워렌Rick Warren도 이 문서에 서명했다. 이 성명서는 '비용 면에서 효율적이며 시장 원리에 기초를 둔 방법'을 통해 이산화탄소 배출 감축을 촉구한다. 이 접근 방법은 많은

---

[30] Ibid., 2 of 4.

[31] Laurie Goodstein, "86 Evangelical Leaders Join to Fight Global Warming", The New York Times, 8 February 2006. www.nytimes.com/2006/02/08/national/08war.html, 1 of 3.

복음주의 교회가 기업 편에 서 있으며 시장의 힘이 거의 모든 문제 해결의 열쇠를 쥐고 있다는 사실을 반영하고 있다. 이 성명은 기후변화에 긍정적인 조치를 취했다고 생각되는 기업에 대한 칭찬도 곁들였다. 기후변화에 혁신적으로 대처한 쉘, 제너럴 일렉트릭, 코너지, 듀크 에너지와 듀폰이 여기 포함되었다.

기술적 조정

대기 내 이산화탄소 함량을 줄일 기술적 조정 방법의 하나는 '탄소 포획과 저장'carbon capture and storage(CCS)이다. 제안자들은 이 기술이 대기권으로부터 탄소를 분리시킴으로써 화석연료를 거리낌없이 사용하면서도 기후변화의 속도를 늦출 수 있다고 생각한다. 꿩 먹고 알 먹기다.

최근 유엔 정부간 기후변화위원회는 CCS 기술의 효과가 다소 회의적이라는 입장을 표명했다. 화력발전소처럼 다량의 이산화탄소를 배출하는 곳에서 CCS는 2050년까지 전체 이산화탄소 배출량의 20~40%만 분리시킬 수 있을 뿐이라는 의견이다. 이렇게 분리시키기 위해서는 분리된 탄소를 저장할 저장소가 있어야 한다. 일각에서는 폐광이 제격일 것이라는 제안도 있지만, 탄소 발생 지역마다 인근에 폐광이 늘 있는 것은 아니라는 점도 문제다. 가능한 저장소로 바다가 거론되기도 했다. 그러나 이산화탄소를 해저 3,000미터 깊이에 집어 넣어 탄소층을 형성하도록 하는 것은 비용이 매우 많이 들며, 만에 하나라도 잘못되면 바다의 산성화라는 엄청난 결과를 가져올 것이다. 지금의 막대한 이산화탄소 배출량만으로도 바다는 나날이 산성화되고 있다. 이산화탄소가 바다에서 용해되면 바다의 산성화를 가속화시켜 해양생물, 특히 새우·게·조개 같은 갑각류에게 고통을 줄 것이다. 또한 이 현상은 해양생물 먹이사슬의 원천인 플랑크톤을 대량으로 죽일 수도 있다. 거의 모든 해양생물과 인간에게까지 영향을 미칠 산성화의 연쇄효과는 막대하다. 과학자들은 이산화탄소를 분리시키는 방법을 취하여 이산화탄소 배출량을 액화시키면, 매년 50입방킬로미터의 액화 이산화탄소를 지각地殼으로 주입해야 한다고 산정했다.[32]

차량들이 수소나 재생가능에너지원으로부터 획득한 전기 등의 대체 연료를 사용하지 않는 한, CCS가 그다지 효과적인 이산화탄소 배출 감축 방안은 아닐 것이다.

자연적 조정

막대한 양의 탄소가 자연적으로 식물에 저장되어 있다. 식물이 대기로부터 이산화탄소를 흡수하여 당분·전분·섬유소로 저장하고, 다시 대기로 산소를 내보내는 광합성 작용을 통해 일어나는 현상이다. 성장기의 어린 나무들은 다 자란 나무들보다 더 많은 탄소를 빨아들이는 최적의 탄소 흡입장치 역할을 한다. 수목들이 베어지고 불에 타면, 다시 대기로 탄소를 내보낸다. 죽은 나무들은 서서히 썩기 때문에 토양을 비옥하게 하고 탄소 저장소 역할을 한다. 아일랜드와 그 대척점, 특히 최근 수십 년 동안 우림이 파괴되고 있는 열대지방에 더 많은 토종수를 심어야 한다는 것을 잊어서는 안 된다.

---

32 Tim Flannery, op. cit., 254.

■■■ 5

교토 의정서

1997년 교토 회의

1992년 6월, 리우데자네이루 유엔 환경개발회의United Nations Conference on Environment and Development(지구 정상회담Earth Summit으로 더 잘 알려짐)의 주 의제는 '기후변화'였다. 이 회의를 위한 기초 작업들이 이미 중요한 두 국제회의에서 마무리되었다. 기후변화에 대한 이해를 높이기 위한 첫 번째 과학계 모임이 1985년 오스트리아의 빌라하에서 열렸고, 과학자와 정책 입안자들이 참석한 회의가 3년 뒤 토론토에서 열렸다. 이 회의에서는 대기권의 온실가스 배출량을 감축하기 위한 조치를 취할 것을 촉구하는 성명서가 발표되었다.

리우데자네이루 회의에서 기후변화는 각국 정상들의 연설문에 자주 등장했다. 그 결과 154개국이 유엔 기후변화협약UN Framework Convention on Climate Change에 서명했다. 이 협약의 목적은 대기 내 18종의 온실가스 수준을 감소시켜 현재와 미래의 지구온난화 피해를 최소화시키는 것이었다.

이 협약에 서명한 나라들은 2000년까지 온실가스 배출량을 1990년 수준 이하로 낮추는 데 합의했다. 그것은 비현실적인 목표였다. 그러나 조지 부시 대통령의 아버지가 대통령직에 있을 당시, 미국 행정부가 미국 내 강력한 화석연료 사용 로비 활동에 동조하여 범세계적 온실가스 배출량 감축을 위한 구체적인 목표 설정을 거부하는 바람에, 이 협약의 효과는 반감되었다. 당시 미국 인구는 세계 인구의 6%에 불과했지만, 전 세계 온실가스의 25%를 배출하고 있었다.

지구온난화에 대한 미국의 접근 방식에 약간의 변화가 생긴 것은 1992년에 빌 클린턴이 대통령으로 당선되었을 때다. 이러한 변화의 결과, 1996년 7월 제네바에서 열린 유엔 기후변화협약회의UN Convention on Climate Change 참석자들은 온실가스 배출 감축에 법적 구속력을 가지는 국제 협약을 통과시킴에 즈음하여 선진국들의 솔선을 요구하는 강력한 성명서를 발표했다. 이 성명서에는 상당히 신중한 목표량이 설정되었지만, 적어도 일의 추진 방향은 올바른 것이었다.

지구온난화에 대처하려는 국제사회의 시도는 1997년 12월 교토에서 열린 유엔 기후변화회의UN Conference on Climate Change에서 또 한 번 지지를 받았다. 유엔 정부간 기후변화위원회 회원들은 지구 온도를 안정시키려면 온실가스 배출량을 적어도 60% 정도 감축해야 한다고 주장했다. 그러나 교토 회의 참석자들은 2012년까지 1990년 수준인 5.2~7%만 감축하는 선에서 합의를 보았다. 유럽연합 회원국들은 감축 수준을 더 높일 용의가 있었으나, 미국 행정부가 자국 내 막강한 기업들의 압력 때문에 우물쭈물 망설이고 있었던 것이다.

교토 회의가 열리기 전 '탄소 클럽'Carbon Club이라는 기업들의 모임이 미국의 교토 회의 참여를 차단하려는 캠페인을 벌였다. 특히 에너지산업 관련 기업들은 화석연료 소비의 감소가 기업 이윤의 감소로 이어질 것을 두려워했다. 탄소 클럽의 주도적 단체는 세계기후연합Global Climate Coalition이었다. 이 단체는 미국 기업과 재계의 인명록Who's Who에 오를 정도로 유명했다. 엑손 모빌, 쉘, 포드, 제너럴 모터스를 위시하여 석탄·철강·알루미늄·에너지 분야의 여러 선두 기업들이 이 단체의 구성원이었다. 그들은 정계와 여론 형성자들을 마음대로 주무르기 위해 기업광고, 심리학, 미디어 조작과 정치적 압력 등 모든 책략을 다 동원했다. 이 캠페인은 일련의 '정보 그룹'을 만들어 소위 '독자적인 과학자들'에게 자금을 대고 정치적 보수 단체와 극우 성향의 정책연구소들을 길들이는 한편, 기후변화 대응 조치를 요구하는 개인과 단체의 신뢰도를 떨어뜨리는 데 주력했다.

지구온난화 문제에 찬물을 끼얹은 사람은 오스트리아 과학자 패트릭 마이클Patrick Michael이다. 정보 그룹들은 지구온난화 방지가 기업에 부정적인 영향을 끼칠지도 모른다는 염려에서, 그의 연구 결과를 인용하여 정부가 실제로 아무것도 하지 않도록 다그쳤다. 패트릭 마이클은 사이프러스 광물회사, 에디슨 전기연구소, 독일 광업협회로부터 연구비를 일부 지원받았다(1997년 10월 29일 자 「가디언」). 호주에서는 리오 틴토, 엑손 모빌과 호주 알루미늄협회 등의 다국적기업들이, 호주의 교토 의정서 서명을 반대하는 단체들에게 40만 호주 달러를 기부했다.[1] 재미있는 것은 듀폰, 영국 석유화학British Petroleum에 이어, 텍사코 같은 여러 기업들이 세계기후연합에서 탈퇴했다는 사실이다. 이 단체는 2000년 3월에 와해되었다.

클린턴 행정부가 교토 의정서에 서명했지만, 1997년에 통과한 버드 하겔Byrd-Hagel 결의안은 미국 경제에 피해를 입힐지도 모를 모든 조약을 미

---

[1] Tim Flannery, op. cit., 227.

국 상원이 거부하라고 촉구했다. 이 결의안은 미국 상원에서 95대 0으로 통과되었다.

교토 의정서는 러시아 의회Russian Duma가 비준하기로 의결한 후, 90일이 지난 2005년 2월 16일에 발효되었다. 2005년 12월, 의정서에 서명한 130개국과 기타 국가들이 교토 의정서의 발효를 축하하고 2012년 이후의 일을 논하기 위해 아르헨티나의 수도 부에노스아이레스에 모였다. 이 모임은 여러 이유로 참가자들을 긴장시킨 사건이었다. 교토 의정서에 서명한 많은 나라가 자기들이 합의한 탄소 감축량이 기후 안정에 필요한 수준에 훨씬 못 미치는데도 그것을 제대로 이행할 수 없다는 사실을 깨달았다. 더욱이 교토 의정서는 두 자릿수 경제성장을 이루면서 오염의 주범이 된 인도나 중국의 경제를 다루지 않았다. 세계 최부국이면서 최강의 경제대국인 미국은 여전히 방관자적 입장에 서 있었다.

과거 수십 년간 온실가스 배출량을 꾸준히 증가시켜 온 인도, 중국, 브라질 같은 나라로부터 화석연료 사용 감축 서약을 받아 내는 것이 향후의 중요한 과제다.[2] 소수 세계 국가들도 대기 내 이산화탄소 함량이 확실히 500ppm을 넘지 않도록 온실가스 배출을 60~80%까지 줄여야 할 것이다.

교토 의정서가 이룩한 획기적 발전 가운데 하나는 선진 산업화 국가들이 최초로 이산화탄소 배출 감축의 강제적 이행에 합의했다는 사실이다. 또한 교토 의정서는 합의된 목표치에 도달하기 위해 기타 비산업화 국가의 탄소 배출 규제에 투자함으로써, 국가들 간에 타국의 탄소 배출권을 '구매'할 수 있도록 허용했다. 교토 의정서 합의국들은 최악의 기후변화가 현실화되지 않게 하려면, 이러한 조치는 단지 시작에 불과하다는 점을 인식

---

[2] Larry Rother and Andrew C. Revkin, "Cheers, and Concern, for New Climate Pact", *The New York Times*, 13 December 2005. www.nytimes.com/13/12/04

했다. 탄소 거래는 다음과 같이 이루어진다: 탄소 단속자가 나라마다 각종 온실가스 배출 한도를 정한다. 이러한 배출권은 비례 기준에 의해 기존 기업들에게 할당된다. 이 배출권은 경매에 붙여질 수도 있다. 기업들이 정해진 기준을 넘을 때는 기준보다 배출량을 줄인 국가나 기업들에게서 오염권을 '구매'할 수 있다.

교토 의정서 반대자들은 유엔 정부간 기후변화위원회가 발견한 사실들이 왜곡되었으며 부정확하다고 자주 주장한다. 그러나 유엔 정부간 기후변화위원회의 회원은 과학자와 정부 관료들이 주축을 이루기 때문에 이런 주장은 신빙성이 없다. 에너지 산업계의 여러 단체에는 미국과 산유국의 대표들이 고루 참여하고 있다. 이런 이유로 유엔 정부간 기후변화위원회의 보고서들은 최소한의 공통되는 입장만 대변하는 것이다. 그럼에도 불구하고 이 위원회의 견해는 더욱 도전적이 되어 간다.

2005년 12월, 유엔은 몬트리올에서 또 다른 기후변화협약회의를 개최했다. 이 회의는 교토 회의의 후속 회의였다. 미국은 다시 대표 교섭자 하리안 왓슨Harian L. Watson을 내세워, 자발적이 아니거나 시장 원리에 근거를 두지 않은 어떤 형태의 국제 협약도 반대한다는 입장을 재천명했다. 왓슨은 「뉴욕 타임스」와의 회견에서 "미국은 법적 구속력을 가지는 목표나 2012년 이후의 일정에는 결코 동의하지 않을 것"이라고 말했다. 이에 대해 「뉴욕 타임스」는 왓슨의 접근법이 "고의로 질질 끌려는 부시 행정부의 파렴치한 태도"로서 "혹평을 받아 마땅"하다고 낙인찍었다.[3]

2005년 6월, 유럽연합은 2020년까지 온실가스 배출을 15~30% 더 감축하기 위한 계획을 지지했다. 논평가들은 이러한 열망의 달성 가능성에 대

---

[3] Jim Motavalli, "The Montreal Talks: A lot of Hot Air", www.emagazine.com/view/?2989&priintview&image12/14/2005, 1 of 2.

해 회의적이었다. 회원국 15개국 중 11개국에서는 실제로 온실가스 배출량이 증가했기 때문이다. 스페인 등 일부 국가에서는 무려 40% 이상 증가했다. 아일랜드도 23% 증가함으로써 이런 국가들에 과히 뒤지지 않았다.[4]

 탄소 배출권 매매 개념이 일거에 황당해질 수 있다는 데 주의를 환기시킨 것은 몬트리올 회의가 남긴 흥미로운 결과 중 하나다. 발의의 요점은 온실가스 배출 감축을 위한 것이었지만, 이러한 탄소 배출권 매매가 탄소 배출을 줄이는 데 쓰이기보다는 탄소 배출권 매매로 돈을 벌려는 대기업들의 '탄소 회계 사기'carbon accountancy scam로 오용될 우려도 있었다.

 2005년 12월, 몬트리올 기후변화협약회의에서 시애틀 시장 게그 니켈스Geg Nickels는 이렇게 말했다: "미국인들은 기후변화 문제를 명백히 인식하게 되었다. 뉴올리언스의 재해가 사람들에게 깊이 각인되어, 이제 그들은 행동을 원하고 있다." 그는 또, 교토 의정서에 서명했더라면 미국에게 적용되었을 7%의 온실가스 배출 감축 목표를 시애틀은 달성할 수 있었을 것이라고 말하면서, 미국 시민 4천만 명 이상을 대표하는 192명의 시장들은 교토 의정서가 제한한 목표를 달성할 용의가 있다고 주장했다. 현재 미국 북동부 9개 주는 온실가스 배출 감축 방안들을 강구하고 있다.[5]

아일랜드와 교토

교토에서, 아일랜드는 온실가스 배출량의 증가를 허락받은 몇몇 부국들 중 하나였다. 아일랜드는 19세기까지도 산업화를 달성하지 못했던 나라

---

4 *Ibid.*

5 David Adam, "Beckett urges targets to fight climate change", *The Guardian*, 7 December 2005. www.guardian.co.uk/print12/07/2005, 1 and 2.

이므로, 다른 선진 산업화 국가들보다 더 큰 자유재량권을 받아야 한다는 주장이었다. 아일랜드는 2012년까지 온실가스 배출량을 1990년 수준보다 13% 더 증가해도 된다는 허락을 받았다.

1990년대 중반 이래의 아일랜드 경제성장을 일컫는 '켈트 호랑이의 도약'은 1998년에 이미 아일랜드가 온실가스 배출 수준을 초과했다는 것을 암시한다. 에너지 정책이 바뀌지 않는 한, 온실가스 배출은 계속 상승할 것임이 분명하다. 1997년 경제사회연구소Economic and Social Research Institute(ESRI)의 보고서는 에너지 정책의 획기적 변화가 없는 한, 아일랜드의 온실가스 배출은 2010년까지 28%나 증가할 것이라고 예측했다. 그럼에도 불구하고 정책에 아무런 변화도 일어나지 않았다. 실은 정반대 현상이 일어났다. 풍력이나 파도 같은 대체에너지를 장려하는 대신, 정부는 오팔리 주 에덴데리에 토탄土炭을 태워 가동하는 공장을 세웠다. 120메가와트 화력의 이 공장은 매년 60만 톤이 넘는 이산화탄소를 대기로 배출한다.

2000년 8월, 환경보호기구Environmental Protection Agency는 「아일랜드 대기오염 물질 1990~1998」Emissions of Atmospheric Pollutants in Ireland 1990~1998 이라는 보고서를 발표했다. 이 보고서는 아일랜드에서는 최근 8년 동안 온실가스 배출이 18% 증가했으므로, 1998년에 이미 2010년의 배출 목표를 초과했다고 주장했다. 그 당시 온실가스 배출의 연간 비율은 4%를 넘었다. 이에 대응하여 환경부Department of Environment는 2000년 11월, 온실가스 배출 감축을 위한 「기후변화 국가전략」National Climate Change Strategy을 발표했다. 그러나 아무런 변화도 일어나지 않았다. 거론된 발의에는 화석연료에 대한 무조건적 과세, 머니포인트 화력발전소의 폐쇄 혹은 전용, 전국 축산 농가의 가축 수 감소 등이 포함되었다. 이후 환경부 장관은 이 서약을 취소했는데, 이는 연료를 가스로 전환할 경우 아일랜드 전력 발전의

80%가 천연가스에 의존하게 될 것이며, 가스를 시베리아에서 수입할 경우 아일랜드의 입지가 심각하게 취약해진다는 주장에 근거한 것이었다. 안 타이체An Taisce는 머니포인트 화력발전소를 "아일랜드에서 가장 문제가 많은 온실가스와 산성비 배출처"라고 묘사했다.[6]

「기후변화 국가전략」 보고서는 "거의 모든 나라에서 늘어나는 차량과 여행객으로 인해 운송업계가 온실가스 배출을 규제하기 가장 어려운 분야라는 것이 보편적으로 입증되었다"는 사실을 어설프게 인정하고 있다. 이 보고서의 제5장은 운송업계에 대해 다루고 있지만 막연하고 희망적인 사항들뿐이다. 철도운송도 몇 군데 언급되지만 이 전략의 입안자들은 주로 도로운송만을 '운송업계'로 지칭한다.

보고서가 발표된 후, 나는 정부 어느 부서와 기관이 도로 건설 계획으로 배출될 온실가스의 추가 배출량을 산출했는지 알아보려고 했다. 아마 고속도로 수요는 차량 증가에 관한 연구에 근거했을 것이다. 그러므로 고속도로 건설로 인해 증가될 온실가스 배출량을 측정하는 것은 무척 쉬운 일임이 틀림없다. 나는 도로공사National Roads Authority의 친절한 안내를 받았지만 증가될 온실가스량을 측정하지 않았다는 통보를 받았다. 도로공사에서 실시한 환경영향조사Environmental Impact Studies(EIS)는 고속도로 건설의 결과로 발생할 지역별 공기 오염도는 검토했지만, 온실가스 배출 증가에 대한 측정은 하지 않았다는 것이다.

2002년 7월, 아일랜드 정부는 2002년 8월 26일부터 9월 4일까지 요하네스버그에서 열릴 예정인 지속적 개발에 관한 세계 정상회담World Summit on Sustainable Development을 위해 또 다른 문서를 준비했다. 환경보호기구

---

6 Frank McDonald, "Power Struggle", *The Irish Times*, Weekend Review, 14 January 2006, 2.

에 의하면 「아일랜드 환경보존안」*Making Ireland Sustainable*이라는 이 보고서는 아일랜드의 온실가스 배출이 2000년에 이미 1990년 수준보다 23.7% 더 증가했다는 사실을 인정했다. '위기에 대한 무관심'이 지속된다면 2010년에는 27% 증가할 것이다. 이 보고서 역시 어떤 조치가 취해져야 할 것인가에 대해 장황한 설명만 늘어놓았다. 또한 "특단의 조치가 취해지지 않으면 아일랜드는 급속히 교토 의정서의 목표치를 초과할 것이라는 사실을 늘 인식하고 있다"는 매우 미온적인 언급과 함께, "향후 10년 동안 온실가스 배출 증가를 13% 수준으로 제한하기 위해 '특단의 조치'가 취해져야 한다"고 주장했다.[7] 이 보고서는 "적절한 과세 조치를 취할 것과 이산화탄소 배출을 우선적으로 다룰 것"을 약속했고, "사회경제적 활동을 고려하여 모든 분야에 단계적으로 소개할 것"이라고 덧붙였다.[8]

경제사회연구소가 정부안을 거부하고 빈곤층의 부담을 경감하는 과세안을 제시했음에도 불구하고, 이런 조치들이 빈곤층에 지나친 부담을 준다는 구실을 내세워 정부는 2004년에 이런 구체적인 약속들을 포기했다.

에너지 동향에 관한 최근 발표에서 가장 실망스러운 통계치 가운데 하나는 1990년 이래 1,200cc 이하 소형차의 판매가 꾸준히 감소하고 있다는 것이다. 반면 1,200cc 이상 중형차는 꾸준한 증가세를 보여 2004년 아일랜드의 승용차 대부분이 엔진 규모 1,200~1,500cc 사이였다. 이는 더 많은 온실가스의 배출을 의미한다.[9]

---

[7] "Meeting Kyoto commitment seen as a 'core' challenge", *The Irish Times*, 26 July 2002, 5.

[8] Liam Reid, "Taxpayers will pay high price for broken promises on Kyoto", *The Irish Times*, 3 April 2006, 15.

[9] *Energy in Ireland 1990~2004, Trends, issues, forecasts and indicators*, SEI Sustainable Energy Ireland, Energy Policy Statistical Support Unit, 53.

2006년 3월에 발표된 유럽 환경기구의 보고서 「운송과 환경: 2006년의 딜레마」Transport and Environment: Facing a Dilemma 2006는 아일랜드 운송 분야의 온실가스 배출량의 증가 속도가 유럽 어느 나라보다 높다는 것을 확인시켜 주었다. 1990~2003년 사이 차량 오염도는 130%의 상승률을 기록했다. 같은 기간, 다른 유럽 국가들 대부분의 차량 평균 오염도 상승률은 23%에 그쳤다. 유럽 환경기구 이사 재클린 맥글레이드Jacqueline McGlade 교수는 아일랜드의 온실가스 배출량을 줄이기 위해서는 정부 주요 정책의 발의가 필수적이라고 언급했다. 이는 과세, 통행료 부과와 바이오 연료 생산을 위한 투자 확충을 포함한다.[10]

2002년 말경, 아일랜드 정부는 화석연료 사용에 대한 과세나 대체에너지원 개발 보조금 지급 등, 온실가스 배출 감축을 위한 효과적 조치를 취하지 않으면 궁극적으로 엄청난 비용을 들이게 될 것이라는 사실을 깨닫기 시작했다. 교토 의정서 합의 사항에 따르면 아일랜드의 온실가스 배출량은 1990년 수준의 13%까지 증가해도 된다. 환경보호기구와 컨설팅 회사 DIW 벌린DIW Berlin의 연구 결과, 2001년 아일랜드의 온실가스 배출 증가율은 31%에 달했다는 사실이 밝혀졌다. 2004년에는 이 증가율이 23%로 감소했지만, 이는 정부의 정책 때문이 아니라 아클로 소재 아일랜드 비료회사와 코크 소재 아일랜드 철강회사가 문을 닫았기 때문이었다.

「아이리쉬 타임스」의 기고가 이바 포콕Iva Pocock은 전임 재무장관이 탄소 과세를 도입하겠다는 약속을 어김으로써, 「기후변화 국가전략」을 사실상 폐기해 버렸다고 지적했다. 그녀는 경제학자 존 피츠제럴드John Fitzgerald도 그러한 조치가 교토 의정서의 목표치를 달성하기 위한 효과적인 방

---

[10] Jamie Smyth, "Ireland's greenhouse gases show fastest rise", *The Irish Times*, 28 March 2006, 1.

책을 없앤 것이라고 비난한 사실을 지적했다. 일부 기득권층의 압력 때문에 취해졌을 이런 무책임한 조치에 강력하게 항의하는 환경운동가는 안타깝게도 없었다.[11] 이런 무능한 정치적 지도력 탓에 아일랜드의 온실가스 배출량이 2006년에 다시 상승하기 시작했다는 사실은 놀랄 일이 아니다. 2006년의 온실가스 배출 현황은 이렇다: 운송업계 17%, 농업 30%, 산업계 10%, 주택 난방 10%, 에너지 생산업계 25%.[12] 아일랜드 국민 일인당 온실가스 배출량은 유럽연합 국가들 가운데 가장 높게 나타났다.

환경보호기구 2006년도 보고서에 의하면 아일랜드의 온실가스 배출이 2004년에 0.45% 증가했다고 한다. 이는 1990년 대비 23.5% 증가를 뜻한다. 온실가스 배출 증가에 으뜸가는 원인 제공자는 29% 배출을 기록한 농업 분야다. 이는 주로 반추동물이 배출하는 메탄 때문이다. 에너지 생산업계는 25%, 운송업계는 17.5%를 차지했다.[13] 2006년 5월, 중앙 통계청이 발표한 수치는 1997~2004년에 7%의 온실가스 배출 증가를 보여 준다. 가장 큰 증가를 보인 분야는 여전히 운송업계로, 같은 기간 동안 62%라는 어마어마한 증가를 보였다. 이 엄청난 증가의 원인은 아일랜드의 자동차 수가 1994~2004년에 939,022대에서 무려 1,582,833대로 늘어났기 때문이다. 대·소형 화물차는 같은 기간 동안 135,809대에서 268,082대로 증가했다. 현재 아일랜드에서 소비되는 에너지의 40%를 운송업계가 차지하는데, 매년 8%씩 증가하는 추세다.[14]

---

11 Iva Pocock, "We need to clear the air", *The Irish Times*, 13 November 2004, 9.

12 Donal Buckley, "Putting Ireland out of business is no answer to climate change", *The Irish Times*, 13 February 2006, 14.

13 Frank McDonald, "Ireland's greenhouse gas emissions up", *The Irish Times*, 17 February 2006, 10.

14 *Ibid.*

2004~2005년에 온실가스 배출 증가를 초래한 주요 원인 중 하나는 성장하는 건축업의 수요를 충족시키기 위한 시멘트 생산의 증가였다.

지금같이 방관적 정책을 계속한다면 2012년에 아일랜드는 20%를 상회하는 수준으로 퇴보할 것이다. 교토 의정서의 합의 사항에 따라 아일랜드는 무려 10억 유로가 넘는 범칙금을 지불해야 할 상황에 직면한다. 다른 나라들로부터 오염권을 구매하는 것이 대안이 될 수 있을 것이다. 이렇게 되면 해마다 거의 2억 유로에 달하는 비용이 발생한다.[15] 샤논 에스츄아리 소재 어기니쉬 알루미나Aughinish Alumina 같은 기업은 2008~2012년 사이에 온실가스 배출 목표치를 달성하기 위해 해마다 4,500만 유로를 지불해야 할 것이다.[16] 5년간의 교토 의정서 합의 사항 이행 기간에 기업과 아일랜드 경제가 부담해야 할 전체 비용은 10억 유로가 넘는다.

교토 의정서에 명시된 목표치를 달성하지 못했을 경우 지불해야 할 비용에 대해 환경부는 드디어 깨닫게 되었지만, 재무기업부Department of Finance and Enterprise와 무역고용부Department of Trade and Employment의 사고 방식은 기업을 무엇보다 우선시하는 것 같다.[17] 아일랜드 경제인연합회Irish Business & Employers Confederation(IBEC)의 환경 정책 담당인 버클리Buckley는 「아이리쉬 타임스」에 기고한 기사에서, 지구온난화와 투쟁할 때 정부는 어떤 요구로든 기업에 짐을 지우지 말라고 촉구했다.[18] 기업 이익을 위한 막

---

[15] Liam Reid, "Kyoto shortfall to cost government 185 million euro", *The Irish Times*, 31 December 2004, 4.

[16] Treacy Hogan, "Taxpayers faced with a 300 million euro bill over gas emissions", *Irish Independent*, 29 March 2006, 11.

[17] Liam Reid, "Kyoto may cost state 5 billion euro", *The Sunday Tribune*, 2 February 2002, 11.

[18] *Ibid.*

강한 로비 활동은 탄소 과세안이 1991년에 이미 제안되었음에도 불구하고, 유럽연합의 탄소 과세를 효과적으로 방해하고 있다.[19]

탄소 배출권

교토 의정서에 대항하여 유럽연합은 각국의 온실가스 배출량을 제한하는 이산화탄소 배출권 거래 제도Emission Trading System(ETS)를 수립했다. 이산화탄소 배출을 제한하여 유럽연합 국가들이 교토 의정서에 명시된 목표치를 달성하도록 하기 위함이었다. 이 배출권은 유럽연합 내, 주로 에너지 생산 관련 기업과 시멘트 산업 분야의 11,500개 기업에게 할당되었다. 이 기업들은 유럽에서 배출되는 이산화탄소의 절반을 점한다. 배출권 거래 제도에 의거, 각국은 브뤼셀로 보낼 국가 할당 계획National Allocation Plan을 수립할 것을 기대하고 있다. 이 계획에는 공해 발생 기업들의 이산화탄소 배출 허용량을 명시해야 할 것이다. 아일랜드에서 가장 큰 몫의 배출권은 전기 공급 거래소Electricity Supply Board(ESB)에 돌아갔다. 아일랜드는 머니 포인트 발전소의 4,400만 톤을 포함, 총 1,100만 톤의 배출권을 얻었다.

논평가들은 기업들에게 지속적 오염을 사실상 허용하거나 배출권을 다른 기업에 팔 수 있도록 관대한 배출권을 준 아일랜드 정부에 비판적이다. 이는 배출권을 받지 못한 기업들에 비해 오염의 주범인 기업들이 상당한 금융 특혜를 받는 셈이다. 2006년 4월 현재, 이산화탄소 1톤 배출권의 가치는 22유로였다. 국가 간 오염 허용 한도는 해마다 줄어들고 화석연료의 비용은 상승할 것이므로, 배출권의 가격은 매년 오를 것으로 예상된다.

---

[19] Pat Finnegan, "IBEC full of 'hot air' in its take on facing up to Kyoto", *The Irish Times*, 16 February 2006, 16.

아일랜드의 환경운동단체 피스타Feasta는 배출권 거래 제도가 공정하고 평등하게 시행되려면 훨씬 더 민주적인 방법으로 운영되어야 한다고 주장한다. 2005년 11월, 환경부에 제출한 보고서에서 피스타는 네덜란드 에너지연구센터Energy Research Centre of the Netherlands(ECN)가 발표한 「이산화탄소 가격의 역할: 유럽연합의 배출권 거래가 전기요금에 미치는 영향」*Carbon Dioxide Price Dynamics: The Implications of EU Emissions Trading for the Price of Electricity*이라는 보고서를 지목했다. 이 보고서는 대기업들이 무상으로 이산화탄소 배출권을 받았음에도 불구하고, 자신들의 탄소 배출권을 시장가격으로 계산한 금액을 소비자에게 떠넘기고 있다는 사실을 발견했다. 그 결과 전기요금이 거의 3분의 1 이상 인상되었다.

이 보고서의 결론인즉, 탄소 배출권 무상 할당은 여러 이유에서 문제가 많은 정책이라는 것이다. 경제사회연구소의 존 피츠제랄드는 이산화탄소 배출권의 가격이 1톤당 20유로라면, 무상으로 나눠 준 배출권 전체 가격은 13억 5천만 유로에 이를 것이라고 예상한다. 이 배출권 거래 제도는 기업들의 이산화탄소 배출 감축을 장려하는 당근 역할을 하기보다, 오히려 오염의 주범인 기업주들이 5년간 2~10억 유로의 보조금 수혜 자격을 유지하기 위해 오염 공장을 계속 가동하도록 조장하는 격이 되고 말았다.[20]

일부 경제학자들은 정부가 탄소 배출권을 경매에 붙여야 한다고 생각한다. 그러면 에너지 가격을 불필요하게 인상하지 않고도 정부 재원을 늘릴 수 있다. 정부는 이 재원의 일부를 사회복지 예산 증액에 전용하여, 에너지 가격 인상에 가장 취약한 사람들을 지원하면 된다. 아일랜드의 친구들 Friends of the Earth Ireland이라는 단체의 이사인 오이신 코글란Oisín Coghlan

---

[20] Liam Reid, "Limits on greenhouse gases to be set in effort to cut levels", *The Irish Times*, 20 March 2006, 1.

도 정부의 탄소 배출권 처리 방식을 비판했다: "이것은 궁극적으로 간접세다. 정부는 공해유발자 납세 원칙을 국민 납세 원칙으로 대체했다".[21]

실제로 피스타도 지지하는 대안은, 국가의 공해 유발 한도를 국민 각 개인에게 양도 가능한 에너지 할당액Transferable Energy Quotas(TEQ)으로 동등하게 분배하는 것이다. 이 계획은 대기오염률이 높은 기업뿐 아니라, 이산화탄소 배출의 전반적 출처를 알게 된다는 이점이 있다. 이 배출권을 받은 당사자는 TEQ를 은행, 우체국 혹은 신용조합에 매각할 것이다. 매매가격은 유럽의 경제 실적과 화석연료의 수요에 따라 결정된다. 주요 화석연료(가스, 석탄, 석유)를 거래하거나 유럽연합의 생산자들로부터 구매하는 기업들은, 자사 제품의 탄소 배출을 보상하기 위해 은행에서 충분한 TEQ를 구입해야 할 것이다. 화석연료를 수입할 경우에는 구입한 TEQ를 세관에 양도해야 하고, 유럽연합에서 생산한 연료를 구입할 경우에는 유럽연합의 생산자에게 양도해야 할 것이다. 이런 과정을 감시할 단속반이 필요할 텐데, 가령 유럽연합의 생산자가 발주한 연료의 양과 양도된 TEQ의 양이 일치하는지 확인하려는 것이다.

배출권의 개인적 선택이 가져올 또 다른 이점은, 탄소 배출권이 해마다 감소함에 따라 기후가 안정되면 배출권 가격이 상승하여, 대기업 아닌 개인과 가정이 혜택을 본다는 것이다. 배출권 판매 수익의 증가는 장차 현저히 인상될 연료비 지출에 보탬이 될 것이다.[22]

---

[21] Frank McDonald, "Free carbon credits scheme condemned", *The Irish Times*, 17 July 2006, 4.

[22] Richard Dowthwaite, "Climate Change", *The Local Planet*, February/April 2006, 36.

영국

영국은 2010년까지 이산화탄소 배출량을 20% 줄이기로 서약했다. 2006년 3월 현재, 영국이 이 목표를 달성하기는 어려울 듯하다. 환경부 장관은 최대 15~18% 정도를 줄일 수 있을 것이라 본다. 영국이 목표를 달성하지 못한다면, 영국 수상이 G8 의장이고 영국이 유럽연합 의장국일 무렵 지구온난화 문제를 최우선순위에 둘 것이라고 공언한 영국 수상의 입장이 난감해질 수밖에 없다. 탄소 배출량 감축에 대한 수상의 열정이 실행 가능한 프로그램으로 이어지지 않은 사례다. 환경부 장관은 경제성장의 둔화와 전기 수요의 증가에 원인을 돌렸다. 공급자들이 저공해 가스발전소를 공해가 심한 석탄발전소로 전환할 수밖에 없었다는 것이다.

검토 결과, 탄소 배출을 700~1,200만 톤 감축시킬 제안들이 나왔는데, 여기에는 에너지 효율의 증가와 생체자원biomass의 사용이 포함되어 있다. 정부는 중소기업과 학교에까지 태양전지판과 소규모 풍력 터빈을 사용하는 '마이크로파워 시스템'micropower system을 갖추도록 장려하고 있다.[23]

불행히도 블레어 전 수상은 기후변화에 대한 그의 입장에서 한발 물러서는 모습을 보였다. 2005년 스위스의 다보스에서 열린 세계경제포럼 World Economic Forum 연설에서 블레어 전 수상은 기후변화에 대한 우려가 전 세계적으로 받아들여지지 않고 있으며 기후변화에 대한 증거 역시 아직 의문시되는 점이 있다고 언급했다. 기후변화의 위험은 "다수의 전적으로 독자적인 목소리에 의해 명백하고 설득력 있게 고취되어 왔다. 다수의 목소리가 항상 옳은 것은 아니지만 귀담아들을 만한 가치는 있다".[24]

---

[23] Brian Adam and Terry Macalister, "Government accused of pitiful failure to meet target for greenhouse gas emissions", *The Guardian*, 29 March 2006, 14.

제한과 수렴

교토 의정서 말고도 이제 '제한과 수렴'Contraction and Convergence(C&C)이라고 알려진 또 다른 접근법이 각광을 받고 있다. 영국 정치인 어브리 메이어Aubrey Meyer가 10년 동안 추진해 온 이 제안의 핵심은 모든 개인이 동등한 온실가스 배출권을 가진다는 것이다. 이를 '오염권'이라고도 한다. 개개인은 거주지에 상관없이 그들의 배출권을 매매할 수 있다. 현 시점에서는 부국민이 빈국민보다 온실가스를 50배, 심지어 100배 정도 많이 배출하고 있다. 이 제도가 정착되면 부국민은 탄소 배출권을 빈국민에게서 구매해야 한다. 이런 '탄소 경제'가 실천된다면 다중의 목적이 달성될 것이다. 첫째, 부국은 탄소 배출 감축 압력을 받을 것이다. 둘째, 부국에서 빈국으로 엄청난 부의 이동이 생길 것이다.

C&C 접근법은 여러 단계를 거쳐야 한다. 첫 단계는 범세계적으로 대기 내 이산화탄소 농축 '한도'를 책정·합의할 국제회의에서 근본 규칙들을 마련하는 것이다. 다음 단계는 합의된 목표에 도달하려면 얼마나 신속히 이산화탄소 배출을 줄여야 할지 연구하는 것이다. 그리고 1·2단계를 토대로 전체 '탄소 예산'을 예측하여 세계 인구수대로 나누어야 한다.[25]

교토에서처럼 C&C도 탄소 통화를 구상하고 있다. 그러나 C&C 삭감 폭은 교토 의정서가 제시하는 5~7%보다 더 크다. 현재 당면한 위기를 감안할 때, 더 큰 폭의 삭감만이 2050년까지 온실가스를 현격히 감축할 수 있는 유일한 방법일 것이다. 이 접근법의 주된 혜택은 부국과 빈국의 격차를

---

[24] David Adam, "Oil firms fund campaign to deny climate change", *The Guardian*, 27 January 2005, 1.

[25] Tim Flannery, op. cit., 299-301.

좁힐 수 있다는 점이다. 또 비화석연료경제non-fossil fuel economy 촉진 자본을 마련할 수 있을 것이다. 그 자본은 제3세계 부채 탕감에도 쓰일 수 있다. 지구 상 모든 사람이 관여될 것이기 때문에, 미국 행정부가 교토 의정서를 거부한 주된 이유 중 하나인 '빈국의 무임승차'를 더 선호한다고 주장할 수도 없을 것이다.[26]

---

[26] *Ibid.*, 300.

■■■6

원자력이 지구온난화의 해결책인가?

원자력 논쟁에 내가 관여한 것은 지난 1970년대 말과 1980년대 초, 필리핀의 마르코스 정부가 마닐라 북쪽 바타안에 원자력발전소를 세우기로 결정할 무렵이었다. 필리핀의 몇몇 비정부기구nongovernmental organization(NGO)가 원자력발전소의 개설을 저지하기 위해 필리핀 대법원에 심의를 요청했다. 나는 링고드 타오 칼리카산(Serve Men and Nature)이라는 환경 관련 NGO 회원 자격으로 이 토론에 참여했다. 1986년 마르코스 정부 붕괴 직전, 대법원이 필리핀 국영전력공사의 바타안 원자력발전소의 가동을 금지하는 결정을 내리자 NGO들은 쌍수를 들어 환영했다. 마르코스 정부 붕괴 이후 국제조사단이 이 원자력발전소를 조사하고 안전성에 문제점을 발견했다. 원자력발전소가 지질학상 단층선 가까이 세워졌기 때문이다. 원자력발전소 30마일 이내에 휴화산 하나와 네 개의 활화산이 있었다. 피나투보 휴화산은 1992년에 폭발했다. 이 폭발은 20세기에 일어난 화산 폭발 가운데 가장 크고 위험한 것이었다. 이 원자력발전소의 운명은 코리 아키노 대통령이 1986년에 집권했을 때 완전히 결판났다. 아키노 대통령은 원자력 금지안을 필리핀 헌법에 명문화시켰다.

1999년 나는 『그리스도교 천년기의 녹화』라는 책을 출간했다. 원자력에 관한 장章 제목은 「히로시마와 체르노빌에서 불어오는 바람」Downwind from Hiroshima and Chernobyl이었다. 이 장에서 나는 원자력의 위험이 핵무기에만 국한된 것은 아니라고 썼다. 비군사 목적의 원자력, 즉 전력 발전을 위한 원자력 사용도 핵무기 프로그램과 뒤엉켜 연결되어 있음을 인식하는 것이 중요하다. 스웨덴의 노벨 물리학상 수상자인 한스 알벤Hannes Alven의 말을 빌리면, 평화적 핵과 군사적 핵은 "샴쌍둥이"다. 옥스퍼드 연구그룹 Oxford Research Group은, "비군사적 원자력 사업과 핵무기 확산은 밀접하게 연관되어 있다. 핵무기가 통제 불가능한 상태로 확산되고 있는데 쌍둥이 중 하나만 장려할 수는 없다"[1]라고 언급했다. 현재 전 세계 60여 개국이 비군사적 원자력발전소를 가동하고 있다. 지난 40년 동안 이 60여 개국 가운데 20개국이 비군사적 원자력 설비를 이용하여 은밀히 무기 개발 프로그램에 착수한 것으로 추정되고 있다.[2] 부시 행정부는 유엔 안전보장이사회에서 이란 핵무기 프로그램을 규탄하면서, 한편으로는 핵확산금지조약Nuclear Non-Proliferation Treaty에 위배되는 새로운 종류의 핵무기연구를 활발히 진행하고 있다. 미국 의회의 스프라트-퓨즈 금지령Spratt-Fuse Prohibition은

---

[1] Chris Abbott, Paul Rogers and John Sloboda, "Global Responses to Global Threats: Sustainable Security for the 21st Century", *Oxford Research Group*, 2006, 12, Oxford Research Group, 51 Plantation Road, Oxford OX2 6JE, United Kingdom.

[2] Nuclear Weapon Archive, "Nuclear Weapon Nations and Arsenals", www.nuclearweaponarchive.org/Nwfaq/Nfaq7.html; *Institute for Science and International Security*, "Nuclear Weapons Program Worldwide: An Historical Overview", www.isis-online.org/mapproject/introduction.html>

낮은 출력의 핵무기 연구 개발을 위한 일체의 자금 지원도 금지하고 있다. 이런 무기들이 재래식 무기와 핵무기 사이의 구분을 모호하게 할 수 있기 때문이다. 부시 행정부는 이 법안을 부결시켜 지표 관통형 고강도 핵무기 Robust Nuclear Earth Penetrators(RNEP)를 개발하려고 시도했다. 이 무기는 적 사령부가 있는 지하 벙커나 주요 무기고를 폭파하는 데 쓰이게 될 것이다. 미국이 이런 무기들을 계속 개발하면 러시아나 중국 같은 다른 나라들도 덩달아 인간과 다른 생명체에 대한 전대미문의 잠재적 위협을 확산시킬 것이다.[3]

참사

1979년, 펜실베이니아 주 스리마일 아일랜드 대형 참사로 원자력산업이 큰 차질을 빚었다. 7년 후인 1986년 4월 26일, 체르노빌 원자력발전소 참사가 터지자 원자력산업은 사상 최대의 타격을 입었다. 체르노빌 폭발은 190톤의 우라늄과 흑연을 대기로 퍼부었다. 히로시마 원자탄 400개와 맞먹는 이 방사능 물질은 서유럽 전역으로 날아와 무려 15만 평방마일을 오염시켰다.[4] 이틀 후 요드 131, 세슘 137, 세슘 134, 루테늄 103, 루테늄 106 등의 방사능 물질이 구름에 실려 아일랜드로 날아왔다. 그 주말에 비가 내리자 세슘 137은 40배 증가했다. 도네갈과 마요 고지대의 양들은 지금도 방사능 오염 여부를 정기적으로 검진받는다. 체르노빌 폭발로 이 지역이 다른 어느 지역보다 심한 방사능에 노출되었기 때문이다.[5]

---

[3] David West, "Proliferate This", *The Ecologist*, July/August 2006, 16-18.

[4] John Vidal, "Hell on Earth", *The Guardian*, Society/Guardian/Environment, 26 April 2006, 9.

의심할 여지 없이, 가장 심한 영향을 받은 지역은 벨로루시, 우크라이나와 서러시아다. OECD 보고서는 체르노빌이 "방사능으로 인해 벨로루시, 우크라이나, 러시아 국민의 건강과 사회 · 경제에 심각한 영향을 미쳤으며 그들은 지금도 고통받고 있다"고 기록하고 있다.[6]

처음에는 (구) 소련 당국이 이 사건을 은폐하려고 했다. 사고 후 몇 년에 걸쳐 이 참사의 심각성을 깎아내리려는 시도가 간헐적으로 있었다고 믿는 사람이 많다. 여러 유엔 기구의 조사를 바탕으로 2005년에 발표된 세계보건기구(WHO)의 보고서는, 이미 50명이 목숨을 잃었으며 방사능에 노출된 9,000명이 언젠가는 목숨을 잃을지도 모른다고 추정했다. 이 보고서는 사건의 결과를 실제보다 훨씬 호의적인 각도에서 조명하고 있으며, 다른 여러 보고서나 많은 사람이 직접 경험한 내용과 다르다. 국제 환경보호단체 그린피스는 체르노빌 자료를 검토한 과학자 52명의 의견을 물었다. 그에 따르면, 93,000명이 암으로 이미 목숨을 잃었으며 시간이 흐를수록 사망자는 10만 명으로 늘어날 것이었다. 체르노빌의 직접적인 영향으로 21만 2,000명이 목숨을 잃었다고 주장하는 러시아 의학협회Russian Academy of Medical Sciences 보고서는, 과학자들의 추산이 실제보다 낮다고 지적한다.[7]

가장 큰 위험에 처한 사람들은 화재 진압과 재해 복구를 위해 소련 전역에서 동원된 10만 명의 군인, 이른바 '정리대원'들이었다. 이들의 임무는 마을을 철거하고, 독극성 방사능 오염물을 폐기하고, 철도와 도로를 청소하고, 환경오염을 제거하는 것이었다. 이들 중 상당수가 암에 걸렸지만,

---

[5] Seán McCárthaigh, "An Explosive Subject", *The Irish Examiner*, 1 May 2006, 4.

[6] International Atomic Energy Agency, 2002, "Chernobyl: Assessment of Radiological and Health Impacts: 2002 Update of Chernobyl: Ten Years On". www.nea.fr/html/rp/chernobyl/chernobyl.html>

[7] John Vidal, "Hell on Earth", op. cit., 9.

귀향 후에는 체르노빌 참사의 사상자에 포함되지 않았다. 후에 이 군인들이 낳은 자녀들도 각종 암으로 어린 나이에 세상을 떠났으며, 다른 많은 아이들도 유전적 결함으로 고통당하거나 기형으로 태어났다. 이런 것들이 원자력발전소 사고와 다른 전력 발전소 사고와의 실질적 차이다.[8]

에드워드 월쉬Edward Walsh는 「아이리쉬 타임스」에서 "원자력은 모든 에너지 중에서 가장 안전하다"고 주장했다. 그는 체르노빌 원전 사고로 숨진 사람들이 9,000명이라고 발표한 WHO 편을 들었다. 그는 수력발전 댐이 터졌을 때 숨진 사람들의 수는 8,000명이었다는 사실을 지적한다. 이 사실은 아무도 부인하지 않는다. 그러나 프랑스 말파셋 댐 사고 사망자 자녀들 중 암이나 다른 기형으로 고통받는 아이들은 없다. 말파셋 주민들은 그 지방 음식을 먹을 수 있지만 체르노빌에서는 그렇지 않다.[9] 「가디언」 기자 존 바이달John Vidal이 참사 20년 후에 체르노빌을 '지상의 지옥'Hell on Earth이라고 한 것도 이 때문이다. 수력발전 댐의 파괴는 무려 18세대에 이르도록 새들이 돌연변이를 일으키게 하지도 않으며, 초목의 방사능 오염 정도를 끊임없이 상승시키지도 않는다.

원자력 사고에 관해 유독 소련 정부만 거짓말을 한 것은 아니다. 범세계적으로 정부들은 원자력의 위험을 놓고 시종일관 대중을 오도해 왔다. 영국 정부가 1957년 윈즈케일 사건의 진상을 밝히기까지 30년 이상이 걸렸다. 아일랜드의 두 과학자 아이린 힐러리Irene Hillary와 패트리샤 쉬한Patricia Sheehan은 시종일관, 라우스 카운티 던다크 지역의 유례없이 높은 암 발생률과 다운 증후군 발생률이 1957년에 윈즈케일에서 유출된 방사능오염 물질과 관련있다고 믿었다. 한 학급 11명 중 여섯 명의 여학생이 훗날 다운

---

8 *Ibid.*
9 Edward Walsh, "'Nuclear energy' the safest of all", *The Irish Times*, 26 April 2006, 16.

증후군 아기를 낳았다.[10]

미국 정부가 워싱턴 주 한포드 원자력 보유지에서 방사능 요드가 유출되었다는 사실을 밝히기까지는 37년이 걸렸다. 이 보유지는 컬럼비아의 하천 유역 560평방마일의 땅을 에워싸고 있다. 지금도 원자력발전소가 초래하는 건강상의 위험 요소에 대해 우려의 목소리가 높다. 1979년, 미국 사상 최대의 방사능 유출 사고가 뉴멕시코 처치 록의 유나이티드 원자력 발전소에서 발생했다. 1억 갤런의 방사능 물질이 1,700여 명의 나바조 주민과 가축들의 식수원을 오염시켰다. 이 사건 직후 회사는 방사능 유출 피해자들에 대한 긴급 구호 식량과 식수 공급을 거부했다. 공황 사태를 수습하고 피해를 최소화하려는 노력 대신 거의 5년 동안 발뺌을 한 후에야 회사는 겨우 525,000달러의 피해 보상액을 비공식적으로 지불할 것에 동의했다.[11] 2006년 3월, 브레이드우드 원자력발전소에서 유출된 삼중수소 피해를 보상받기 위해 일리노이 주는 운영사인 엑셀론을 고발했다.[12]

2006년 5월, 영국 정부는 2005년 토프Thorp 재처리 공장에서 발생한 대형 유출 사고와 관련하여 영국 핵연료회사British Nuclear Fuels의 자회사인 영국 핵그룹British Nuclear Group(BNG)을 형사 고발했다. 사업 인가 조건에 의하면, 셀라필드 공단의 일부인 토프 운영자는 방사능 물질의 보관 안전성을 늘 확인해야 하며, 유출 사고 발생 즉시 관계 당국에 보고하도록 명시되어 있다. 이 사고의 경우 83,000리터의 강력한 방사능 폐기물이 파이프로부터 누출 방지실로 흘러 들었다. 폐기물은 우라늄과 플루토늄 20톤을

---

10 *The Irish Times*, 24 July 1984.

11 Frank Pitman, "Navajos – UNC Settle Tailings-Spill Lawsuit", *Nuclear Fuels*, 22 April 1985.

12 Michael Brooks, "Is it all over for nuclear?", *The New Scientist*, 22 April 2006, 37.

함유하고 있었다. 더욱 놀라운 사실은 직원들이 누출 여부를 적어도 8개월 동안 알아채지 못했다는 것이다. 2004년 8월부터 누출되었을 가능성이 있음에도 2005년 4월까지 보고되지 않았다. 유출량이 상당히 많아서, 담당 직원은 이 누출의 원인이 2005년 3월에 발생한 기술적 고장에 있다고 간단히 넘어가 버렸던 것 같다. 수사 결과, 전에도 사고가 난 증거가 있음에도 불구하고, 운영 체계 설계상 발전소 내 누출은 불가능하다고 믿는 운영상의 무사안일주의가 직원들 사이에 팽배해 있었다는 사실이 밝혀졌다.[13] 2004년 셀라필드에서는 두 건의 심각한 사고가 더 있었다. 그중 한 건은, 시설 정비 작업 중 직원 세 명이 오염된 사건이었다.[14]

1997년 이래, 현재 가동 중인 원자력발전소에서 57건의 사고가 있었다. 사고에는 방사능 누출, 기계 작동 불능, 지하수와 작업복 오염, 화재까지 포함된다. 국제 원자력 측정 기준에 따르면 57건 중 11건은 매우 큰 사고였다.[15] 2006년 7월, 영국 정부 원자력 조사단은 영국 내 노후 원자력발전소들의 안전성에 중대한 의문을 제기했다. 일부 설비들은 원자로 노심爐心에 심한 균열이 생기기 시작했지만 운영사 측은 피해 규모나 원인을 파악하지 못했다.[16]

사고, 발전 시설 폐쇄, 비용 초과, 근로자들의 사망 원인을 제공한 방사능 유출 등으로 일본 원자력산업도 타격을 입었다. 1995년 12월, 몬쥬의 고속증식로에서 나트륨 냉각수가 누출되었을 때 회사 측은 피해 전모를

---

13 Liam Reid, "Sellafield operators sued over major leak at processing plant", *The Irish Times*, 4 May 2006, 8.

14 Sam Jones, "Tally of mishaps hits Blair's nuclear hopes", *The Guardian*, 19 May 2006, 4.

15 *Ibid.*

16 John Vidal and Ian Sample, "Unexplained cracks in reactor cores increase likelihood of accidents, says government inspectors", *The Guardian*, 5 July 2006, 1 and 2.

은폐하려고 했다. 이런 유의 사건들은 원자력산업에 대한 공신력을 떨어뜨려, 나중에 다시 논하겠지만, 태양열 에너지산업에는 호재로 작용했다.

원자력 옹호자들은 화석연료 사용과 지구온난화의 연관성을 오히려 원자력산업 부흥 방안으로 이용한다. 논점은 이렇다: 국가가 원자력발전소를 더 늘리지 않는 한 이산화탄소 배출은 계속 증가할 것이며, 그런 국가들은 교토 의정서 합의 사항들을 이행할 수 없을 것이다. 게다가 다들 극심한 기후변화로 고통당할 것이다. 이는 영국 정부가 2006년 2월에 에너지산업 전반에 대한 검토를 위탁한 이유이기도 한데, 보고서의 결론이 원자력발전소의 증설을 제안할 것이라고 믿는 이가 많다.

원자력은 친환경적인가?

이 주장이 과연 옳은가, 원자력은 정말 '친환경적'인가? 원자력발전소 자체만 놓고 보면, 전력 생산에 화석연료가 거의 쓰이지 않는다는 것은 사실이다. 그러나 원자력 생산의 전체 공정은 원자력발전소 가동 자체보다 훨씬 더 방대하다. 우라늄 채굴에서 시작하는 원자력 생산 과정의 모든 단계마다 엄청난 양의 화석연료가 필요하다.

우라늄 채굴은 환경에 대단히 부정적인 영향을 끼친다. 호주 남부에 있는 올림픽 댐 우라늄/구리 광산은 6,000만 톤의 방사능 찌꺼기를 만들어 내는데, 해마다 1천만 톤씩 늘어나고 있다. 또 광산이 지하 대분지로부터 3,000만 리터 이상의 물을 빨아들이기 때문에 수분 추출과 관련된 문제도 있다. 채굴에 따르는 전체 환경 비용을 수치로 나타내는 일은 불가능한데, 이는 광산이 환경 관련 법령에서 각종 면제 혜택을 받기 때문이다. 가령 광산업은 남호주 환경보호법South Australian Environmental Protection Act, 수자

원법Water Resources Act, 원주민 전통법Aboriginal Heritage Act과 정보공개법 Freedom of Information Act 등의 규제를 받지 않는다.[17] 2003년, 호주의 우라늄 채굴 규제에 관한 상원의 조사 결과, "미흡한 성과와 불이행의 패턴이 보인다"는 결론에 도달했음은 놀랄 일이 아니다. 상원의 조사는 "정보에 많은 결함이 발견되었고, 오염 정도나 환경에 미치는 영향을 측정할 수 있는 믿을 만한 자료가 없다는 사실"을 확인했다. 상원의 결론은 채굴 지역의 "환경과 현지 주민들이 돌이킬 수 없이 심각한 피해를 입지 않도록 보호할" 변화가 필요하다는 것이었다.[18] 광산은 남호주 최대 전력 소비자이기에 그 지역 지구온난화에 가장 큰 원인 제공자가 되었다.

매장 우라늄의 농도는 대개 0.01~0.02다. 이는 호주, 캐나다, 남아프리카공화국, 러시아, 미국, 카자흐스탄에서 발견된다. 우라늄 1톤 생산에 통상 98,000톤의 암석이 채굴·분쇄되어야 한다. 100mv/er의 원자로에는 매년 약 160톤의 우라늄이 필요하다.[19] 암석 분쇄에는 거대한 디젤 동력기를 사용한다. 암석에서 우라늄을 추출하는 데는 유황산을 사용한다. 몰리브덴·셀렌·비소·납 등의 다른 원소들도 걸러진다. 이런 원소들은 조제粗製우라늄광이라는 분쇄 완제품이 생산되기 전에 제거되어야 한다. 조제우라늄광은 드럼통에 담아 원자력 설비로 보낸다. 조제우라늄광은 원시적이지만 치명적인 핵무기를 만드는 데 쓰일 수 있기 때문에, 이 과정이 안

---

[17] Australian Conservation Foundation, 2005, Submission to Standing Committee on Industry and Resources, Inquiry into Developing Australia's Non-fossil Fuel Energy Industry. www.aph.gov.au/house/committee/isr/uranium.subs.html>

[18] Senate Environment, Communications, Information Technology and the Arts Reference and Legislation Committee, October 2003, Regulating the Ranger, Jabiluka, Berverly and Honeymoon uranium mines, www.aph.gov.au/senate/committee/ecita_ctee/completed_inquiry/2002-04/uranium/report/index.html>

[19] John Hughes, "Uranium mining and milling", *The Ecologist*, July/August 2006, 4.

전상 매우 위험하다는 것은 두말할 나위가 없다. 분쇄 과정에서 생기는 찌꺼기에는 우라늄이 함유되어서 안전하게 처리해야 한다. 실제로 그렇지 못한 경우가 흔하다. 1980년대에는 높은 방사능 찌꺼기가 함유된 물질들을 건축 자재로 쓰기도 했다.[20]

분쇄 작업 후의 농축 과정은 증류와 별반 다르지 않다. 이 과정의 문제는 조제우라늄광의 우라늄 235 함유량이 고작 0.7%에 불과하다는 것이다. 이는 핵분열의 주성분이다. 우라늄 235의 함유량을 3.5%로 증가시키기 위해 산화물은 불소와 혼합되고 가열되어, 종종 '헥스'hex라고도 하는 우라늄 헥사불소hexafluoride 가스를 생성한다. 이 과정에서 우라늄 235의 가벼운 분자들은 얇은 막의 미세한 구멍들을 통해 합성물을 걸러 내고 우라늄 238에서 분리된다. 냉각 과정에서 우라늄은 고체 상태로 돌아가 원자로 연료봉으로 전환되기 위한 준비를 끝내는 것이다.

모든 원자력 생성 단계에서 핵폐기물이 생긴다. 과정이 진행될수록 폐기물의 유독성과 방사능은 더 강해진다. 우라늄 농축 과정에 사용되는 물질의 85%가 폐기물인바, 이것이 감손減損우라늄이다. 이것도 유독성과 발암성이 높으므로 안전한 처리장으로 옮겨질 때까지 밀폐 용기에 안전하게 저장되어야 한다. 비용과 현지 주민의 반대를 포함한 갖가지 이유로 적합한 처리장을 찾기가 어렵다. 현재 미국에서만 50만 톤의 감손우라늄이 저장되어 있다. 농축 과정에 쓰이는 일부 유독성 가스도 지구온난화의 원인이다. 예를 들면, 불소와 할로겐화 합성물은 지구온난화를 일으킬 가능성이 이산화탄소보다 무려 10,000배나 더 크다. 원자력산업은 대기로 배출된 여러 형태의 불소량에 대한 기록을 가지고 있지 않다.[21] 우라늄 농축에

---

[20] John Hughes, *ibid.*, 45.

[21] John Hughes, "Conversion and Enrichment", *The Ecologist*, July/August 2006, 47.

도 엄청난 화석연료를 사용한다. 1970년대 미국에서만 우라늄 농축에 1,000메가와트짜리 화력발전소 7기를 가동해야 했다.

호주에서 채굴되는 우라늄 상당량이 일본으로 수출된다. 일본의 원자력 산업은 안전 면에서 내세울 만한 기록이 없다. 최근 몇 년 동안 일본에서는 여러 건의 대형 사고가 일어났으며 안전에 관한 자료는 고의로 왜곡되었다.[22] 필요하다고 생각되면, 일본은 플루토늄 연구 프로그램으로 핵무기를 개발할 수 있으리라는 우려를 낳고 있다. 중국의 경제성장과 관련하여 아시아에서 명백히 대두되는 새로운 긴장에 비추어 보건대, 일본이 새로운 핵보유국이 되기를 원할 경우 온갖 지정학적 문제들이 야기될 것이다.

원자력발전소 건설과 원자로 안전 설비 보강에 엄청난 화석연료가 사용된다. 추정건대, 원자로 1기 건설에 이산화탄소 약 2,000만 톤이 발생한다. 옥스퍼드 연구그룹의 발표에 따르면, "원자력을 장려하는 주된 이유 가운데 하나가 이산화탄소 배출량이 적기 때문이라고 하지만, 우라늄광의 채굴과 분쇄 과정에서, 더욱이 원자로에 함량 미달의 광석을 사용할 때, 직접 화석연료를 태우는 것보다 더 많은 이산화탄소가 배출될 것이며 원자력이 생산하는 전력보다 실제로 더 많은 전력이 소비될 것이다".[23] 원자로 발전기 과열을 막는 데는 매일 3,000만 갤런의 물이 필요하다.[24]

이 세 단계 과정을 고려할 때, 원자로 하나가 순수한 에너지를 생산하려면 10년 이상 지속적으로 가동되어야 한다는 계산이 나온다. 발전소에서

---

[22] Shaun Burnie and Aileen Mioko Smith, "Japan's nuclear twilight zone", *Bulletin of the Atomic Scientists*, 57/3, May/June 2001, 58-62, www.thebulletin.org/article.php?art_ofn=mj01burnie>

[23] Chris Abbott, Paul Rogers and John Sloboda, op. cit., 12.

[24] John Hughes, "Building a Nuclear Power Station", *The Ecologist*, July/August 2006, 42.

생산된 전기가 전국 송전망에 도달해도 화석연료는 발전소 가동에 계속 사용된다. 30~40년의 수명을 다하면 원자로 폐기에 엄청난 화석연료가 소요될 것이다. 원자로 폐기 비용은 만만치 않다. 1993년, 영국 감사원장 존 본 경Sir John Bourn은 의회에서, 원자로 폐기와 재처리 과정에 드는 총비용은 재정적 시한폭탄이라고 말했다. 그는 비용이 무려 400억 파운드까지 올라갈 것으로 추정했다.[25] 그 추정액은 현재 700억 파운드로 뛰었는데, 이는 원자력산업이 영국 역사상 가장 큰 손실을 입히는 산업이 되었다는 것을 뜻한다.[26] 흥미로운 사실은 무려 75년 이상 걸릴 원자력발전소의 대청소, 특히 거대하고 복잡한 셀라필드 발전소의 대청소 사업 계약을 따내려는 회사들이 플루오르나와 벡텔 같은 미국 중소기업이라는 것이다. 770에이커의 땅에 2,000만 입방미터가 오염되었는데 말이다.[27]

불행하게도, 회복된 전원 지역도 원자력 '귀신'을 쉽게 하지는 않는다. 핵폐기물을 운반·저장하는 데 수세대 동안 화석연료가 필요할 것이다. 가령 스트론튬 90의 방사능은 600년 지속된다. 플루토늄에 비하면 그저 눈 깜짝할 순간이다. 플루토늄은 핵폐기물에서 가장 중요한 요소로, 25만 년 이상 방사능을 방출한다. 플루토늄은 너무 치명적이라 몇 킬로그램만 누출되어도 발암물질이 전 세계에 대량 확산될 것이다. 현재 영국에는 10,000톤에 달하는 중·고 수준의 핵폐기물이 있다. 영국 무역산업부는 장차 영국에서 원자력 설비가 증설되지 않는다 해도 핵폐기물이 금세기

---

[25] "Nuclear shut-down is a financial time bomb", *The Ecologist*, January/February 1998, 9-14.

[26] Michael Meacher, "Returning to nuclear power could prove a deadly U-turn", *The Guardian*, Society/Guardian/Environment, 1 February 2006.

[27] Terry, Macalister, "American engineers in line for jobs until 2080 on Britain's nuclear clean-up", *The Guardian*, 15 February 2006, 2 of 3.

말까지 50배나 증가할 것으로 추정한다.[28]

유엔 정부간 기후변화위원회는 원자력발전소가 21세기에 10배 증가한다면, 5~10만 톤의 플루토늄이 축적될 것으로 예측한다. 안전이 '굉장히 위험해진다'는 것이다.[29] 1,000메가와트 원자로당 연간 약 30미터톤가량의 고수준 방사능 폐기물을 생산해 낼 것이다.[30]

원자력은 싸지 않다

원자력은 싸지 않다. 영국의 마지막 원자력발전소 시즈웰 B는 1995년 서포크에 건설되었다. 이 모든 자금이 세금으로 충당되었으므로, 당시 일반 납세자들이 지불한 금액은 27억 3천3백만 파운드였는데 2005년 시세로 환산하면 37억 파운드가 된다. 완공에 15년이 걸렸으며 총비용은 당초 예산의 2배가 소요되었다. 이 발전소를 민자로 지었다면 대출 비용까지 합해 총비용이 40억 파운드를 넘었을 것이다. 영국 전력 수요의 20%를 공급하려면 비슷한 규모의 원자력발전소가 6개 이상 필요할 것이다. 데이브 토크는 같은 양의 에너지를 공급하는 데 해안과 내륙 풍력발전소라면 모두 250억 파운드가량 소요될 것이라 한다.[31] 풍력발전의 연료는 무료이며 조업

---

[28] M. Meacher, "Returning to nuclear power could prove a deadly U-turn", op. cit., 8.

[29] Intergovernmental Panel on Climate Change, 1995, "Climate Change 1995: Impacts, Adaptations and Mitigation of Climate Change: Scientific-Technical Analyses", Contribution of Working Group 11 to the Second Assessment of the Intergovernmental Panel on Climate Change, R.T. Watson, M.C. Zinyowera, R.H. Moss (eds), Cambridge University Press, UK. See also Greenpeace, "Nuclear Energy: No Solution to Climate Change", www.archive.greenpeace.org/comms/no.nukes/nenstcc.html>

[30] John Hughes, "Nuclear waste", *The Ecologist*, July/August 2006, 55.

[31] Dave Toke, "Doubters: It strains the logic of energy", *The Guardian, Society/Guardian/Environment*, 5 October 2005, 9.

중단 비용도 훨씬 싸게 먹힌다. 채탐 하우스Chatham House(영국 왕립 국제문제 연구소)의 에너지·환경 개발 프로그램 부교수 월트 패터슨은, 기후변화를 방지하고 에너지의 안정된 공급을 보장하는 데 원자력은 "가장 늦고, 가장 비싸며, 가장 융통성 없고, 가장 위험한 선택"임을 지적한다.[32]

전 환경부 장관 마이클 미처는 비용과 위험 요인들을 감안할 때, 정부가 자금 융자를 보증하거나 원자력산업에 세제 감면 혜택을 주지 않는 한, 사기업들은 원자력 설비에 투자하지 않을 것이라고 믿는다.[33] 그러나 이것은 현 유럽의 경제 환경에서는 실현되기 어렵다. 유럽공동체위원회의 에너지 장관 아드리스 피발스Adris Piebalgs는 다양한 형태의 에너지 공급자들이 서로 공정한 환경에서 경쟁하기를 바라며, 원자력 보조금에 공적 자금을 동원하는 것을 묵과하지 않겠다고 말했다.[34]

경제적인 면이 원자력발전소 신설 가능성을 저해한다면, 발전소 건설기간은 원자력산업을 단명短命하게 하는 또 다른 요인이다. 현재 유럽에서 건설 중인 유일한 원자력발전소는 핀란드의 오이킬루오토에 있다. 비교적 새로운 설계로 건설되는 이 발전소는 2009년 말에 완공될 예정이다. 영국과 그 밖의 다른 나라에는 대규모 원자력발전소 건설에 착수할 능력이 없다. 2005년 10월, 이탈리아 리미니에서 열린 에너지 관련 회의에서 에너지 컨설턴트 이안 펠스Ian Fells는 세계적으로 단 6개 건설사만이 원자력발전소를 지을 능력이 있다고 했다. 영국 기업은 여기 포함되지 않았으며, 영국의 마지막 원자력발전소인 시즈웰 B를 건설한 전문가들은 은퇴했거나

---

[32] Walt Patterson, "Time for an upgrade", *The Guardian*, 17 May 2006, *Society/Guardian/Environment*, 8.

[33] David Toke, op. cit.

[34] Michael Brooks "Is it all over for nuclear power?", *The New Scientist*, 22 April 2006, 36.

세상을 떠났다.[35] 영국에서 현 수준의 원자력을 유지하려고 해도 8~10개의 발전소를 신설해야 할 텐데, 이들이 2025년 이전에 완공되어 가동되리라는 것은 전혀 기대할 수 없는 실정이다.

다른 부국들도 비슷한 문제에 직면해 있다. 호주는 전력의 85~90%를 석탄 화력발전소에 의존하는 유일한 나라다. 이런 상황은 호주의 온실가스 배출을 엄청 가중시킨다. 2006년 4월 연방 재무장관 피터 코스텔로Peter Costello는 호주 국민들에게, 지구온난화 해결책의 일환으로 국내 원자력산업을 장려할 필요가 있다고 경고했다. 뉴사우스웨일즈 대학 에너지환경시장센터Centre for Energy and Environmental Markets의 공동 연구원 이아인 맥길 Iain McGill은 재무장관의 발언에 대해, 석탄 화력발전소를 대체하려면 1,000메가와트짜리 원자력발전소 40~50기를 건설해야 할 것이라고 지적했다. 이런 계획을 실현시키는 데만 현실적으로 수십 년이 걸릴 것이다.

같은 대학의 환경문제연구소Institute of Environmental Studies 연구원 마크 디센도르프Mark Diesendorf도 경제·환경·사회적 측면에서 엄청난 비용이 소요될 계획이라고 지적했다. 디센도르프에 의하면, 1,000메가와트짜리 원자력발전소 건설에 적어도 30억 호주 달러가 소요되며 이는 화력발전소 건설 비용의 두 배 반이다. 그런 엄청난 계획에 향후 20년 동안 투자한다는 것은 호주의 온실가스 배출에 악영향을 더할 뿐이다. 탄소 배출을 상쇄하는 데 40년이 걸릴 것이라고 믿는 디센도르프는 원자력이 지구온난화 문제 해결에 도움 될 거라는 제안에 대해 이렇게 말했다. "이산화탄소 배출이 큰 타격을 입힐 것이다. 원자력 계획은 완전히 미친 짓이다."[36]

---

35 Idem 37.

36 Wendy Frew, "Nuclear no cure for climate change, scientist warn", *The Sydney Morning Herald*, 2 May 2006, www.smh.com.au/news/national/nuclear-no-cure-for-climate-change/2006/05/02

원자로 폐기나 조업 중단 비용을 감안하지 않더라도, 풍력 같은 대체에너지 비용은 원자력만큼이나 값싸졌다. 원자력업계는 원자력이 시간당 1킬로와트의 전력을 공급하는 데 겨우 3페니가 든다고 주장하지만, 다른 기관들의 견해는 다르다. 영국 신경제재단New Economics Foundation은 2005년 보고서에서, 원자력이 시간당 1킬로와트의 전력을 공급하는 데 드는 비용을 현실적인 건설비와 운영비를 포함, 8.3페니로 추산했다. 영국 왕립공학회UK Royal Academy of Engineers는 시간당 1킬로와트의 전력을 공급하는 데 드는 비용을 가스 3.4페니, 석탄 5페니, 풍력 7.2페니로 추산했다.[37]

토니 블레어 전 영국 수상은 2006년 5월 원자력발전소 재건안을 재발의했지만, 이 발의가 경제 논리에 밀려 무위로 끝날 것이라고 믿는 이가 대부분이었다. 런던의 임페리얼 칼리지와 유니버시티 칼리지 방문교수 톰 버크Tom Burke에 의하면, "원자력발전소는 재정적으로 위험한 프로젝트다. 발전소를 가동하여 수익이 발생할 때까지 적어도 10년 동안 수억 파운드를 쏟아 부어야 할 것이다. 금융 비용은 물론, 직접적 건설 비용까지 감안하면 투자자 입장에서는 다른 어떤 형태의 발전소보다 훨씬 신통치 않은 프로젝트가 될 것이다."[38] 투자자들을 끌어들일 수 있는 유일한 방법은 전기 요금 인상이다. 그러나 소비자들이 이 방안을 그냥 수용할 리가 없다.

원자력 지지자들은 우라늄 공급이 한정되어 있다는 사실을 알리는 것을 종종 잊어버린다. 많은 사람이 우라늄 공급은 1981년에 이미 정점에 달했다고 믿는다. 마이클 미처에 의하면 그 공백은 현재 군이 보유한 우라늄으로 메우고 있다고 한다. 그것도 2013년 말경이면 바닥날 것이라고 한다.

---

[37] Michael Brooks, "Is it all over for nuclear power?", *The New Scientist*, 22 April 2006, 6.

[38] Tom Burke, "Nuclear industry will only build stations the prime minister wants if he forces up electricity prices", *The Guardian*, 18 May 2006, 34.

원자력업계는 캐나다, 호주, 카자흐스탄에서 새로운 광맥을 찾으려 한다. 원자력 광산 개발은 어렵고 비용이 많이 든다. 미처는 광맥 발견 시점에서 생산까지 15년이 걸린다고 판단한다. 그러나 새로운 광맥이 줄을 서 있다고 하더라도, 거기서 나오는 공급량은 현재 전력을 공급 중인 440개 원자력발전소가 요구하는 수요량의 절반 정도만 충족시킬 수 있을 뿐이다. 현재 전 세계에 건설 중인 20개의 원자력발전소와 중국에 새로 건설된 30개의 원자력발전소를 감안하면, 우라늄 확보는 심각한 문제다. 미처는 현재 가동 중인 원자력발전소의 4분의 1이 연료난 때문에 폐쇄될지도 모른다고 예상한다.[39] 또 지난 6년 동안 우라늄 가격이 400% 인상되었다는 사실도 지적한다. 런던 세이모어 피어스의 광산 분석가 찰스 커놋Charles Kernot은 우라늄의 희소성에 대한 미처의 견해에 동조한다. 그는 "전 세계에 건설 중인 원자력발전소를 가동할 우라늄이 충분하지 않을 것이라는 견해가 팽배하고 있으며, 이로 인해 우라늄 가격이 상승하고 있다"고 믿는다.[40] 몇 안 되는 나라만 우라늄을 생산하고 있다. 캐나다는 연간 11,800톤으로 우위를 점하고, 그 뒤를 이어 호주가 7,900톤, 카자흐스탄이 4,300톤을 생산하고 있다.[41]

우라늄 공급 감소로 도전을 받으면, 원자력업계는 우라늄 대신 토륨 원소를 쓸 수 있다고 주장한다. 미처는 일본·러시아·독일·인도와 미국이 과거 30년 동안 토륨 원자로에 대해 연구했지만, 아직도 상업적 가치가 있는 토륨 원자로를 건설하지 못했다는 점을 지적한다. 이러한 내재적 우라

---

39 Michael Meacher, "On the Road to Ruin", *The Guardian*, Society/Guardian/Environment, 7 June 2006, 8.

40 Terry Macalister, "Price of uranium soars", *The Guardian*, 18 May 2006, 7.

41 *Ibid.*

늄 부족을 감안할 때, 한 개당 적어도 30억 파운드(혹은 그 이상)가 드는 새로운 원자력 설비에 투자한다는 것은 극히 어리석은 일이다. 그 설비의 4분의 1이 연료난으로 문을 닫아야 하는 상황에서는 더욱 그렇다.[42]

원자력이 지구온난화와 싸우는 데 도움 될 것이라는 주장에 이의를 제기해야 할 또 다른 이유는 원자력은 단지 전력 공급을 위한 것이라는 사실이다. 전력 공급은 온실가스 배출의 3분의 1에 대해서만 책임이 있다. 2050년까지 원자력발전을 배로 늘린다 해도 온실가스 배출 감축 효과는 겨우 5%에 불과하다. 이는 유엔 정부간 기후변화위원회에서 기후 안정을 위해 필요하다고 책정한 양의 10분의 1에도 못 미친다.

원자력과 9·11 테러

2001년 9월 11일에 일어난 테러는 우리 삶의 많은 양상을 변화시켰다. 원자력발전소는 이제 테러리스트의 새로운 목표가 되었다. 안보적 이유만으로도 원자력은 소멸되어야 한다. 걱정하는 과학자 모임Union of Concerned Scientists의 연구에 의하면, 미국 허드슨 강변의 인디언 포인트 원자로와 같은 대형 원자력 설비가 테러리스트에게 공격당할 경우, 단기적으로는 4만 명이 심한 방사능 증후군으로 숨질 것이며, 장기적으로는 반경 50마일 이내의 50만 명이 암으로 숨질 것이라고 한다.[43] 전문가들은 핀란드 오이킬루오토에 건설 중인 가압수형 원자로Pressurized Water Reactor(EPR)가 테러리스트의 공격 목표가 될 수 있음을 우려한다. 프랑스 전력회사 일렉트리시

---

[42] *Ibid.*

[43] Edwin S. Lyman, September 2004, "Chernobyl on the Hudson? The Health and Economic Impacts of a Terrorist Attack at the Indian Point Nuclear Plant". www.ucsusa.org/global_security/nuclear_terrorism/page.cfm?page1D=1508>

테 드 프랑스가 프랑스 원자력안전조정기관French nuclear safety regulator (IRSN)에 제출한 보고서가 언론에 유출되었다. 보고서에 의하면 원자로는 5톤짜리 전투기의 공격을 견딜 수 있다고 한다. 국제 환경운동 단체 그린피스는 원자력 컨설턴트 존 라지John Large에게 답변을 의뢰했다. 라지는 그러한 공격이 끔찍한 참화가 될 것이며 엄청난 양의 방사능 물질을 방출할 것이라고 보았다.[44]

국제원자력기구International Atomic Energy Agency는 방사능 물질이나 조제 우라늄광 밀수꾼들을 색출하기 위한 자료를 가지고 있다. 이 자료에 의하면 650건의 밀수가 확인되었는데 그중 100건이 2004년에 일어났다.[45] 핵무기 제조에 쓰이는 분열성 물질이나 '고방사능 폭탄'dirty bombs 제조에 쓰이는 다른 종류의 방사능 물질들이 밀수를 통해 반입된다. 2006년 2월, 유럽연합위원회는 원자력 물질에 대해 셀라필드 임직원들이 책임지는 방식을 비난했다.[46] 또 다른 경우, 미국 의회 비밀조사단은 국경 검문소의 방사능 탐지 경보가 울린 후에도 두 개의 '고방사능 폭탄'을 만들 정도의 방사능 물질을 미국으로 밀반입하는 데 성공했다. '고방사능 폭탄'은 재래식 폭약과 함께 폭발한 후 특정 지역에 낮은 수준의 방사능을 확산시킴으로써 그 지역 사람들은 장기간 대피할 수밖에 없다.[47] 몹시 불안정한 국제 정세를 감안할 때, 이런 물질이 테러리스트들의 손에 넘어가 치명적인 화를 불러일으키도록 하는 것은 대단히 어리석은 일이다.

---

44 "Nuclear 9/11?", *The New Scientist*, 27, 2006, 6.

45 Mohamed El Baradei, 2005, "Nuclear Terrorism: Identifying and Combating the Risks", Statement of Director General of the IAEA, 16 March 2005. www.iaea.org/NewsCenter/Statements/2005/ebsp2005n003.html>

46 www.business.guardian.co.uk/16/02/2006

47 Eric Lipton, "Testers Slip Radioactive Materials Over Borders", *New York Times*, 28 March 2006. www.nytimes/march 28, 2006

핵폐기물 수송

영국 같은 나라에서 핵폐기물을 수송하는 것은 탄소를 배출하게 될 뿐 아니라, 대형 사고 발생의 위험 요인도 된다. 실제로 영국에서는 원자력 수송 열차 관련 사고가 매년 30건이나 된다. 더러는 경미한 사고지만, 2003년 서머셋의 힝클리 포인트 발전소 인근에서 발생한 핵폐기물 수송 열차 탈선 사고를 계기로 블레어 전 수상은 원자력 운송의 안전성에 대한 전면적 검토를 약속해야 했다. 비평가들은 추후 발표된 보고서가 한 건의 대안 제시도 없이, 그저 한 해 동안의 사건 목록만 나열해 놓았다고 일축했다.

그린피스는 원자력 컨설턴트 존 라지에게 핵폐기물 열차 수송에 관한 전반적 시나리오의 검토를 의뢰했다. 폐기물은 엄격한 방화·방충 실험을 거친 30센티미터 두께의 단조鍛造 강철 용기에 저장된다. 그럼에도 불구하고 존 라지는 이 용기가 섭씨 1,000도까지 상승하는 통상적 터널 화재를 이겨 낼 수 없을 것이라고 강조한다. 그런 우발 사태가 일어나면 용기에서 물이 터져 나올 수밖에 없고 그 안의 연료들은 발화하게 된다. 그 결과 유출되는 방사능은 반경 6킬로미터까지 확산되어 많은 사상자를 내고, 해당 지역에 수십 년 동안 암과 기타 질병을 유산으로 남기게 될 것이다. 이 순간에도 많은 나라에서 수천 톤의 핵폐기물이 운송되면서 런던 같은 인구 밀집 도시들을 통과하고 있을 것이다. 원자력을 옹호하는 로비스트들은 어떤 상황에서도 사고는 있을 수 없다고 믿는다. 핵폐기물 같은 치명적 물질과 관련하여 이런 발상은 늘 인재人災의 위험이 따르는 불완전한 세계에서는 대단히 위험하다 하겠다.[48]

---

[48] Madeleine Brettingham, "Tracking hazard", *The Guardian*, Society/Guardian/Environment, 31 May 2006, 8.

마지막으로 원자력을 더는 추구하지 말아야 할 가장 설득력 있는 이유는, 핵폐기물이 매우 독성이 강하기 때문에 재처리가 난제 중의 난제라는 것이다. 통상적인 발전소는 매년 25~30톤의 연료 찌꺼기를 만들어 낸다. 전 세계에 산재한 원자력발전소의 수를 감안할 때, 원자력업계가 매년 12,000~14,000톤의 연료 찌꺼기를 만들어 낸다는 뜻이다. 핵폐기물 처리의 장기적 해결책도 없이 찌꺼기는 계속 쌓여만 가고 있다.

강한 방사능 폐기 물질을 화석연료를 사용하여 장거리 운반해야 하기 때문에, 핵폐기물 재처리 과정은 그 자체의 고유한 문제점들을 내포한다. 수천 톤의 폐기물을 처리해야 함에도 불구하고, 높은 수준의 방사능 폐기물을 처리할 장기 저장소를 확보한 나라가 아직 없다. 미국, 스웨덴, 핀란드 등 소수의 나라에서만 가능한 장소가 확인된 실정이다. 현재 미국 유카 산 방사능 폐기물 처리장의 예정 허용량은, 이 처리장이 완공되었을 때 기존 원자력발전소에서 나오는 방사능 폐기물을 다 소화할 수 없다는 것을 의미한다. 원자력산업을 확장시키려면 유카 산 방폐장과 같은 규모의 시설을 3~4년마다 지어야 할 것이다.[49] 그럴 가능성은 매우 희박하다.

2006년 3월, 지속가능발전위원회Sustainable Development Commission(SDC)는 영국이 당면한 에너지 위기의 해결책으로 원자력 프로그램을 재시도해야 할 것인가에 대해 정밀히 연구했다. 이 위원회는 안전도 · 경제성 · 핵폐기물 처리 능력 등 여덟 가지 분야에 걸쳐 엄격한 연구를 실시했다. 그들은 장단점을 저울질한 후, 원자력에 확고하게 반대한다는 결정을 내렸다. 이 위원회는 친환경적 대체에너지를 장려하는 데서 한발 더 나아가, '적극적인' 에너지 효율의 확산을 제안했다. 이 위원회는 현재 영국의 원

---

[49] Stephen Ansolabehere et al, "The Future of Nuclear Power: An Interdisciplinary MIT Study", 2003. www.web.mit.edu/nuclearpower>

자력 용량을 두 배로 늘린다 하더라도, 2035년까지 이산화탄소 배출량을 겨우 8% 감축시킬 뿐이라는 사실을 국민들에게 상기시켰다.[50]

바티칸은 원자력을 지지하지 말아야 한다

나는 다른 분야에서는 생명 존중 윤리를 부르짖는 바티칸 당국이 이런 위험한 죽음의 기술을 더 이상 승인하지 말기를 바란다. 1980년대 초 필리핀 마닐라 근처 바타안의 원자력발전소 가동을 중지시키는 캠페인이 성공을 거둔 후, 나는 바티칸 당국의 원자력 지원에 비판적인 입장을 취했다. 1982년 9월, 바티칸 대표로 비엔나 국제원자력기구에 파견된 마리오 페레신Mario Peressin 몬시뇰은, "원자력 사용은 발전소의 통상적 사고나 방사능 폐기물 저장에 따르는 사고 위험을 내포하기 마련이다. 순진한 이상주의 단체들과 정치·과학·문화·종교계 일부 인사들은 단순히 이런 안전상의 이유 때문에 원자력 사용을 규탄하고 있다"고 언급했다.

10년 후, 도나토 스퀴치안리니Donato Squiccianrini 대주교는 국제원자력기구에서 행한 연설에서 한술 더 떠, "교황청은 모든 나라, 특히 개발도상국에게 원자력의 평화적 사용이 가져올 혜택에 대해 널리 알릴 수 있는 모든 가능한 노력을 동원해야 한다고 믿는다"고 말했다.

끝으로, 교황청 과학원Pontificia Accademia delle Scienze과 바티칸 주재 우크라이나 대사관이 공동 주최한 로마의 한 세미나에서, 교황청 정의평화평의회Pontificio Consiglio della Giustizia e della Pace 의장 레나토 마르티노Renato Martino 추기경은, 평화적 목적의 원자력 개발을 지원하도록 국제 사회

---

50 "A nuclear 'no'", *The New Scientist*, 11 March 2006, 7.

에 요청했다. 추기경은 "기술적 · 문화적 · 정치적 활용도가 높은 평화적 목적의 원자력 연구를 지속함에 대한" 교황청의 관심을 확고히 천명했다. 그는 "개인과 국가의 필수적이고 결속된 발전을 수행해야 함을 고려하여, 이념적 편견이 아닌, 분별 있고 현명한 행동에 따르는 인간 지성과 합리성과 과학적 시각으로 원자력을 보아야 한다는 것을 세미나는 우리에게 가르쳐 주었다"[51]고 주장하면서, 원자력 비판자들에 대한 바티칸의 거부 입장을 분명히 대변했다.

원자력 옹호 전략

마르티노 추기경은 원자력업계가 사업을 촉진시키기 위해 쏟아 붓는 자금의 규모를 몰랐던 것 같다. 정보공개법에 의거하여 입수한 정보에 의하면, 영국 핵폐기물 처리 방안을 책임진 조직 니렉스Nirex는 2003년 이후 홍보활동에만 혈세 백만 파운드를 낭비했다. 니렉스의 타깃은 '의회와 정부'였다. 그들은 '각개 격파'divide and rule라는 해묵은 광고 전략을 구사하여 의원들을 설득했다. 니렉스의 전략은 첫째, 자신의 정책을 지지하는 의원들을 후원하고 가능하면 적극적인 협력을 구하고, 둘째는 원자력에 무관심하거나 지원 결정에 우유부단한 의원들을 설득하며, 마지막으로 자신의 정책에 반대하는 의원들을 납득시키거나 고립시키는 것이었다.[52]

그러나 이 캠페인에서 니렉스의 역할은 사실 미미했다. 원자력 옹호 캠페인의 선봉에 영국 핵연료공사British Nuclear Fuels(BNFL)가 있다는 사실은

---

[51] www.zenit.org "Holy See Backs Civil Use of Nuclear Energy", Vatican City, 27 April 2006.

[52] www.nuclearspin.org/nirex/targeted groups, May 3, 2006>

놀랄 일이 아니다. 다시금 정보공개법 덕분에 입수한 정보를 통해, 영국 핵연료공사가 원자력을 촉진하기 위해 '출전표'라는 정보 카드를 제공한다는 사실이 밝혀졌다. 이 카드는 논쟁을 '사적'으로 '단순하게' 끌고 감으로써 원자력이 '가치'를 보호한다는 점을 강조하라고 제안한다. 또한 다른 형태의 에너지, 특히 재생가능에너지를 경멸한다. 2005년 10월, 전략적 경고 문서Strategic Awareness Document는 "원자력이 없다면 재생가능에너지는 전혀 영향을 미치지 못할 것이다"라고 주장한다. 원자력은 '24시간' 전기를 공급할 수 있다. 재생가능에너지는 그 특성상 간헐적이다. 또한 이 문서는 안전에 대한 우려를 일축한다. "매일 대기 중으로 배출하는 것은 안전하다. 광천수 병 속에서는 더욱 안전하다" — 정말 대단한 발상이다.[53]

원자력 옹호 메시지는 자사 직원 대상의 홍보 브리핑만 하지는 않는다. 필립 듀허스트Philip Dewhurst는 영국 핵연료공사의 홍보이사이며 전직 홍보연구소Institute of Public Relations 소장이다. 그는 『피아르 위크』PR Week와의 인터뷰에서, 영국 핵연료공사는 '제3자의 입'을 통해 원자력을 선택하라고 호소한다고 밝혔다. 공사의 입으로 원자력 옹호 메시지를 사람들에게 억지로 밀어붙이면 대중의 의구심을 자아낼 수 있기 때문이다.[54] 원자력을 옹호하는 산업계가 바티칸으로 하여금 자신의 이익을 선전하게 하다니 얼마나 기막힌 명안인가. 교황청 정의평화평의회 의장이라는 막중한 자리에 있는 추기경이 이 위험한 기술을 비판하는 사람들을 공격하고 '이념적 편견'에 눈멀었다고 힐난하는 것을 들을 때는 기쁨을 감출 수 없었으리라. 생명 존중을 내세우는 교회에서 이 얼마나 모순된 일인가.

---

53 Andy Rowell, "Plugging the gap", *The Guardian, Society/Guardian/Environment*, 3 May 2006, 9.

54 *Ibid.*

핵융합의 미래적 가능성

일부 과학자들은 핵융합(태양의 동력 에너지)이 향후 50년 안에 적정가격의 에너지를 충분히 공급할 수 있을 것이라고 믿는다. 에너지를 생산하기 위해 원자핵을 분열시키는 핵분열과는 반대로, 핵융합은 수소 원자 두 개의 핵을 압착한다. 이를 위해 태양보다 열 배 더 뜨거운 섭씨 1억 도로 수소 동위원소의 플라즈마plasma(원자핵과 전자가 분리된 가스 상태)를 가열한다. 이 과정에서 헬륨 핵, 중성자와 엄청난 양의 에너지가 방출된다. 여기서 나오는 수소 연료의 일부가 중수소重水素다. 이는 물 분자에서 부분 중수소 혹은 삼중수소로 쉽게 추출될 수 있다. 또한 중수소는 전 세계 많은 지역에 분포된 리튬 금속에서도 생성될 수 있다.

핵융합에는 중요한 문제가 하나 있는데, 최근 미국 과학자들이 이미 해결했을지도 모르겠다. 이 과정에 필요한 극고온 때문에 강철 원자로 용기가 플라즈마의 불안정성에 의해 손상을 입을 수 있다는 것이다. 이를 '가장자리 플라즈마의 반복 폭발'edge-localized modes(ELM)이라고 부른다. 물리학자 커트 클라이너는 이를 비유로 설명한다. 그는 이것을 "쥐어짜는 손가락 사이에서 팽창하는 풍선에 비유한다. 뜨거운 플라즈마가 간헐적으로 자기장磁氣場으로부터 타오르고, 이것이 용기 속을 파고 든다".[55] 미국 연구원들은 자기장의 가장자리로부터 플라즈마 미립자 일부가 새어 나오게 하는 방법을 찾아냈다. 이것이 '가장자리 플라즈마의 반복 폭발'에서 플라즈마의 폭발과 원자로 용기의 손상을 방지한다. 이 획기적 발견이 없었다면 수억 유로가 소요될 원자로 용기를 6개월마다 교체했어야 했을 것이다.

---

[55] Kurt Kleiner, "How to protect fusion reactors from flare-ups", *The New Scientist*, 27 May 2006, 11.

핵융합은 엄청난 양의 에너지를 생산할 수 있는 잠재력이 있다. 노트북 컴퓨터 한 개에 내장된 리튬과 욕조 절반 정도의 물속에 든 중수소에서 보통의 유럽인이 30년 동안 사용하기에 충분한 에너지를 공급할 것으로 추정된다. 핵융합은 핵분열보다 훨씬 안전하다. 원자핵의 용해는 거의 불가능하다. 진행을 멈추려면 원자로에 연료를 저장하고 있는 마그네틱 자켓의 가동을 중단시키기만 하면 된다. 연료도 훨씬 적게 든다. 옥스퍼드셔의 제트Jet에 실험 핵융합 원자로가 있다. 여기 필요한 연료의 양이 고작 1그램이니, 체르노빌의 우라늄 250톤과는 실로 대조적이다.

에너지의 동력화 과정은 대단히 어려운 것으로 증명되었다. 이 점이 핵융합의 주요 난제다. 핵융합 연구는 1950년대에 시작되었다. 20세기 말이 되기 전에 핵융합이 상당량의 에너지를 공급할 것이라는 주장들이 그때도 제기되었다. 근본 문제는, 어떻게 두 개의 수소핵을 융합할 만큼 가깝게 접근시키느냐는 것과 어떻게 반응을 조절하느냐는 것이었다. 단 1그램의 핵융합 연료를 과열된 가스나 플라즈마로 바꾸는 데도 엄청난 에너지가 소요된다.

이 위업은 옥스퍼드셔 제트 핵융합 원자로에서 처음으로 달성되었다. 문제는 그것이 에너지로 상용화될 수 없다는 것이었다. 핵융합이 작동했지만, 핵반응은 최초 핵융합에 필요한 에너지의 70%만 방출했다. 유럽연합·일본·중국·대한민국·인도와 미국이 이터Iter라는 핵융합 실험 원자로를 프랑스 남부 카다라쉬에 세우기로 한 합의서에 서명했다. 국제적 결속을 보여 주는 모범적 사례다. 이 원자로의 규모는 옥스퍼드셔 제트 원자로의 열 배이며 소요 비용은 약 100억 유로에 이른다. 더블린 시티 대학의 과학자 33명과 코크 대학의 과학자 10명이 이 대담한 사업에 참여하게 될 것이다.[56]

핵융합이 핵분열과 관련된 부정적 요인 없이 에너지 부족을 해결할 수 있는 미래의 길이라고 핵융합 테크놀로지 지지자들은 주장한다. 부정적 측면에서 비평가들은 정부가 결코 성과를 낼 수 없는 테크놀로지에 엄청난 자금을 헛되이 낭비한다고 주장한다.[57]

『그리스도교 천년기의 녹화』에서 나는, 체르노빌·스리마일 아일랜드·셀라필드 사고의 여파, 핵무기와 이른바 원자력의 평화적 이용, 그리고 핵폐기물 처리 과정에서 거듭 대두되는 문제들 간의 상관 관계 때문에, 사람들이 원자력을 두려워하는 것은 당연하다는 사실을 되짚었다. 이 두려움은 현실이다. 바티칸 당국이 이 문제를 훨씬 더 진지하게 처리하기를 바란다. 지구가 하느님에 의해 창조되고 존속된다는 사실을 믿는 그리스도인들이 어떻게 본질적으로 위험을 내포하고 있고 앞으로 수만 년 동안 치명적인 영향력을 행사할 에너지인 원자력을 옹호할 수 있는지 나는 도무지 이해하기 어렵다.[58]

---

[56] Aine Kerr, "Irish scientists to assist in 10bn Euro 'safe' nuclear energy project", *The Irish Times*, 25 May 2006, 10.

[57] James Randerson, "When the dream of harnessing the sun's power could come true", *The Guardian*, www.guardian.co.uk/print24/05/2006

[58] Seán McDonagh, 1999, *Greening the Christian Millennium*, Dominican Publications, Dublin, 118.

■ ■ ■ 7

에너지 효율과 재생가능에너지

에너지 수요를 감소시키고 환경을 오염시키지 않는 대체에너지원을 장려하고 지원하기 위한 노력이 총동원되어야 한다. 그러나 대체에너지원이 지구 상 모든 생명체를 부양하는 태양계에 치명적 피해를 입히지 않으면서도 우리의 에너지 수요를 계속 확대시켜 주리라는 생각으로 우리 자신을 속이지는 말아야 한다. 대체에너지를 어떻게 조합하든 2005년에 전 세계가 사용한 8,250만 배럴의 석유를 대체할 수는 없을 것이다.

그럼에도, 에너지를 절약할 엄청난 가능성이 있는 것은 사실이다. 2006년 2월, 캘리포니아 전력연구소Electric Power Research Institute는 '양면 추적 접근법'two track approach이 상당한 에너지를 절약할 수 있다는 사실을 발견했다. 여기에는 에너지 효율을 제고提高하고 더욱 면밀히 수요를 충족시킬 기술 개발 등이 포함된다. 마이클 브룩스Michael Brooks는 200기가와트의 전력 생산 능력을 갖춘 가스발전소를 건설한 미국 회사를 지목한다. 그러

나 기대했던 수요는 창출되지 않았으며 결과적으로 투자자들은 1,000억 달러의 손실을 감수해야 했다.[1]

기업들은 에너지 소비를 줄여 저축을 늘린다. 1990년대 후반에 존슨 앤 존슨 사는 자발적으로 교토 의정서가 요구하는 목표치를 이행하기로 결정했다. 1990~2005년 사이, 이 회사는 탄소 배출을 11.5% 감축시켰다. 같은 기간, 매출은 350%나 성장했다.[2] 뉴저지 주 챔버스 웍스에 있는 듀폰 사는 화학제품 1킬로그램을 생산하는 데 드는 에너지의 3분의 1을 절감했다. 토요타 미국지사는 자동차 한 대 생산에 드는 에너지 소비율을 2000년 대비 15% 절감했다. 웨스턴 디지털 사 디스크 드라이브 말레이시아 공장에서는 에너지 소비를 44% 절감했다.

일본의 1인당 에너지 소비는 미국의 반밖에 안 된다. 차량 총대수의 21%인 1,100만 대가 저배기 차량이다. 일본 철강업체가 철강 1톤 생산에 소비하는 전력은 미국의 20%, 중국의 50%에 불과하다. 도쿄에는 지하철 매표기에서 승강기에 이르기까지 사용하지 않을 때는 작동이 자동정지되는 '지능형 기계'들이 설치되어 있다. 일본 정부는 전자제품에 대한 엄격한 표준을 세웠다. 가정과 사무실의 에어컨은 2008년까지 63% 전력을 낮추어 사용하도록 했다. 캐논 사의 픽서스 프린터는 에너지 효율이 매우 높은 제품이다. 자사의 타 제품에 비해 60% 낮은 에너지를 사용한다. 이 프린터는 다른 저가 프린터들을 제치고 현재 일본 시장에서 가장 잘나가는 모델이다.[3] 콜로라도의 에너지 분석 회사인 록키 마운틴 연구소Rocky Mountain

---

[1] Michael Brooks, op. cit., 35.

[2] Jad Mouawad, "The Greener Guys", *The New York Times*, www.nytimes.com/26/05/30/30carbon.html, 3 of 4.

[3] Anthony Faiola, "Turn off the heat – how Japan made energy savings an art form", *The Guardian*, 17 February 2006, 24.

Institute의 아모리 로빈스Amory Lovins 같은 일부 논평가들은 에너지의 효율적 사용이 아직은 수박 겉 핥기에 지나지 않는다고 여긴다.⁴

주택도 에너지 효율을 더 높이도록 지을 수 있다. '슈퍼 윈도우'의 역할도 지대하다. 이는 특수 단열 필름을 입힌 가공 유리의 온실효과에 근거를 둔다. 가공 후 밀봉하고 크립톤이나 실리카 거품 같은 가스를 남은 공간에 주입하면, 열이 실내로 유입되어 탁월한 단열 효과를 보게 되는 것이다. 지붕밑 방이나 벽 같은 집의 다른 부분에도 단열 장치를 제대로 할 필요가 있다. 목표는 에너지 손실 없는 집을 짓는 것이다. 노팅햄 사우스의 앨런 심프슨Alan Simpson 하원의원은 영국의 모든 가정이 필요 전력의 일부를 스스로 생산해야 한다고 주장한다. 그는 영국이 덜 중앙집중화된 발전 체계를 선택한다면 에너지 수요의 2배를 충족시킬 수 있을 거라고 믿는다. 자가 설치 태양 전열판이 전력 수요의 75%가량을 충당한다고 한다. 그는 효과적 단열의 중요성을 강조한다. 엄청난 양의 열이 부적절한 단열로 손실되고 있다. 그는 제대로 단열이 되지 않은 지붕을 통해 50%, 단면 유리창을 통해 20%의 열 손실이 있을 것으로 본다.⁵

앞으로 건축될 주택이나 공공건물은 정부의 지원이 있어야 태양열 설비를 갖출 수 있을 것이다. 유럽연합위원회의 환경보고서는 에너지 효율성 제고가 향후 15년 동안 전력을 20% 절감할 수 있다고 주장한다. 이러한 전략으로 600억 유로의 에너지 비용을 절감할 것으로 추산된다. 주택단열이 제대로 진척될 때 절감 효과를 가장 많이 보는 곳은 건축업계다. 「아이리쉬 타임스」의 환경 담당 편집자 프랭크 맥도널드Frank McDonald에 의하면, 불행하게도 1995년 이래 아일랜드에 지은 주택 50만 가구 이상이 에너

---

4 Michael Brooks, op. cit., 35-6.
5 Ben Willis, "Energy Hero: Alan Simpson", *Ecologist*, June 2006, 58-62.

지 효율을 제고하지 않았다고 한다. 이는 "정부가 더 높은 단열 표준을 적용하기 위한 건축 규제 변경을 너무 오래 지체했기 때문"이라고 그는 주장한다.[6] 아일랜드 녹색당 당수 트레보 사전트Trevor Sargent는 정보공개법에 따라 배포된 문서에 근거하여, 피아나 페일Fianna Fail이 이끄는 정부가 건물의 에너지 효율 증대를 위한 유럽연합의 에너지 효율 지침Energy Performance of Buildings Directive의 실행을 지연시키기로 결정했는데, 이는 콘크리트업계에 불리한 영향을 미치지 않게 할 조치였다고 주장했다.[7] 그 지침에는 매매나 임대 시장에 나오는 모든 건물은 건물 에너지 등급Building Energy Rating(BER)을 받아야 한다는 조항이 있다. 이 지침은 2006년 1월 1일부터 효력이 발생하지만 환경부 장관이 작성한 '과도기적 합의'에 따라, 2006년 6월 30일 이전에 허가받은 건물들은 2008년 6월 말까지 완공된다는 전제 하에 이 조항의 규제를 받지 않는다.[8] 비싸게 구입한 주택에 앞으로 더 비싼 난방비가 들게 생겼으니 비극이다.

에너지 가격이 상승하는 마당에 효과적인 단열은 경제적으로도 유리하다. 단열이 양호한 주택은 1년에 평균 에너지 비용을 1,513유로나 절감할 수 있다. 에너지 소비를 줄이라는 압력을 넣은 것은 아쉽게도 아일랜드 정부가 아니라 유럽연합위원회였다. 이러한 소비 절감은 주택 분야에서 매년 가구당 평균 8톤을 배출하는 아일랜드 140만 가구의 이산화탄소 배출량을 줄일 수 있을 것이다.[9] 아일랜드 지속가능에너지연구소Sustainable

---

[6] Frank McDonald, "How a lot of hot air creates a legacy of cold houses", *The Irish Times*, 17 July 2006, 6.

[7] Paul O'Brien, "Green man sees red", *The Irish Examiner*, 24 August 2006, 17.

[8] *Ibid.*

[9] "Switch off: ways to reduce the energy bill", *The Irish Times*, Weekend Review, 14 January 2006, 2.

Energy Ireland(SEI)는 각 가정의 에너지 효율 제고 방법에 대한 책자를 발간했다. 이 책은 지붕밑 방, 욕실, 침실, 주방, 거실, 식당 등에서 에너지 효율을 높이는 방법을 설명하고 있다.[10] 아일랜드 지속가능에너지연구소의 연구 결과, 전체 송전망의 효율이 2004년에 1% 증가하여 41%에 달했다고 한다.[11] 이 수치는 에너지 효율을 높이려면 아직도 해야 할 일이 많다는 것을 암시한다. 아일랜드는 에너지의 87%를 수입산 화석연료에 의존하기 때문에 형편이 특별히 취약하다.[12]

수력발전

1998년 현재 추산으로 전 세계 전력의 22%가 수력에 의존한다. 19세기 후반에서 20세기 초반에 걸쳐 수력발전은 전력 생산의 근간을 이루었다. 수력발전소들은 대개 아일랜드 리머릭 인근 샤논 강 유역의 아드나크러샤에 건설된 것과 같은 거대 설비들이다. 둑으로 막은 물을 댐으로 흘려 보내 터빈을 돌리기에 충분하고도 지속적인 물의 흐름을 확보한다. 1920년대 초에는 아드나크러샤 수력발전소가 아일랜드의 모든 전력 수요를 충족시킬 것으로 기대했다. 전력 수요의 엄청난 증가로 현재 이 발전소는 최대 정점 시간대 수요의 2%밖에 충족시키지 못하고 있다.

아일랜드에는 대규모 수력발전소를 추가 건설할 여지가 그리 많지 않

---

10 *How to Make Your Home More Energy Efficient*, Sustainable Energy Ireland, Glasnevin, Dublin 9.

11 *Energy in Ireland 1990~2004, Trends, issues, forecasts and indicators*, SEI Sustainable Energy Ireland, Energy Policy Statistical Support Unit, January 2006, 2.

12 "Call to leave fossils to the historians", *Irish Independent*, Special Report, 29 March 2006, 15.

다. 미래의 수력발전은 적은 담수량으로도 가능한 2.5~25메가와트의 소규모가 될 것이다. 수력발전소의 초기 건설 비용은 상당하겠지만, 수력발전의 주된 이점은 설비 수명이 예외적으로 길다는 점과 저비용으로 가동할 수 있다는 점이다. 수력으로 생산되는 전기는 거의 동시적이다. 2003년, 미국 동부와 캐나다에서 5천만 명이 정전으로 불편을 겪을 때, 전력 체계를 안정시키고 전력을 복원하기 위해 첫 번째로 송전망을 가동한 것이 수력발전소였다.[13] 난점은 정부와 대형 설비회사들이 대규모 발전소 건설과 중앙집중형 송전망 설비를 선호한다는 것이다. 자기네 건물 인근의 강에 소규모 수력발전 설비를 세우려고 할 때 종종 부딪히는 어려움이 바로 허가 관청과의 마찰이다. 당국은 소규모 수력발전소가 보트 놀이나 낚시 등 다른 레저 활동에 방해가 될 것을 우려한다. 그러나 이런 우려는 대부분 적절한 설계와 기획, 그리고 합리적 충격 완화책을 통해 해결될 수 있다.

전국 송전망과 연계시키는 데도 어려움이 있다. 전력 공급 기술이 장기간 축적되어 왔으므로 이 분야에서는 기술 개발의 여지가 거의 없다고들 하지만, 사실은 소규모 수력발전의 효율화와 설비 간소화 분야에 연구 개발의 여지가 아직 충분하다. 공급자와 소비자가 수력발전과 다른 재생가능에너지에 더 큰 관심을 갖게 하는 데 필요한 한 가지 중요한 단계는 전국 송전망 가입자를 확보하고 공정한 요금 체계를 정립하는 일이다. 대부분의 나라에서 재생가능에너지로 전력을 생산하는 사람들은 잉여 전력을 송전망에 되팔고 전력이 모자라면 송전망으로부터 구입한다. 아일랜드는 이런 방식을 아직 채택하지 않는다. 정부가 대체에너지를 장려하고 싶다면 대체에너지 개발 및 건설 자금 지원 체계를 강구해야 할 것이다.

---

[13] Godfrey Boyle (ed), *Renewable Energy: Power for a Sustainable Future*, Chapter 5, "Hydroelectricity" Janet Ramage, Oxford University Press, Oxford, 2004, 190.

바이오 에너지

바이오 에너지bio-energy란 화석화 물질에서 생성되는 에너지와 달리, 나무 · 목초 · 동물의 배설물 등 생물체에서 직접 생성되는 에너지를 말한다. 이는 바로 연소시켜 열과 빛을 얻을 수도 있고 바이오 연료로 변형시킬 수도 있다. 나무는 과거 백만 년 동안 인류가 제일 많이 사용한 에너지 형태다. 지금도 많은 전통 사회에서 가장 용이한 에너지 형태로 쓰이고 있다. 믿을 만한 통계 수치를 얻기는 어렵지만 개발도상국에서는 바이오 연료가 주요 에너지 소비의 3분의 1을 점하는 것으로 추정된다.[14] 1980년, 내가 필리핀 남부 코타바토의 티볼리 고산족과 일할 무렵 바이오 연료는 부족민들의 유일한 에너지원이었다.

신석기시대 이래 아일랜드에서는 취사와 난방에 나무를 사용했다. 1800년 연방법Act of Union이 통과될 당시 아일랜드의 삼림은 거의 소멸 상태였다. 나무는 선박 건조에, 숯은 제련에 사용되었다. 육지 면적의 1%가량이 숲이었다. 1921년 독립 이후 정부가 산림 관리 계획을 수립하기 전까지 식목 정책에는 아무 변화가 없었다. 1990년에 이르자, 아일랜드 육지 면적의 8%가 숲(주로 비자생 전나무 종)으로 덮이게 되었다. 아일랜드 숲의 비중은 육지의 25%가 숲인 다른 유럽 국가들에 비해 그리 자랑할 만한 형편이 못 된다. 아일랜드의 기후가 전 유럽에서 조림에 가장 좋은데도 숲의 비중이 미미하다는 것은 슬픈 현실이다. 에너지 수요를 충족시키려면 기후적 이점을 최대한 활용해야 한다. 주택 난방용 땔감에 적합한 버드나무처럼 순환

---

14 Godfrey Boyle (ed), *Renewable Energy: Power for a Sustainable Future*, Chapter 4, "Bioenergy" by Stephen Larkin, Janet Ramage and Jonathan Scurlock, Oxford University Press, Oxford, 2004, 108.

기간이 짧은 돌려짓기로 덤불류 수목을 재배할 공간은 아직 많다.

화석연료처럼 바이오 에너지도 궁극적으로는 광합성을 통해 태양에서 얻는다. 이는 식물이 환경에서 물과 이산화탄소를 섭취한 후, 햇볕을 에너지로 삼아 이들을 다시 전분·당·섬유소로 변환시키는 과정이다. 이때 식물은 산소를 배출한다. 이렇게 축적된 에너지가 인류의 식량과 에너지로 쓰일 방도는 여럿이다. 바이오 에너지의 최대 이점은 이산화탄소를 더는 배출하지 않아서 지구온난화 방지에 기여할 수 있다는 점이다.

바이오 에너지는 에너지 작물과 배설물에서 추출된다. 땔감으로 버드나무 같은 속성수速成樹를 사용하는 것이 보편적 형태다. 수확 후 남은 짚을 쓸 수도 있지만 짚꾸러미의 부피가 커서 다루기 불편하다는 것이 흠이다. 영국 캠브리지셔 엘리 인근의 서튼에 짚으로 가동되는 세계 최대의 발전소가 가동되기 시작한 것은 2000년이었다. 이 발전소는 물류비 절감을 위해 곡물 생산지 인근에 세워졌다. 전력 생산량은 36메가와트이며 6천만 파운드의 건설비가 들었다.

바이오 에너지에 관한 최근 쟁점 중 하나는 수확이다. 수확이 좋지 않으면 바이오 에너지 촉진을 위한 작금의 경제 논리는 먹혀들지 않는다.

동물 배설물의 무기성無氣性 분해는 또 다른 형태의 바이오 에너지다. 이는 공기를 차단하고 박테리아로 배설물을 썩히는 것을 말한다. 이 과정에서 바이오 가스, 특히 난방이나 전력 공급에 쓰일 수 있는 메탄가스가 배출된다. 동물의 분뇨가 온실가스의 주요인이 될 수 있으므로 이 과정은 지구온난화를 방지할 뿐만 아니라 개울과 강과 호수를 부영양화富營養化(eutrophication)로부터 보호할 수도 있다. 무기성 분해는 '다수 세계'에 속하는 많은 나라에서 이용되고 있다. 특히 중국이 이런 유의 에너지를 많이 사용한다. 1970년대에 중국은 이 모델을 적극 추진하려 했지만 얼마 안 가 대부분 실패했다. 1990년대 들어서 기술 개발의 진보로 지금은 약 500만 가구가 혜택을 받고 있다.[15]

정점에 달한 석유 공급과 고유가에 허덕이는 현실에서, 연간 40~50억 리터의 차량 연료를 소비하는 비산유국 아일랜드에게 바이오 연료는 특히 매력적이다. 가령, 브라질의 '가소홀'gasohol 계획은 매우 성공적이었다. 가소홀은 고당분의 사탕수수를 발효시켜 만든다. 브라질은 1973년의 제1차 석유 위기 직후에 이 계획에 착수했다. 1980~90년대가 되면서 유가가 비교적 안정되긴 했지만 브라질은 이 계획을 지속적으로 추진하여 400억 달러의 외화를 절약했다. 브라질의 차량들은 대부분 26%의 에탄올 성분을 함유한 가소홀로 움직인다. 가소홀 생산은 연간 150억 리터에 달했으며 이 과정에서 온실가스도 감소했다. 아일랜드가 이 방법을 따르려면, 바이오 연료 재배가 경제적으로 유리하도록 농민을 배려해야 할 것이다. 가공 공장과 충전소를 전국에 설립하여 바이오 연료의 유통 체계를 확립함으로써 석유와의 가격 경쟁에서 승산이 있도록 투자를 아끼지 말아야 한다.

바이오 에너지가 토지 사용 문제에 새로운 부담을 줄 것이라는 우려도 있다. 지방 경기 부양과 바이오 작물 재배 농민들이 누릴 수익 같은 일부 파급 효과는 매우 긍정적이다. 그러나 토지를 지역민의 식량 재배에 사용하는 것과, 해당 지역이나 다른 나라의 부유층을 위한 에너지 작물 재배에 사용하는 것 사이에는 갈등의 소지가 많다. 바이오 산업계는 석유 부족과 지구온난화를 자사 제품 판촉의 새로운 근거로 활용하고 있다. 2006년 5월 시카고에서 열린 바이오 산업계의 연차 총회 '바이오 2006'은 바이오 연료 개발에 정부의 지원을 요청했다. 2만여 참석자들에게 연사마다 거듭

---

15 *Ibid.*, 129.

강조한 내용은, 부시 대통령이 말하는 미국인의 '석유 중독'을 바이오 연료가 근절시킬 수 있다는 것이었다. 바이오 산업계는 바이오 작물에서 에탄올을 추출하는 연구에 대규모 자금 지원을 요청하고 있는 것이다.

그러나 바이오 연료가 '석유 중독'의 대응 전략은 아닐 것이다. 미국 에너지부는 미국 내 바이오 자원의 잠재력이 연간 1억 6천만 톤에 달할 것으로 추정한다. 이는 하루에 100만 배럴의 석유 소비를 대체할 수 있는 양이다. 그러나 2006년 미국의 하루 석유 소비량은 2,100만 배럴에 달했다. 하루 2,100만 배럴의 석유와 맞먹는 작물을 재배하려면 유전자 조작 콩을 재배하는 미국 내 경작지 두 배 정도의 토지가 필요할 것이다. 따라서 '석유 중독'에는 다른 대응 전략들이 필요하다. 제2차 세계대전 후 사람들의 생활과 농경 패턴을 장악하고 있는 값싸고 구하기 쉬운 석유화학제품의 직접적 대안을 찾기란 현실적으로 불가능할 것이다.[16]

또한 '종유種油 평지'oil seed rape처럼 식용작물로 파종되는 일부 작물은 토양의 자양분을 많이 빼앗아 갈 우려가 있다. 단일 수확으로 재배하면 이런 작물은 토양에 특유의 병충해를 유발할 것이다. 이 때문에 종유 평지는 4년에 한 번씩 재배하여 자양분의 고갈을 막아야 한다. 경작 면적이 80만 헥타르로 현저히 증가하고 그 4분의 1이 종유 평지 재배에 할당된다 하더라도 에너지 위기는 잔존한다. 종유 평지 수익은 헥타르당 1,100~1,600리터로 추산된다. 결론은 바이오 연료가 당면 에너지 문제를 해결할 것이라는 자기 기만이 오류라는 것이다. 바이오 연료가 에너지 문제 자체를 해결하지는 못할 것이다. 최대한 경작해도 종유 평지 추출 연료는 아일랜드 전 차량 연료의 6~7%만 공급할 수 있을 뿐이다.[17]

---

16 Charles Shaw, "Biotechnology Still Fuelling Controversy", www.gmwatch/org/23/05/2006, 1 to 5.

땅에서 나는 모든 일차 상품의 소비를 50% 증가시켜야 한다는 단순한 이유 때문에, 용도가 다양한 화석연료를 생물자원 에너지로 바꾸기는 쉽지 않다. 지구가 지속적으로 공급할 수 있는 양의 20%를 초과 획득하고 있는 지금 상황에서, 이런 변화는 그야말로 불가능하다.[18]

태양열 에너지

태양열 장치는 태양 에너지로 온수를 만드는 가장 좋은 방법 중 하나다. 이 장치는 태양열을 최대한 받기 위해 건물 남측에 장착되며 믿을 만하다. 온수 공급으로 가구 전체의 에너지 비용을 절감한다. 아일랜드는 태양열 난방의 상당한 잠재력에도 불구하고 유럽에서 이 기술을 가장 늦게 받아들인 나라 가운데 하나다. 2001년 현재, 아일랜드보다 훨씬 더 북쪽에 있는 스웨덴도 아일랜드보다 7배나 더 많은 태양 전열판을 설치했다.

광기전성光起電性(photovoltaic, 이하 PV) 기술을 이용한 태양 에너지는 태양이 주는 또 하나의 쾌적한 자원이다. 이는 빛이 실리콘 같은 반도체의 순정 크리스털을 비출 때 만들어진다. 그 과정에서 전자가 원자로부터 느슨하게 떨어져 나오면서 전류를 생성한다. 이와 같은 변환 효율은 지난 10년 동안 극적으로 증가했다. 현재는 햇빛을 사용가능한 에너지로 변환시키는 효율이 30%를 웃돌고 있다.[19] 석탄, 석유, 가스와는 달리 전기를 만드는 데 다른 물질이 쓰이지 않는다. 더욱이 태양 에너지는 중간 열熱 단계를 거칠

---

[17] "Pouring Cold Water on Biofuel Fantasy", *The Local Planet*, February/April 2006, 6-7.
[18] Tim Flannery, *The Weather Makers*, op. cit., 78.
[19] David Fleming, "Building a lean economy for a fuel-poor-future", in *Before the Wells Run Dry: Ireland's Transition to Renewable Energy*, Richard Douthwaite (ed), Lilliput Press, Dublin, 2003, 103.

필요 없이 햇빛에서 직접 전기로 변환시킨다. 이 기술의 효율성은 최근 현저히 증가했지만, 낮은 에너지 밀도가 특징이다. 이 기술은 독립 체계라, 설비 규모가 몇 센티미터도 몇 킬로미터도 될 수 있다. 따라서 대단히 유동적이어서 크고 작은 수요를 모두 충족시킨다. 지역 수요를 충족시키는 능력은 민주주의 관점에서 매우 중요한 특징이다. 이런 형태의 에너지라면 정부 기관(아일랜드의 경우) 혹은 강력한 에너지 기업(기타 많은 나라의 경우)이 통제하는 대규모 중앙집중식 송전망에 의존하지 않아도 된다.

PV 기술은 영국과 아일랜드 같은 나라의 에너지 공급에 중요한 역할을 담당해야 한다. 풍력처럼 지붕에 터빈을 설치할 필요도, 전선 등의 다른 구조물을 설치할 필요도 없으니 도시 환경에 특히 잘 맞는다. 지엽적인 이유이긴 하지만, 염가로 대량생산하지 못하여 아직 꽤 비싸다는 것이 흠이다. 2004년 영국의 PV 기술 설비에는 가구당 20,000파운드가 들었다.[20] 그러나 이 기술이 신축 건물에 흡수되면 훨씬 저렴해질 것이다. 그럼에도, 정부의 전폭적 지원이 없는 한 건축업자나 개인 소비자는 이 융통성 있고 좋은 이 기술을 설치·운용하려 하지 않을 것이다. 정부 지원은 두 가지 형태가 될 수 있다 ― 신축 건물에 태양열 기술을 도입하도록 건축 규제를 변경하고, 직접적 자금 지원이나 감세 혜택으로 설비비를 경감시키는 것이다. 화석연료 가격의 지속적 상승으로, 대체에너지는 에너지 절감이나 온실가스 배출 면에서뿐 아니라 재정적인 면에서도 한층 바람직한 에너지원으로 대두되고 있다.

PV 시스템을 더 광범위한 송전망에 연결하는 것이 중요한데, 그러려면 '송전망 변환기'가 필요하다. 이 변환기는 송전망의 표준 전압과 주파수에

---

[20] Martin Hodgson, "Solar eclipse", The Guardian, Environment supplement, 3 November 2004, 12.

서 PV 시스템의 직류를 교류로 변환시킨다. 난방을 제외한 일반 가정의 전력 수요를 충족시키려면 약 9평방미터의 PV판이 필요하다. 아일랜드의 많은 가옥 지붕에 그런 PV판을 설치할 수 있다.

벨파스트 서쪽의 성 올리버 플런켓 교회는 남향 지붕에 태양열 PV판을 설치하여 환경보호 차원에서 아주 적절한 행동을 취한 아일랜드의 첫 교회가 되었다. 이런 설비는 연간 1,600킬로그램의 이산화탄소 배출을 감축시킬 수 있다. 태양 에너지 체계는 교구 자체 자금과 '북아일랜드 전기 스마트 프로그램 에너지 절약회사'Energy Saving Trust of Northern Ireland Electricity's Smart Programme의 기금으로 설치되었다. 아일랜드 전역에 이런 설비가 제공될 수 있을 것이다.

다른 나라도 PV 시스템을 장려한다. 지난 10년 동안 PV 전력이 연간 30~40% 증가했다. 독일, 미국, 일본에서 특히 괄목할 성장을 보였다. 독일은 1995년에 '1,000지붕 프로그램'에 착수했다. 이로써 총 6메가와트에 달하는 2,250개의 설비가 완비되었다.

원자력발전소의 단계적 폐쇄를 결정한 독일에서는 태양 에너지가 매우 중요하다. 1991년에 제정된 법령은 에너지 관련 기업들이 좋은 가격에 재생가능에너지를 구매하도록 강제 규정을 두었다. 이 분야에 새로운 일자리 10,000개가 창출되었다.

일본과, 일본만큼은 아니지만 미국도 PV기술의 선두 주자가 되었다. 일본에서는 원자력에 대한 대중의 각성이 태양 에너지의 획기적인 성장에 더욱 박차를 가하게 했다. 1990년대 초 일본 정부는 개인 주택에 태양 전열판을 설치하는 데 넉넉한 보조금을 지급하기 시작했다. 그 결과 태양열 전력이 원자력 전력보다 더 싸졌다. 일본은 현재 태양열 전력을 다른 어떤 나라보다 더 많이 공급하고 있다.

미국은 '100만 태양열 지붕 캠페인'에 착수했다. 2006년 5월에 신설된 두 회사, 뉴 솔라 벤처와 솔라 톡스는 창업 기금으로 멕시코 국경 근처 3,200에이커의 국유지에 세계 최대가 될 태양열 발전소를 건설하기 위해 뉴멕시코 주와 교섭했다. 이 설비는 독일 바이에른 주의 기존 세계 최대 태양열 발전 설비보다 60배 더 크게 건설될 것이다. 주 정부는 데밍 지방 인근 주 정부 소유지 640에이커를 임대 형식으로 제공하는 후한 거래를 함으로써 도움을 주었다. 이 회사 대변인, 주 정부 관리, 환경문제 전문가들은 이 발전소가 300메가와트의 에너지를 공급할 것이라 낙관한다. 이는 5년 안에 24만 가구에 전력을 공급하기에 충분한 양이다. 또한 기업들은 가로 10피트 세로 5피트 크기의 태양 전열판 제작 공장 설립도 계획하고 있다.[21] 벨기에 정부는 송전망과 연결되고 빌딩과 통합된 3kwp 용량의 PV 설비에 50%의 투자 보조금을 제공하기로 했다.[22]

PV 시스템 설치 비용은 기술 향상, 경쟁, 시장 증가의 요구를 충족시킬 수 있는 공급자들의 수용 능력 증가로 인해 계속 하락하는 추세다. 전자공학의 발달로 더 얇은 회로판의 생산이 가능해지면 효율성도 더 높아질 것이다. 게다가 PV 시스템의 운영비는 매우 저렴하다.

이런 형태의 전력을 위한 잠재력은 훨씬 더 크다. 2001년, 그린피스와 유럽 PV 산업협회European PV Industry Association는 「태양열 세대: 2020년까지 10억인을 위한 태양열 전력과 200만 개의 일자리 창출」*Solar Generation: Solar Electricity for over 1 Billion People and 2 Million Jobs by 2020*이라는 보고서를 발간했다. 이 보고서는 전 세계적으로 PV 수용량이 200기가와트가 될 것

---

[21] Rody Scheer, "World's Largest Solar Farm Taking Root in New Mexico Desert", 2 May 2006, www.emagazine.com/view/?3192/04/05/2006, 1 of 1.

[22] *The Future for Renewable Energy*, EUREC Agency, 2002, James & James (Science Publishers) Ltd, 35-37 William Road, London, NW1 3ER, 33.

이며, 2차 전지에 저장하는 10억의 오프그리드off-grid 공급과 송전망에 연결된 8,200만 명의 소비자들이 생길 것을 예견한다. 이 중 3,000만 명 이상이 유럽에 속한다. 2020년까지 PV 설비의 60%는 아시아, 아프리카, 라틴 아메리카가 차지할 것이며 200만 개의 상근 일자리를 창출할 것이다. 2040년까지 PV 체계가 시간당 9,000테로와트의 전력을 생산하여 전 세계 전력 수요의 4분의 1을 충족시킬 것이라고 이 보고서는 예측한다.[23]

영국 기독교 자선단체 크리스천 에이드Christian Aid의 2006년도 에너지 보고서는, 소규모 태양열 전력이야말로 현재 전기 공급이 미흡한 수백만 군소 부락을 위한 최상의 선택이라고 본다. 이 보고서는 사하라 사막 이남의 5억 아프리카 주민에게 재생가능에너지를 공급하는 비용은 5백억 달러 가량이 될 것으로 추산한다.[24] 특히 라틴아메리카, 아프리카와 동남아시아의 농촌 지역사회를 위해 PV 전력은 엄청난 성장 가능성이 있다.

교회도 에너지 효율 개선에 총력을 기울여야 한다. 크리스천 생태환경연대Christian Ecology Link는 「신앙과 전력: 저소비 비원자력 에너지 전략」 *Faith and Power: The Case for a Low Consumption, Non-Nuclear, Energy Strategy*이라는 보고서를 출간했다.[25] 이 문서는 영국에서 소비되는 전력의 3.6%만 재생가능에너지원으로부터 공급되고 있다고 지적한다. 에너지절약회사 Energy Saving Trust 같은 기관들은 소비자들에게 최상의 에너지 절약법에 대해 조언해 주고 있다.

---

[23] Godfrey Boyle, op. cit., 100.

[24] John Vidal, "Africa climate change could kill millions", *The Guardian*, 13 May 2006, 25.

[25] Christian Ecology Link, March 2006, *Faith and Power: The Case for a Low Consumption, Non-Nuclear, Energy Strategy*, 3 Bond Street, Lancaster, LAI 3ER. www.christian-ecology.org.uk

조력 에너지

해양에서 조수潮水의 이동은 달과 (미약하나마) 태양 인력引力의 결과다. 이런 이동은 하루에 두 차례 일어난다. 조수의 이동에서 발생하는 에너지는 중세 영국과 프랑스에서 옥수수 가루를 만드는 데도 사용되었다. 프랑스의 랑스 에스투아리에 비교적 작은 조력 발전소가 있다. 240메가와트를 생산하는 이 발전소는 1960년대 중반 이래 성공적으로 가동되고 있다. 일부 지역에서는 조수가 큰 강 어귀를 통해 좁은 통로로 흐르는데, 이때 영국의 세브룬 에스투아리처럼 조수의 속도가 상당히 증가된다. 조수 에너지를 끌어들이는 한 가지 원리는 조수 댐을 이용하는 것이다. 이런 댐은 조수 간만으로부터 에너지를 최대한 끌어내도록 큰 강 어귀 적절한 위치에 건설되며, 전력 생산을 위한 터빈 가동에 그 에너지를 사용한다. 조력 에너지가 상용화되어 다른 재생가능에너지원들과 경제적인 면에서 경쟁하려면, 조수 간만의 차가 적어도 5미터는 되어야 한다.[26] 아일랜드 국립 매뉴트 대학의 존 링우드John Ringwood 교수는 아일랜드 동해안에 연한 지점들, 특히 앤트림 해안을 조력 에너지의 최적지라고 본다.

  파도 에너지는 해양을 거슬러 부는 바람에서 나온다. 과학자들은 중앙 대서양의 폭풍이 일으킨 파도가 아일랜드나 스코틀랜드 해안까지 몰려온다는 사실을 알게 되었다. 파도 에너지의 모든 힘은 해발 50미터 지점에 집중되어 있다. 파도 에너지 기술의 목표는 고도로 집중된 에너지원을 결집하여 전기를 만드는 것이다.

  유럽 해양에너지센터European Marine Energy Centre(EMEC)는 오크니 아일

---

26 Les Duckers, "Wave Energy" in Godfrey Boyle (ed), *Renewable Energy*, Oxford University Press, 204-240.

랜드의 스트롬니스 해안에 있다. 이 센터는 파도와 조력 에너지에 관한 첨단 연구 개발의 최전선에 있다. 이 센터는 파도 에너지 생산 설비를 연구하고 디자인하는 사람들을 지원하는 특정 목적의 실험 시설이다. 현재 이 센터는 파도 에너지 부지에 시험 정박지 네 곳을 운영하고 있다. 각각의 정박지는 해안에서 2킬로미터 떨어진 지점의 해저 50미터에 있다. 빌리아 크루 변전소의 고감도 실험 시설을 이용하여, 서로 다른 파도 에너지 변환기에서 발생하는 전력을 측정한다.

현재 이 방면의 주요 개발업체는 오션 파워 딜리버리Ocean Power Delivery(OPD)다. 이 회사는 2004년 여름부터 '펠라미스'Pelamis라는 파도 에너지 변환기를 실험하고 있다. 펠라미스는 현대적 풍력 터빈과 비슷한 발전력을 가지고 있다. 750킬로와트 원형原形은 길이가 120미터이며 각각 259킬로와트의 정격定格을 가진 세 개의 동력 변환 모듈을 담고 있다. 2005년 여름에도 이 장치는 계속 실험 가동 중이었다. 개발 회사들은 지금까지 획득한 지식으로 바다 1평방킬로미터당 30메가와트짜리 표준형 발전소가 20,000가구의 전력을 생산하리라 기대한다. 스무 개의 파도 저장소는 에딘버러 정도 규모(인구 453,000명)의 도시에 충분한 전력을 공급할 수 있을 것이다. 파도 에너지의 주된 문제점 가운데 하나는 북대서양의 강풍과 폭풍이다. 여기에 대처하려면 설비의 안전성과 견고성이 필수적이다.

스코틀랜드 재생가능에너지 개발 포럼Forum for Renewable Energy Development Scotland은 2020년까지 1,300메가와트의 전력을 생산할 수 있는 한 개의 대형 해양발전소를 완공할 것으로 확신한다. 해안을 따라 10~20메가와트 발전소들이 공단을 형성할 것이다. 유럽 해양에너지센터는, 이 기술이 제대로 개발될 경우 스코틀랜드 친환경 에너지의 '거대한 잠재력'으로 자리매김할 것으로 전망한다.[27]▶

아일랜드(특히 대서양 연안)는 파도 에너지에 이상적인 장소가 될 것이다. 2006년 현재, 조력 에너지는 아직 초기 단계다. 아일랜드는 2006년 3월에 갈웨이 카운티 스피달 연안에 파도 실험 단지를 개설함으로써 파도 에너지 개발에 중요한 걸음을 내디뎠다. 해양연구소와 아일랜드 지속가능에너지연구소는 엔지니어·디자이너·기업들이 나름의 모델을 실험할 수 있도록 37헥타르의 실험 단지를 합동 운영하게 될 것이다.

윌리엄 딕William Dick이 개발한 '웨이브밥'Wavebob 기술이 여기서 시험 중이다. 웨이브밥 상부는 해수면 아래 잠겨 있고 파도의 리듬에 따라 상하로 움직인다. 이 운동이 수력 피스톤을 작동시키면 발전기 가동 모터를 통해 기름이 주입되고 그 결과 전력이 생산된다. 해양연구소 기술팀장 에오인 스위니Eoin Sweeny는 이 기술이 아직 초기 단계에 있기 때문에, 아일랜드가 이런 형태의 재생가능에너지의 세계적 선구자가 될 수 있을 것으로 확신한다. 그는 이 기술이 확보되면 수출도 가능하며 국내에 2,000개의 새로운 일자리를 창출할 수 있다고 믿는다. 윌리엄 딕은 파도를 이용한 전력의 엄청난 잠재력을 근거로 아일랜드 송전망의 수요를 충족시킬 수 있을 것으로 내다본다.[28] 그는 2010년까지 아일랜드 서해안을 따라 도니골, 메이요, 클래어에 두서너 개의 파도 저장소가 설립되기를 희망한다.

이런 사업은 연구 개발과 초기 설비 투자에 필요한 자금이 마련될 수 있도록 중앙 정부와 지방 자치체가 신중히 키워 갈 필요가 있다. 링우드 교수는 "아일랜드의 기후 조건은 파도 에너지 개발에 최적이다. 이 에너지원을 개발하는 데 이보다 더 나은 곳은 없다"고 믿는다.[29]

---

[27] "Making waves in renewable energy", *SEPAVIEW: The magazine of the Scottish Environment Protection Agency*, July/August 2005, issue 25, 16-17.

[28] "Trying to fathom wave power", *The Irish Independent*, Special Report, 29 March 2006, 14.

링우드 교수는 정부가 파도와 조력 에너지에 투자하면, 30년 전 덴마크가 정부의 결정으로 오늘날 풍력 에너지의 세계적 선도자가 된 것처럼, 아일랜드도 파도와 조력 에너지 기술의 세계적 선도자가 될 수 있다고 확신한다.[30] 에너지원에 지금 투자하면 아일랜드는 세계 각국에 해양 기술을 수출할 수 있게 될 것이다.

영국 왕립 환경오염위원회Royal Commission on Environmental Pollution(RCEP)는, 파도 전력과 해저 터빈의 엄청난 잠재력에도 불구하고 정부가 아무 지원도 하지 않는다고 불만이다. 에너지 분야에 대한 왜곡된 공적 자금 지출 내역에 의하면, 조력과 파도 에너지에 고작 4,200만 파운드, 태양 에너지에 100만 파운드, 소규모 재생가능에너지 개발에 3,000만 파운드를 쓴 데 반해, 원자로 폐로 기관에는 무려 22억 파운드의 거금을 쏟았다.[31]

풍력 에너지

풍력은 곡물을 갈고 빻거나 물을 퍼 올리거나 다른 기계적 작업들을 수행하기 위해 오래 전부터 사용해 온 에너지다. 전력이 중앙 송전망에서 공급되기 이전에는 전력 생산에 풍력 터빈이 사용되었다. 1940년대 후반, 니나에 살던 나의 이웃들도 그런 발전 시스템을 갖추고 있었다. 1950년대 초, 지방 전력화 체계가 도입되면서 풍력 터빈은 거의 사라졌다. 화석연료가 바닥나 가고 풍력 터빈은 이산화탄소를 배출하지 않는다는 사실이 알려지

---

29 Dick Ahlstrom, "The new wave; harnessing the sea", *The Irish Times*, 17 July 2006, 6.
30 Dick Ahlstrom, *ibid.*
31 *Faith and Power: The Case for a Low Consumption, Non-Nuclear, Energy*, 3, Strategy, Christian Ecology Link, 3 Bond Street, Lancaster FAI 3ER. 참조: www.christian-ecology.org.uk

면서, 1980년대 중반에 풍력 터빈이 다시 등장했다. 육지와 바다에 설치된 풍력 터빈이 증가하자 풍력 에너지 비용도 상당히 하락하기 시작했다. 풍력 터빈 에너지는 풍속과 풍력 터빈 건설 기술에 좌우된다. 최근 기체역학의 발달도 풍력 터빈의 효율성을 증가시켰다. 데이비드 플레밍의 발표에 의하면, 약 225킬로와트의 전력을 생산하는 2000년형 풍력 터빈은 이론적으로 1년에 시간당 200만 킬로와트의 전기를 생산하는 셈이다. 이는 운송 분야를 제외하고, 에너지 효율을 우선순위에 두지 않는 30가구에 충분한 에너지를 공급할 수 있는 양이다. 단열이 양호하다면 그 배에 달하는 60가구에도 공급할 수 있을 것이다.[32]

풍력 에너지 반대자들의 이유가 종종 소음 때문이었지만 최신 터빈은 종전 모델에 비해 훨씬 소음이 덜하다. 풍력 시설이 조망을 해친다는 불만도 있다. 풍력 시설이 반드시 풍광이 아름다운 지역이나 철새가 날아가는 길목에 세워질 필요는 없다. 온실가스를 배출하지 않는다는 사실 자체만으로도 환경보호 차원에서는 산업계에 엄청난 도움이 된다.

대서양 연안 서유럽, 해양성 기후대에 자리한 아일랜드는 풍력 에너지 혜택을 받을 천혜의 입지 조건을 가지고 있다. 덴마크는 1980년대에 풍력 에너지를 개발하기 시작했다. 현재 덴마크는 총 에너지의 20%를 바람에서 얻는다. 아일랜드는 덴마크와 달리 풍력 에너지 개발이 늦었다. 덴마크에서는 풍력 에너지 설비를 대부분 소규모 협동조합이 소유하고 있다. 지자체가 터빈을 구입하고 지자체의 필요에 따라 생산되는 전기를 사용한다. 덴마크 풍차의 30% 이상이 지자체 소유다. 아일랜드 지자체들도 같은 방법을 택하기 바란다.

---

[32] David Fleming, "Building a lean economy for a fuel-poor future", in *Before the Wells Run Dry*, op. cit., 103.

아일랜드의 풍력은 잠재력이 엄청나다. 현재로서는 그 잠재력의 극히 일부만 현실화되었다.[33] 2005년에 풍력 설비의 300메가와트 이상을 전국 송전망에 연결하자는 제의를 받았다. 이는 케리, 웩스포드, 티퍼레리, 모나한과 도니골을 비롯하여 기타 지역 50개 풍력 설비가 생산한 기존의 500메가와트에 추가된 것이다.

위클로우 해안에 있는 아일랜드 최대의 풍력 설비는 에어트리시티 사가 운영한다. 1998년에 설립된 이 회사는 2006년에 8억 유로 이상의 자산 가치를 형성했다. 에어트리시티 설립자 에디 오코너Eddie O'Connor는 아일랜드가 대체에너지를 충분히 지원하지 않는다고 지적했다. 바다에 면해 터빈 1,000개만 설치하면 아일랜드 전 주택에 전력을 공급할 수 있다. 아일랜드가 에너지 수요의 90% 이상을 수입에 의존하는 현실을 감안하면 시급한 일들이 대단히 많다고 오코너 사장은 믿고 있다. 이러한 수입 의존도는 유럽연합의 평균 50%를 훨씬 웃돈다.

2006년, 아일랜드의 풍력 에너지 로비스트들은 아일랜드가 2010년이면 재생가능에너지 전력의 비율을 유럽연합의 목표치인 13.3%까지 끌어올릴 수 있다고 확신했다. 아일랜드 풍력 에너지협회Irish Wind Energy Association 회장 톰 코휙Tom Cowhig은 재생가능에너지원을 장려해야 에너지 위기를 극복할 것이라고 한다.[34] 2004년에 풍력 에너지가 수력 전기를 제치고 아일랜드 재생가능에너지원의 선두를 차지했다는, 아일랜드 지속가능에너지연구소의 연구 결과는 흥미롭다.[35]

---

[33] "Wind Energy" by Derek Taylor in Godfrey Boyle, (ed), *Renewable Energy*, Oxford University Press, 242-296.

[34] Frank McDonald, "Power Struggle", *The Irish Times*, Weekend Review, 14 January 2006, 2.

[35] *Energy in Ireland 1990~2004*, op. cit., 2.

아일랜드 최초의 대규모 도시형 풍력 터빈이 던다크 공과대학(DKIT)에 설치되었다. 설비에만 110만 유로가 들었지만 공과대학이 연간 15만 유로를 절약할 것이므로 8~9년이면 투자비를 모두 회수할 수 있다. 이 풍력 터빈은 캠퍼스에 설치된 것으로는 세계 최대다. 앞으로 이 대학의 전기 요금은 반으로 줄 것이다. 지구온난화 방지에 대한 기여로 이산화탄소 배출도 연간 1,100톤 감축될 것이다.[36]

영국과 아일랜드가 상호 연계하면 풍력은 더 활성화될 것이다. 아일랜드는 잉여 전력을 수출하고 무풍기無風期의 부족분을 수입하면 될 일이다.

영국의 한 작은 토목 회사 연구원들이 항공우주과학의 설계자들과 제휴하여 두 가지 기능을 보완한 신형 풍력 터빈을 개발하여, 풍력 에너지에 대한 일부의 반감을 잠재웠다. 약 5미터 길이의 신형 터빈은 수직축에 삼중 나선형으로 설계되어 거의 소음이 없다. 둘째, 기존의 풍력 설비들은 주로 주거지에서 먼 언덕이나 교외의 개활지에 설치되었다. 수직축에 설계된 이 삼중 나선형은 풍향이 매 분마다 바뀌는 도시에서 더욱 효과적으로 운용될 수 있다.

신형 풍력 터빈 설계자들은 이 터빈이 매초 평균 5.8미터의 풍속으로 연간 시간당 10,000킬로와트의 전력을 생산할 것이며, 에너지 효율이 높은 주택 다섯 채에 충분한 전기를 공급할 수 있을 것이라고 주장한다. 6킬로와트 터빈의 설비비는 대략 28,000파운드가 될 것이다.[37] 이 신기술은 에너지 손실률이 상당한 긴 송전망 없이도 전력을 소비자에게 직접 전달할 수 있는 엄청난 장점이 있다.

---

[36] "Wind energy goes urban", *The Irish Independent*, Special Report, 20 March 2006, 15.
[37] John Vidal, "Radical turbine aims to take wind power to cities", *The Guardian*, 2 June 2006, 4.

수소

수소 경제에 대해 이야기할 때는 조심할 필요가 있다. 많은 사람이, 에너지는 점진적으로 발달해 가는 것이라고 말한다. 19세기 이전의 에너지는 주로 나무와 사람과 동물의 힘이었다. 19세기에는 석탄이 주류를 이루었다. 20세기 들어서 석유가 선두를 차지했다. 21세기 초반에는 천연가스가 선두를 차지할 것으로 보였지만, 모든 관심이 수소 경제의 개발에 쏠렸다. 제안된 수소 경제의 핵심은 수소 연료전지hydrogen fuel cell다. 이것은 신기술이 아니다. 수소 연료전지는 19세기에 윌리엄 로버트 그로브William Robert Grove 경이 발명했지만, 미국항공우주국이 이것을 제미니와 아폴로 우주 계획을 위해 개발할 때까지는 별로 많이 쓰이지 않았다. 이 연료전지는 유동성 부품들로 이루어진 장치로서 수소와 산소를 흡수하고 물과 전기를 내보낸다. 이 연료전지는 정지 상태에서 전기를 생산할 수도 있고 운송 수단으로 사용될 수도 있다. 전지는 쌓아 올릴 수 있는 평면판이다. 전지 한 개가 1볼트의 전기를 생산한다. 그러므로 전력량은 쌓아 올린 전지의 크기로 결정된다.

아이슬란드는 세계에서 에너지 효율이 가장 높은 나라다. 이 나라 에너지의 70%가 현지 재생가능에너지원인 수력과 지열로 생산된다. 수입 화석연료는 운송업에 쓰이지만 국민들은 향후 몇 년 안에 화석연료를 수소 연료로 대체할 각오다. 아이슬란드는 풍부한 지열로 수소에너지를 생산할 계획이다. 2003년, 수도 레이캬비크에 최초의 수소 충전소가 문을 열었다. 세계 굴지의 자동차 회사들이 수소 연료 자동차 생산에 노력을 기울이고 있다. 2002년에 토요타가 FCHV 연료 전지 자동차를 생산했다. 일본과 미국의 경쟁사들은 수소 자동차 개발에 투자를 아끼지 않는다.

이 기술이 비싸다는 점이 당면 문제지만, 대량 생산에 돌입하면 가격을 낮출 수 있을 것이다. 수소를 생산한 후 저장소로 유통시키는 일과 관련된 또 다른 문제들이 있다. 총 2억 대에 달하는 미국의 현존 차량들을 어디서 개조할 것인가? 혼란을 야기시키지 않고 주유소를 수소 충전소로 대체할 수 있을까? 어려울 것이다. 그럼에도 제레미 리프킨Jeremy Rifkin은 『수소혁명』The Hydrogen Economy에서 에너지 분산 방법으로 수소를 권장하고 있다. 그는 더 이상 중앙집중식 송전망에 의존하면 안 된다고 믿는다.

스웨덴

스웨덴은 2020년까지 석유 의존에서 벗어나기 위한 계획을 대담하게 수립했다. 이는 분명히 대단한 시도이며 모든 분야의 협력을 필요로 한다. 기획위원회는 자동차 생산업체, 과학자, 농민, 기업가, 공무원, 환경문제 전문가, 수상을 포함한 정치인 그리고 환경보호 단체로 구성되어 있다. 지속적 개발의 주무 장관은 "우리는 2020년까지 석유 의존도에서 기필코 벗어나야 한다. 석유보다 더 나은 대체에너지가 반드시 가능할 것이다. 석유는 난방에도 사용하지 말아야 한다. 자동차 운행도 가솔린에만 의존할 필요는 없을 것이다"라고 단언했다.[38]

정부 대변인은 에너지 사용의 획기적 변화를 꾀하게 된 이유를 이렇게 밝혔다. "화석연료에서 해방되면 스웨덴은 유가 파동의 영향을 덜 받을 뿐 아니라 엄청난 이익을 누리게 될 것이다. 우리는 기름 없는 세계의 도래를 정신적·기술적으로 준비해야 한다. 이 계획은 기후변화, 유가 상승, 지구

---

38 John Vidal, "Sweden plans to be world's first oil-free economy", *The Guardian*, 8 February 2006. www.guardian.co.uk/print/),,5394081110970,00.html 08/02/2006

상에서 석유가 소멸될 것이라는 일부 전문가의 경고에 대한 대응이다."[39]

스웨덴의 에너지 현황은 흥미롭다. 전력 수요의 대부분이 수력 전기와 원자력으로 생산된다. 화석연료는 스웨덴 에너지 수요의 32%를 차지한다. 대부분 운송 분야를 위한 것이다.[40] 스웨덴은 이웃 노르웨이와는 달리, 가스나 석유 저장고가 없기 때문에 석유 의존에서 벗어나려는 노력은 뜻이 깊다. 2020년까지 이 목표를 달성할지 여부는 차치하고라도, 나라 안에서 논의가 활발하고 행동으로 옮겨지고 있다. 이러한 창의적인 발의는 국민들의 광범위한 지지를 얻었다. 유럽연합 회원국들이 평균 6%의 에너지 수요를 재생가능에너지로 충당하는 데 비해, 스웨덴은 26%를 재생가능에너지로 충당한다. 이는 정부 보조금과 친환경 세금 제도 덕택이다.

아일랜드

스웨덴과 아일랜드의 통합된 대응을 비교할 때 그 차이는 너무 크다. 아일랜드의 석유 의존도는 세계 9위다. 유럽연합 회원국들의 평균 석유 의존도가 43%인 데 반해, 아일랜드는 총 에너지 수요의 64%를 석유로 충당하고 있기 때문에 입지가 매우 취약한 실정이다.[41] 이러한 석유 의존도는 1990년 중반 '켈트 호랑이의 도약'이라 불리는 경제 성장 이래 극적으로 증가했다. 자동차가 엄청나게 증가했으며 건설 붐이 에너지 수요를 급격하게 증가시켰다. 「운송과 환경: 2005년의 딜레마」라는 유럽연합 보고서는 아일

---

39 *Ibid.*, 1.

40 Gwladys Fouche, "Split decisions", *The Guardian, Society/Guardian/Environment*, 14 June 2006, 9.

41 Frank McDonald, "Power Struggle", *The Irish Times*, Weekend Review, 14 January 2006, 2.

랜드에서 승용차 · 버스 · 화물차 배출 가스가 1990~2003년 사이에 무려 130%나 증가했음을 지적한다. 이는 같은 기간 32개 유럽 국가들의 운송업계에서 배출된 가스의 평균 증가가 23%인 것과 대비된다.[42]

아일랜드 통신해양자원부 장관은 500억 유로가 넘는 예산에서 향후 5년간 주택 · 운송 · 기업의 재생가능에너지 전환 자금으로 겨우 6,500만 유로를 책정했다. 2006년 3월 27일, 장관은 '친환경 주택' 계획을 발표했다. 나무와 지열과 태양열 등, 이 계획의 모든 측면을 망라하는 데 2,500만 유로를 할당했다. 이 액수로는 겨우 5,000~7,000가구만 지원할 수 있을 뿐이므로 필요한 사업을 하기에는 전혀 충분치가 않다. 개인 주택 보유자는 장작난로나 나무 보일러 설비 보조금으로 4,200유로, 지열 에너지 펌프 설비에 6,500유로, 태양 전열판 설비에 12평방미터까지 평방미터당 300유로를 받을 수 있을 따름이다.[43] 그는 이러한 창의적 대책으로 연간 54,000배럴의 석유 절약과 23,000톤의 이산화탄소 배출 감축이 기대된다고 말했다. 이런 계획은 환영하는 바이지만 시작에 불과하다. 그는 신축 주택에 재생가능에너지 시스템을 설치하는 것보다 기존 주택의 개조에 훨씬 더 많은 비용이 든다는 사실을 깨달아야 할 것이다. 장관은 대체연료 에너지 분야에서 훨씬 앞선 덴마크, 독일, 스웨덴의 경우를 연구해야 할 것이다.

독일 정부는 PV든 풍력이든, 대체에너지 설비비를 상쇄하기 위해 장기 저리 대출과 소득세 공제 혜택을 제공하며 대체에너지 수요 증가를 충족시키는 기업들을 지원한다. 2003년 독일에 태양 전열판을 공급하는 기업

---

[42] Jamie Smyth, "Ireland's greenhouse gases show fastest rise", *The Irish Times*, 28 March 2006, 1.

[43] Mark Brennock, "Renewable energy grants for households", *The Irish Times*, 27 March 2006, 5.

은 300개가 넘었다. 또한 송전망 공급 풍력 에너지 설치 기업은 2,000개를 상회했다. 독일에서는 대체에너지 생산업자들이 대체에너지를 전국 송전망으로 공급하면 할증 가격을 받는다.

아일랜드 통신해양자원부 장관을 비롯한 정부 각료들은 재생가능에너지 개발에 할당된 자금이 실제 소요 자금에 비하면 '새발의 피'라는 사실을 모르고 있다. 화석연료 시대의 종말이 빠르게 다가오고 지구온난화로 인한 파국 가능성이 상존한 이때, 아일랜드 경제의 석유·석탄·가스 의존성을 근절하기 위한 총체적이고 '도전적'인 노력이 정부 주도로 이루어져야 할 것이다.

아일랜드의 2002년 1인당 석유 소비량이 유럽연합 25개 회원국 중 3위라는 사실을 지적한 포포스Forfás의 2006년 4월 보고서 「아일랜드의 석유 의존도 기초 평가: 주요 정책 고찰」*A baseline Assessment of Ireland's Oil Dependency: Key Policy Considerations*은 정부가 이러한 도전을 진지하게 받아들일 것을 촉구한다. 이 보고서는 석유의 저가 공급이 향후 10~15년 동안 절정에 이를 것이며, 이는 세계 경제에 중요한 문제들을 야기할 것이라고 예견했다. 또한, 아일랜드가 궁극적 사태에 대응하기 위해 거국적인 전략을 수립할 것을 제안하고 있다.

지난 몇 년 동안의 긍정적 발전 가운데 하나는 아일랜드 지속가능에너지연구소(SEI)의 설립이다. 이 기구는 지속가능에너지법Sustainable Energy Act 2002에 의거하여 그해 5월에 설립되었다. 이 기구의 사명은 지속가능한 에너지 개발을 촉진·지원하는 것이다. 이는 지속가능한 에너지를 경제적 이윤이 남을 가격에 생산할 만한 각 분야를 연구하고, 그런 에너지를 소비자에게 공급하는 것을 뜻한다. 이는 주로 에너지 효율 제고, 재생가능에너지원 개발과 에너지 생산이 미치는 영향, 특히 온실가스 배출 감축과 관련이 있다. 또한 이 연구소는 대중들에게 우수 사례에 대한 조언을 제공함으로써, 재생가능에너지에 대한 자각을 높이는 임무도 띠고 있다.[44] 이 연구소는 지속가능한 에너지와 에너지 효율에 대한 책자도 발간한다.

---

[44] *Energy in Ireland 1990~2004, Trends, issues, forecasts and indicators*, SEI Sustainable Energy Ireland, Energy Policy Statistical Support Unit, January 2006, 1.

■■■ 8

석유 생산의 정점과 운송

석유 생산의 정점

'석유 생산의 정점'Peak-Oil이란, 내일 당장 기름이 떨어진다는 뜻이 아니다. 매장량의 60%를 이미 소비했다는 뜻이다. 석유 채취는 종형鐘形 곡선 형태를 띤다. 초기의 석유 시추 비용은 미미했으며 채굴된 석유는 묽은 원유였다. 1940년대에 석유 1배럴 채굴에 투자한 비용에 대한 수익률은 석유 100배럴과 맞먹었다. 시간이 지나면서 채굴 비용이 증가했다. 석유 회사들은 채굴을 촉진하려고 유정油井에 물이나 이산화탄소를 주입해야 했다. 2004년에는 1배럴 채굴 투자비당 고작 10배럴의 수익을 올렸을 뿐이며 유정에서 채굴할 수 있는 석유의 양은 계속 감소했다. 석유를 얻기가 점점 어려워지니 수익률은 점점 더 떨어졌다. 1999년 영국 북해 유전이 정점에 달했을 때는 하루에 3백만 배럴의 석유를 퍼 올렸다. 2005년 말에는 고작 2배럴이었다. 아일랜드 국립 공과대학은 현재 공인 매장량에 추가되는 석유 1배럴당 소비량은 그 다섯 배인 5배럴에 달한다고 추산했다. 수

요가 공급을 앞지른 상황에서 가격은 계속 상승할 것이다.[1]

다른 주요 산유국(인도네시아, 노르웨이와 베네수엘라)들도 상황은 비슷하다. 석유 회사들조차도 석유를 저가로 구매하던 시절은 지나갔다는 것을 인정하기 시작했다. 미국에서 둘째로 큰 석유 회사인 쉐브론은 「파이낸셜 타임스」The Financial Times와 『이코노미스트』 같은 세계적인 경제지에 2면 광고를 게재하여, "에너지는 금세기 궁극 문제 중 하나다. 분명한 것은 석유를 쉽게 구할 수 있는 시대는 끝났다는 것이다. … 전 세계 유전과 가스전의 수명이 다해 간다. 물리적·기술적·경제적·정치적으로 석유 채굴이 어려운 나라들에서 새로운 석유 개발이 진행되고 있다"고 주장했다. 이 광고에 쉐브론 회장 데이비드 오라일리David O'Reilly가 직접 서명했다.[2] 이는 값싼 석유와 석유제품의 대량생산 시대가 끝났다는 분명한 경고다.

1970년대 초 미국 석유산업은 '석유 생산의 정점'에 도달했는데, 이때는 역설적으로 미국이 가장 많은 양의 석유를 생산했던 때이기도 하다. 석유 생산이 정점에 이르면 대체로 석유산업은 전속 항진하기 때문에 사람들은 이런 현상을 알아채지 못한다. 10여 년이 지나 생산비가 상승하고 채굴률이 하락해서야, 석유 생산이 정점에 달했으며 매장량이 소비량보다 적다는 사실을 깨닫게 된다.

범세계적 차원에서 석유 생산의 정점은 언제쯤일까? 이런저런 이유로 딱 꼬집어 말하기는 어렵다. 잘 알려진 대로, 현재 석유는 정치적으로 불안정한 두 지역, 중동과 아시아에서 대부분 생산되고 있다. 그러므로 이 지역에서 석유를 구매하기가 더욱 어렵고 위험해지고 비싸진다. 더욱이

---

[1] Frank McDonald, "When the Well Runs Dry", *The Irish Times*, Weekend Review, 15 July 2006, 1.

[2] Dan Box, "The End of Cheap Oil", *The Ecologist*, 25 October 2005, 39.

많은 논평가는 이 지역 각국이 주장하는 석유 매장량의 정확성을 의심하고 있다. 그들은, 1980년대에 석유수출국기구OPEC가 석유 생산 할당제를 부과할지도 모른다는 소식을 듣고 중동의 많은 석유 수출국이 하룻밤 사이에 자국의 석유 매장량을 두 배로 늘렸다는 사실을 상기시켰다. 공표된 매장량을 기준으로 생산 한도를 책정할 것이므로, 석유 말고는 달리 수출할 것이 없는 이 나라들이 '장부를 조작하여' 매장량을 과장하는 것은 그들의 국익에 관련된 일이었다.

월 스트리트에 있는 에너지 투자회사 시몬스 회장 매튜 시몬스Matthew Simmons는 2005년 4월, 에딘버러 기자회견에서 이렇게 말했다: "1981년, 사우디아라비아가 사실상 석유 생산의 정점에 도달했을 가능성이 매우 크다. 우리에게는 믿을 만한 자료가 없다. 지금의 석유 정보 수집 체계는 잡동사니에 불과하다. 제대로 된 자료가 있었다면, 주요 유전 대부분이 초과 생산을 하고 있으므로 생산 속도를 늦추어야 한다는 사실을 알게 되었을 것이다. 우리는 이미 그 시기를 놓친지도 모른다".[3] 그는 수요가 공급을 초과하는 판국에 석유 생산의 정점에 미리 대비하지 않는다면 파국을 맞을 수도 있다고 말했다.[4]

경제가 급속도로 성장하는 인도, 브라질, 중국 같은 나라의 에너지 수요 때문에 세계적인 석유 생산의 정점기가 빨라지고 있다. 중국의 석유 수요는 지난 10년 동안 두 배로 늘어났다. 중국은 현재 미국 다음으로 석유 소비가 많은 나라다. 거대 인구와 경제성장으로 인해, 중국의 향후 15년간 석유 수요는 현재의 두 배로 증가할 것이 예상되는바, 이는 석유 위기를

---

[3] John Vidal, "Analyst fears global oil crisis in three years", *The Guardian*, Society/Supplement, 26 April 2005. www.society.guardian.co.uk/print26/04/2005, 1 of 2.

[4] *Ibid*.

앞당길 것이다. 일부 전문가들은 유가가 2010년까지 배럴당 100달러를 넘을 것이라고 예견한다. 공급은 줄고 수요는 해마다 2%씩 증가하는 상황에서, 각국의 공급 확보 경쟁이 가격 상승을 더욱 부채질할 것이라는 것은 논리적 귀결이다.

석유산업계는 석유 생산이 정점에 달했다는 사실을 지지하는 사람들의 주장을 되받아치려 한다. 영국 석유 회사British Petroleum(BP) 회장 브라운 경Lord Browne은 2005년 6월 『슈피겔』Der Spiegel과의 인터뷰에서, 중장기적으로 유가가 오히려 배럴당 40달러 수준으로 하락할 것이며 장기적으로는 20~30달러 수준까지도 가능하다고 말했다. 이런 주장을 뒷받침하기 위해 거대한 유전이 아프리카 서부 지역에서 계속 새로 발견되고 있다는 점도 지적했다. 또한 그는 캐나다 오일 샌드oil sand(油砂)의 개발도 수익성이 있다고 믿는다.[5]

특별기고가 조지 몬비오트는 기업 이미지의 친환경적 쇄신을 꾀하는 석유 회사 쉘과 BP에 대해 특별히 격앙된 감정을 표출했다. 이 기업들은 미디어 광고를 통해 태양 전열판과 수소 연료전지 분야에서 대체에너지와 비非탄소 에너지원을 찾기 위한 친환경적 노력을 아끼지 않았음을 거듭 강조했다. 그럼에도, 앞서 언급된 것처럼 브라운 경은 유가가 하락할 것이며 상황이 다시 정상화될 것이라는 주장으로 긴장된 시장을 안정시키려 하고 있다. 브라운 경은 이런 사실이 허위라는 것을 알고 있다. 몬비오트는 말한다. "두 회사 모두 과거보다 영악스러워졌다. 그들은 더 이상 기후변화를 모른 척하거나 자사 사업의 피해자가 없다고 주장하지 않는다. 쉘은 최근의 법정 판결 목록을 출판하기까지 했다. 그러나 이 모든 행동이 석유

---

[5] Terry Macalister, "Oil price likely to fall, says Browne", *The Guardian*, 13 June 2006, 23.

사업을 향한 그들의 질주를 멈췄음을 뜻하지는 않는다."[6]

석유 생산이 정점에 이르렀다고 믿는 사람들은 물류와 교외 거주자들이 석유 시대 종말의 첫 희생자일 것이라고 생각한다. 사실 농산물의 생산과 유통이 일상에서 가장 심한 타격을 받게 될 것이다. 현대 농업의 성공은 석유에서 추출되는 무기 질소와 다량의 제초·살균·살충제에 의존하고 있다. 농업과 석유의 관련성은 워낙 광범위하여 매닝은 『하퍼스 매거진』에 「우리가 먹는 석유」라는 제목으로 기고할 정도다. 그 밖에도 인스턴트 식품 가공·포장 회사들이 있다. 매닝은 "미국 식품 가공업계는 1칼로리의 식품을 생산할 때마다 10칼로리의 화석연료 에너지를 소비한다"고 썼다.[7]

매닝은 덧붙여, 이런 추산은 식료품을 미 전역과 다른 나라의 창고와 소매점으로 보내기 위한 물류비와 교외 거주자가 식품을 구매하려고 슈퍼마켓이나 백화점에 갈 때 드는 화석연료비는 포함하지 않았다는 점을 지적한다. 현 시점에서 양상추 한 개를 미국에서 런던으로 실어 나르려면 양상추 1칼로리당 127칼로리의 연료를 써야 한다.

석유 생산의 정점과 가솔린 시대의 필연적 종말은 이 모든 것에 종지부를 찍을 것이다. 석유 생산이 정점에 달한 후의 세계에서 계속 흥청망청 살도록 허용해 줄 대체에너지의 조합을 우리는 아직 꾸리지 못했다. 그래서 난제 해결을 위한 노력에 착수할 수밖에 없다. 일부 논평가에 의하면, 미 국도를 달리는 대형 화물차 3분의 1이 가공식품을 실어 나르고 있다고 한다. 대형 화물차를 이용한 식품의 대량 운송비는 굉장히 비싸질 것이다. 두 가지 결과가 예상된다: 첫째, 식품의 현지 구매로 회귀하려는 움직임이

---

[6] George Monbiot, "Behind the spin, the oil giants are more dangerous than ever", *The Guardian*, 13 June 2006, 27.

[7] Richard Manning, "The Oil We Eat: Following the Food Chain Back to Iraq", *Harper's Magazine*, February 2004, 44.

일어날 것이다. 둘째, 저가의 철도 운송을 선호할 것이다. 유가의 대폭 상승으로 인해 국제 식품 유통망이 현지 위주로 바뀌기 시작할 것이다. 필요 때문에 식품 생산에 종사하는 사람이 늘어날 것이다. 미국인의 2%만 식품 생산에 종사하고 있는 현 상황은 극적으로 달라질 것이다.

거대 유통망의 점진적 붕괴로 도로가 한산해질 것이며, 도로 건설에 엄청난 자금을 투자한 당초의 어리석음이 지적받을 것이다. 석유 이용도가 점차 떨어지고 가격도 비싸지면서, 도시가 무분별하게 교외로 확장되던 시절은 이래저래 한계에 다다를 것이다. 「아이리시 인디펜던트」*The Irish Independent*의 칼럼니스트 데이비드 윌리엄스David Williams는 아일랜드에서 이 문제를 제기한 몇 안 되는 언론인 중 하나다. 그는, 「경고한다: 저가 석유는 끝났다, 교외 생활 꿈도 꾸지 마라」*Be warned: the end of cheap oil will kill suburban dreams*라는 2006년 3월 26일 자 칼럼에서 이 문제를 제기했다.

교외 확장에 대한 한 가지 대안은 '신도시집중화'다. 이는 다양하고 경제적이며 활기 넘치는 다목적 지역사회를 육성하려는 시도다. 가정과 직장에서 상점·학교·교회·공원 등의 주요 공공장소까지 걸어서 10분이면 충분히 간다. 아일랜드 당국이 해야 할 창의적 사업이란 희망 없는 생활방식을 창출하는 데 수십억 유로를 퍼붓는 것이 아니라 바로 이런 일들이다. 앞으로는 훨씬 더 지역 단위로 생활해야 한다. 석유 생산이 정점에 달한 후의 세계에서는 식품 생산을 포함하여 우리에게 필요한 많은 서비스를 각 지역에서 공급해야 될 것이다.

1980년대 후반, 소련의 붕괴로 저가 석유를 이용할 수 없어서 쿠바가 엄청난 타격을 입었음을 기억하자. 쿠바는 미국보다 농약을 훨씬 더 많이 사용했다. 소련 저가 석유의 돌연한 수입 중단은 국내총생산량(GDP)을 크게 감소시키기도 했지만, 식품 품귀 현상으로 인한 국민들의 기아와 영양실

조가 더 큰 문제였다. 쿠바 정부는 각 지방의 유기농을 장려했다. 대규모 정부 직영 농장을 분할하여, 농업협동조합에 속한 여러 가구에 분배했다. 도시에는 주차장과 미사용 국유지에 도시 농장을 만들었다. 수천 개의 옥상 농원을 만들어 닭과 토끼 같은 작은 가축도 길렀다. 석유화학제품을 쓰기가 어려워지자 정부 과학자들은 해충 박멸과 토양의 비옥화를 꾀하려고 생태학적 방법을 개발했다. 2000년이 되자, 쿠바의 식품 생산은 석유 위기 이전 수준의 90%까지 회복되었으며 쿠바 농민들은 미국 농민들이 사용하는 에너지의 20분의 1 정도만 사용하여 식량 위기를 넘겼다.[8]

석유 의존적 삶의 방식을 바꾸는 일은 사실 매우 고통스럽다. 현재 대부분의 정치·경제·종교 기관이 이 사실을 부정하는 판국에, 폭력과 파괴의 전환기를 헤쳐나갈 지도력을 과연 어디에서 찾을 수 있을 것인가?

자동차의 미래

개인, 지자체, 정부는 우리의 자가용 중독과 맞서 싸워야 한다. 대내 이주와 지속적 경제성장하에서, 일부 논평가들은 향후 10년 내로 아일랜드의 차량 수가 배로 증가할 것으로 예견한다. 그럴 가능성을 생각하면 출퇴근자들은 등골이 오싹해질 것이다. 더블린 M50 고속도로처럼, 건설된 지 몇 년 되지 않아 교통 체증에 허덕이는 새 도로를 끊임없이 건설하느니, 우리 자신부터 자동차에 대한 집착에서 벗어나야겠다.

자동차가 이룩한 생활 방식은 20세기 인류와 지구에 가장 현저한 영향을 미친 요소 중 하나였다. 20세기 이전까지는 인구가 시골이나 작은 지방

---

[8] Dan Box, Tully Wakeman and Jeremy Smith, "The End of Cheap Oil: The Consequences", *The Ecologist*, October 2005, 46-52.

마을에 산재해 있었다. 도시인들은 직장, 상점, 편의 시설까지 걷거나 전차를 타고 갔다. 1920년대에 미국에서는 꽤 많은 사람이 자동차를 소유할 수 있었지만, 1930년대의 대공황과 1940년대 초 제2차 세계대전으로 인해 자동차 증가세는 잠시 주춤했다. 전쟁이 끝난 후 모든 것이 극적으로 변했다. 자동차가 다시 증가하여 기동력이 좋아지자 도시에서 불편하게 생활하던 사람들이 교외로 빠져나갔다.

1950년대, 서로 연관된 두 가지 대규모 사업이 미국 내 경제활동을 지배했다. 그 하나는 주택 건설 붐이다. 주택은 대부분 주요 도시 교외에 건설되었다. 사람들은 공장 매연 자욱한 전후(戰後)의 암울한 도시를 떠나고 싶어 했다. 교외 주택단지들은 도시의 부정적 이미지를 벗어던지고 목가적인 전원생활을 강조함으로써 시장성을 높였다. 주택마다 정원이 있었지만 이웃과의 교류는 갈수록 뜸했다.

교외 주택 수요가 증가하면서, 교외 주택단지들은 도시에서 점점 더 멀리 떨어졌다. 교외에는 편의 시설이 많지 않았으므로 건축업자들은 사람들을 복지에 필요한 직장, 쇼핑 센터, 학교, 기타 지원 체계들과 연결시키는 거대한 도로망을 건설해야 했다. 새로 생기는 교외는 인구 밀도가 낮아 열차나 버스 같은 대중 교통 체계에 합당하지 못했다. 교외 생활에 적합한 유일한 교통 수단은 승용차였다. 맞벌이 부부가 보편화되기 전인 1960년대 후반에도, 교외 가정이 제대로 기능하려면 두 대의 자동차가 필요했다. 남편은 남편대로 도심지 출퇴근에 차가 필요했으며, 아내는 아내대로 쇼핑을 하고 자녀들을 학교에 데려다 주거나 다른 볼일이라도 보려면 차가 있어야 했다.

도시가 교외로 뻗어 나가는 현상은 미국에서 확산되어 점차 유럽과 라틴아메리카로 유입되었다. 20세기 후반에 들어서는 아시아에도 이런 현상이 생겼다. 각국이 차례로 교외 주택 붐을 경험하게 되었다. 이런 교외 주택 붐에는 세계 많은 도시 주변의 비옥한 농지를 잠식하는 거대한 도시계획이 수반되었다. 건설 회사, 석유화학업계와 월마트 같은 대규모 판매업자들은 교외에 주택단지를 건설하고 필요한 서비스를 제공함으로써 엄청난 수익을 올렸다. 자연히 정치인, 기획 담당자, 설계사, 정부 규제 기구들이 가능한 모든 방법을 동원하여 개발을 촉진했다. 전원생활이야말로 성장 발전의 유일한 길이라는 환상을 만들어 내기 위해 모든 일이 추진되었다. 그러나 이런 생활 방식은 옛사람의 모듬살이와 갈수록 멀어졌다. 이웃을 모르고 지냈으며 알 필요도 느끼지 않았다. 공동체 개념이 거의 없었다. 이웃 동네를 산책하거나 자전거를 타는 대신 자동차를 몰고 다녔다. 요즘 사람들은 더 살찌고 덜 건강하며 당뇨 같은 질병에 시달리고 있다.

아일랜드는 서유럽에서 이런 생활 방식을 도입한 마지막 나라들 가운데 하나다. 본격적인 주택 건설 붐은 1990년대 중반에 일어났다. 더블린을 중심으로 부채꼴 도로망이 건설되기 시작했다. 1990년대 중반 이후 매일 40~50마일을 승용차로 출퇴근하는 사람이 많아졌다. 차 안에서 보내는 시간이 길어졌고 A 지점에서 B 지점으로 빨리 이동하지 못하여 난감했다. 기획 담당자와 정치인들은 이 문제의 해결책이 도로망 확충뿐이라는 믿음을 가지도록 유도했다. 누구라도 이런 전략에 의문을 제기하면 어리석은 생각으로 무시하고 묵살해 버렸다.

도로 건설비는 기하급수적으로 상승했다. 도로공사 National Roads Authority(NRA)와 감사원이 제시한 수치에 따르면 2000~2006년에 걸친 국가개발계획의 예산은 56억 유로였다. 2002년이 되자 이 수치는 150억 유로로 뛰었으며 2006년에는 1997년 이후 총 도로 건설비에 200억 유로가 소요되었다는 사실이 드러났다. 이는 유가 예측이 예상외로 빨리 먹혀들면, 장기

간 사용하지 않을지도 모를 토목 비용이 세 배나 증가했다는 뜻이다.[9]

적어도 미국, 영국, 독일, 프랑스에서는 기존 도로를 60~70년간 사용할 수 있다. 아일랜드에서는 운이 좋아야 15년 정도다. 석유 시대의 종말이 임박했음을 아일랜드 정부가 진지하게 받아들이고 대중 교통을 이용할 수 있는 곳에 주택을 건설하는 데 세금을 투자했더라면 훨씬 현명했을 것이다. 그랬다면 석유 생산의 정점 이후에도 지속적으로 사용할 수 있는 교통 수단에 200억 유로의 상당 부분을 투자할 수 있었을 것이다.

교외 출퇴근은 제2차 세계대전 이래 석유를 항시 저가에 구입할 수 있다는 단순한 사실 때문에 가능했다. 미국의 제4차 중동 전쟁 지지에 대한 보복으로 1973년 OPEC이 '소수 세계'에 제재를 가함으로써 이미 경고는 시작되었다. 그 결과 유가는 엄청나게 상승했으며 세계적 경기 침체의 원인이 되었다. 이란·이라크 전쟁의 여파로 1979~1981년 사이에 유가는 다시 상승했다. 이런 위기들은 한정된 재원에 대처해야 하는 우리의 현실 때문에, 다음번 석유 위기는 최후통첩이 될 수도 있다는 긴급경보로서의 역할을 했어야만 했다.

불행히도, 1990년대에 구질서는 다시 회복되었으며 세계적으로 교외 생활은 여전히 성황을 이루었고 경제성장은 무한정 계속될 것처럼 보였다. 1998년, 유가는 배럴당 10달러 선으로 떨어졌으며 경제학자들조차도 이 가격이 당분간 지속될 것이라고 말했다. 하지만 사정은 그렇지 않았다. 2006년 5월에 유가는 배럴당 75달러에 육박했다. 석유 생산의 정점이 도래했거나 임박했다는 단순한 사실 때문에, 장차 유가는 이 선 아래로 떨어지지 않을 것이다.

---

[9] Daniel McConnell, "20bn Euro roads bill a huge drain on the taxpayer", *The Sunday Independent*, 28 May 2006, 12.

석유 생산의 정점에 대한 긍정적 대응 방안은 무엇일까? 독일의 대학 도시 프라이부르크는 자전거 전용도로와 자전거 보관소 설치에 일인당 6파운드 상당을 투자했다. 모든 주요 도로에 자전거 전용도로를 만들었고 이는 전국적으로 확산되고 있다. 자동차 이용률이 하락했고 자전거 여행 비율이 15%에서 26%로 상승했다.[10]

 2006년 3월, 영국 M606과 M62 도로에는 합승 차량 전용 차선이 설치되었다. 이것은 합승을 장려하고 도로 교통을 원활하게 하는 또 하나의 창의적 제안이다. 아일랜드는 이런 단순한 해법에도 무감각한 듯 보이니 유감이다. 더블린 오코넬 스트리트의 재개발에는 자전거 전용 차선이 포함되어 있지 않다. 아일랜드는 중·대형차와 SUV를 선호하는 경향 때문에 2002년 이래 연비 수준이 후퇴하고 있다. 바이런 오클레이리 컨설팅 회사의 보고서는 세계적으로 연비가 높은 자동차의 구매가 느는 데 비해, 아일랜드의 통계는 '사실상 현상 유지 수준'이거나 중·대형차의 출현으로 더 악화되고 있다고 지적했다. 정부에도 제출한 이 보고서는, 중·대형차나 SUV를 선호하는 사람이 많아 아일랜드의 온실가스 배출은 30만 톤가량 상향 조정되어야 할 것이라고 주장했다. 2006년 4월, 배기량 1700~1900cc급 차량은 약 15만 대였다. 이는 1990년의 다섯 배 이상이다. 온실가스 배출의 선두는 랜드 로버와 레인지 로버가 차지했다. 랜드 로버 디스커버리 한 대가 2,518킬로미터를 주행할 때마다 1톤의 이산화탄소를 배출한다. 2006년 아일랜드 시장에서 가장 연비가 높은 자동차는 다이하츠 샤레이드와 오펠 코르사였다.[11]

---

10 Lynn Sloman, "Steering Lock", *The Guardian/Society Environment*, 23 March 2006, 9. Lynn Sloman, *Car Sick: Solutions for Our Car-addicted Culture*, Green Books, 2006.

11 Liam Reid, "SUVs blamed for increasing greenhouse gas emissions", *The Irish Times*, 3 April 2006, 1.

현재는 토요타 프리우스가 주목받고 있다. 이 모델은 가솔린 엔진과 전기 모터 겸용의 1,500cc 엔진을 장착하고 있다. 이 차는 신호대기 중 가솔린 엔진이 자동으로 꺼지면서 전기 모터가 작동한다. 출발 후 일정 속도가 붙을 때까지 가솔린 엔진은 작동하지 않는다. 이 엔진은 극도로 효율적이며 가솔린 탱크 한 개로 1,000킬로미터를 주행할 수 있다.

전기분해를 응용한 수소 자동차도 가능해졌다. 수소가 자동차 연료전지에 사용되면 모터를 가동할 전기가 생산되면서 바퀴를 움직일 것이다. 또한 이 차는 연료전지를 일정 비율로 작동시키는 건전지도 장착하고 있다. 운전자가 가속을 원할 때는 동력을 건전지에서 끌어 쓸 수 있다는 뜻이다. 주행 중에는 건전지를 충전하는 자동제어장치가 작동한다.

넓게 보아, 자동차를 덜 타야 한다. 린 슬로만은 『자동차 멀미: 자동차 중독 문화의 해법』*Car Sick: Solutions for our Car-addicted Culture*에서 아일랜드 교통 체증의 몇 가지 해법을 제시했다. 그는 자동차 덜 타기를 선호하는 사람들을 두 유형으로 분류한 심리학자 질리안 아나블Jillian Anable을 인용한다. 그들은 '반항적 운전자'malcontent motorists이거나 '포부에 찬 환경론자'aspiring environmentalists다. 조금만 창의적으로 생각하고 계획하면 이 두 유형의 사람들이 자동차를 덜 탈 수 있도록 하는 것이 가능하다는 것이다.

사회학자 워너 브록Werner Brog은 영국을 포함한 국가 간 자동차 여행의 유형을 조사한 결과, 열 번의 여행 중 네 번은 버스·열차·자전거·도보 여행 등 대안이 가능하다는 사실을 발견했다. 버스 서비스 향상이나 자전거 전용 차선 설치 등, 작은 개선이 여행 코스 거의 절반을 자동차 아닌 다른 수단으로 하고 싶어 지게 할 수 있을 것이다. 그는 자동차 여행의 자제를 촉구한 버킹엄셔 위원회Buckinghamshire Council의 노력을 예로 들었다. 이 위원회는 내부 직원들에게 이를 먼저 적용하고, 지역 운수 회사와 할인

교섭에 들어갔다. 자전거 전용 차선과 자전거 주차장을 신설하는 한편, 합승 제도를 장려하고 직원 주차비 지원을 중단하여 괄목할 성과를 거두었다. 5년 안에 출퇴근 승용차가 40%나 줄어들었다.

항공 여행의 폐해

항공 여행은 버스·열차·자동차 여행보다 훨씬 더 심각한 공해를 유발한다. 항공업은 이산화탄소 배출을 가장 빠르게 증가시키는 원인이다. 항공기 연료가 연소될 때의 '방사능 효과량'radiative force ration은 약 2.7이다. 이는 항공기 연료 연소가 자동차나 발전소 배출 가스 두 배 이상의 효능을 지닌다는 뜻이다. 연소 과정에서 발생되는 수증기는 지구의 열을 가둬 두는 상층 대류권에 얼음 결정을 생성한다. 불행히도 항공 배기는 현재 교토 의정서가 허용하는 각국 온실가스 배출 수치에 포함되어 있지 않다. 틴들 기후변화 연구 센터Tyndall Centre for Climate Change Research의 연구는, 항공업이 현 성장률을 유지할 경우 교토 의정서가 유럽연합 국가에게 허용하는 탄소 배출치를 전부 소진할 것이라고 결론지었다.[12]

(장거리) 항공 여행은 심각한 오염원이다. 런던과 마이애미를 매일 왕복하는 점보제트기 한 대가 연간 이산화탄소 52만 톤을 배출한다. 간단한 이산화탄소 배출량 산출법은 비행 거리를 290mg으로 곱하는 것이다. 항공 여행자가 친환경 에너지나 조림 기관을 지원함으로써 탄소 배출 부담을 상쇄시킬 수 있는 웹사이트가 많은데, 둘만 들면 www.climatecare.org와 www.futureforests.com이다. 런던에서 뉴욕까지 편도 비행에는 한 그루

---

[12] Shane Coleman, "Cut-price air travel may soon cost the earth", *Sunday Tribune*, 12 June 2005, 16.

의 식목 비용이 들며 시드니까지의 왕복 비행에는 여섯 그루의 식목 비용이 든다. 또 다른 계산법으로 더블린에서 시드니까지의 비행을 이산화탄소 배출량으로 따지면 자동차로 지구를 640바퀴 도는 것과 맞먹는다.[13]

라이안에어 같은 저가 항공사 때문에 향후 20년 동안 승객의 수가 현저히 증가할 것이라고 믿는 분석가가 많다는 것이 문제다. 2005년의 1억 8천만 명에서 2025년이 되면 4억 9천6백만 명이 될 것으로 영국은 예측한다.[14] 지구온난화에 끼치는 영향 요소가 항공 요금에 반영되지 않는 한, 사람들은 결과에 상관 없이 항공 여행을 계속할 것이다.

항공업이 배출하는 가스는 2005년에 12% 증가했다. 영국 전체 온실가스 배출의 11%다. 승객과 화물의 항공 체증이 놀랍게 증가하는 이유가 항공연료에 세금이 붙지 않고 부가가치세도 없기 때문이기도 하다. 따라서 2015년에는 항공기 때문에 전 세계 온실효과가 현 3~5%에서 두 배가량 늘 것으로 예상된다. 게다가 항공기는 산화질소를 배출한다. 이는 산성비의 원인이 될 뿐 아니라, 높은 고도에서 배출되기 때문에 오존층에도 영향을 미친다. 과학자들은 2015년이 되면 연간 오존층 파괴의 절반이 오직 항공교통 탓일 거라고 예측한다.

2006년 2월, 유럽연합과 미국 간의 항공업 자유화 협정 초안이 언론에 유출되었다. 이 '영공 개방' 제안 협정 14조는 급속한 항공교통의 성장을 저지시키려는 실천적 시도를 모두 약화시키고 있다. 미국은 항공기 연료에 대한 어떤 종류의 과세에도 반대한다.[15]

---

13 *Ibid.*

14 George Monbiot, "An ugly face of ecology", *The Guardian*, 26 April 2005. www.society.guardian.co.uk/26/04/2005>, 1 of 2.

15 Andrew Clark, "'Open skies' treaty threatens fight against global warming", *The Guardian*, 20 February 2006, 1 and 2.

항공업계가 비행이 환경파괴적이라는 비난에 반격을 시작했다. 브리티시 에어웨이즈의 윌리 월쉬Willie Walsh 회장은 2006년 4월, 더블린에서 열린 회의에서 "항공업이 이산화탄소 배출에 대한 조치를 취하는 것은 대단히 중요한 일이다. 그러나 항공업이 이기적이며, 단독으로 지구에 큰 재앙을 초래할 반사회적 행동을 한다는 생각은 사실무근이다"라고 주장했다.[16] 이지제트의 앤디 해리슨Andy Harrison 회장과 라이안에어의 마이클 오리어리Michael O'Leary 회장은 항공업의 성장이 온실가스 배출에 엄청난 기여를 하고 있다는 환경 전문가들의 주장을 일축했다. 항공환경재단Aviation Environment Foundation의 피터 로클리Peter Lockley는 월쉬 회장이 항공기의 비이산화탄소 효과와 고高고도 배출 이산화탄소의 피해가 더 심각하다는 사실을 일부러 무시하고 있다고 지적했다. 로클리는 이러한 고고도 배출이 이산화탄소 피해를 2.7배나 더 키운다고 평가했다. 그의 추산으로는 항공업계가 영국 온실가스 배출의 13%를 차지한다. 로클리는 저가 항공의 급속한 확산으로 항공업은 가장 빠른 온실가스 배출 증가의 원인이 되었다고 본다. 온실가스 배출 완화 체계가 절실히 필요하다. 항공업의 성장 둔화가 유일한 방법이지만 이 문제와 정면으로 맞서 싸우려는 사람이 없다.

현재 미 공군은 군용기의 대체연료 사용가능성을 시험하고 있다. 2006년 여름에 공군은 B-52 폭격기에 천연가스 제트 엔진 2기를 장착·시험할 계획이다. 다른 6개의 엔진은 기존의 제트 연료로 가동될 것이다. 이 시험에 성공할 경우, 공군은 향후 2년 안에 합성연료 사용을 1억 갤런으로 증가시킬 계획이다.[17]

[16] Ros Taylor, "Are aviation pollution claims a flight of fancy?", *The Guardian*, 28 April 2006, 6.

[17] Thom Shanker, "Military Plans Tests in Search for an Alternative to Oil-Based Fuel", *The New York Times*, 14 May 2006, www.nytimes.com/2006/0514/us/14fuel.html?

석유 생산의 정점이 도래하면 저가 항공을 비롯한 많은 관광산업에 급격한 변화가 오리라는 사실은 의심할 여지가 없다.

이는 대단히 중앙집권적인 가톨릭 교회의 조직과 관료 제도에도 심각한 영향을 미칠 것이다. 화상회의는 반드시 채택될 것이다. 탄소 배출을 줄이면서 성무를 수행할 방법이 있는데, 주교들이 비행기를 타고 와서 모여 앉아 주교회의를 하는 것이 옳을까? 석유 생산의 정점이 가톨릭 교회에 가져올 파급 효과를 통해 지역교회는 신앙 고백과 전례 구성, 복음적 가치의 증거와 성무 집행의 방법을 결정하는 과정에서 더욱 성심껏 일할 것이다. 긴 안목으로 보아 이것은 결국 축복이 될 것이다.

마지막으로 힘주어 경고한다. 저유가 시대는 끝났다. 앞으로 우리의 에너지 사용 방식이 영향을 받을 것이다. 에너지 고갈과 고비용 시대가 오면, 지난 수십 년 동안 축적된 생활과 노동 형태는 유지되지 못할 것이다. 아무것도, 수소 경제조차도, 과거 60년 동안 석유제품을 사용하던 방탕한 방법으로 에너지를 소비하도록 허용하지 않을 것이다. "최저 수준의 경제에서는 효율성보다 적합성이 더 중요하다"는 데이비드 플레밍의 말은 매우 타당하다.[18]

---

18 David Fleming, "Building a lean economy for a fuel-poor future", in *Before the Wells Run Dry*, Richard Douthwaite (ed), 2003, 104.

9

교회는 지구온난화에 어떻게 대응하고 있는가?

지금까지 나는 지구온난화가 인류와 인류의 생존에 매우 요긴한 다른 생물체에게 악영향을 끼친다는 주장을 했다. 수백만 인간과 생물체에게 고통과 재난과 죽음을 초래할 이 위협적 현실에 대처하기 위해, 교회는 지역적·세계적 차원에서 어떤 조치를 취할 것인지 스스로 물어야 한다.

지구온난화와 맞서 싸우기 위해, 교회는 이 문제의 중대성과 당면 위기의 절박함을 이해하면서 우리의 중심이 되어야 한다. 석유 생산의 정점과 지구온난화 문제는 지금까지 인류가 직면해 온 가장 도전적인 문제들 가운데 하나다. 지구온난화와 대결하기 위해서는 우리가 진력하는 모든 분야에서 창조적 지도력을 발휘해야 한다. 성공적 해결을 위해서는 모든 차원에서 기후변화와 대면해야 하며 엄청난 재원이 든다.

사람들은 당연히 교회가 이와 같은 도전적 모험을 통해 그들을 도덕적·종교적으로 이끌어 주리라 기대한다.

첫째, 기후변화와 관련된 사안들이 무엇이며, 그 영향은 어떤 것인지 이해해야 한다. 또한 교회가 무엇을 할 수 있는지, 그리스도인의 믿음에 터할 때 개인과 가정이 지구온난화에 대항하여 실생활에서 무엇을 할 수 있는지 알아야 한다. 제2장에서 언급한 대로, 기후변화와 그 영향에 대한 정보는 여러 학문 기관과 연구소에서 얻을 수 있다. 교회 지도자들이 기후변화 문제와 진정으로 대결하기를 원한다면, 생태학적 문제에 대해 정확하고 독립적인 과학에 자문을 구해야 한다. 연구가 기득권을 가진 단체나 결과를 이용하여 돈을 벌려는 사람들의 관점에서 비롯된 것이 아니라는 보장이 절대적으로 필요하다.

기업이 대학이나 정부의 연구 기관을 매수하는 것은 최근 수십 년 동안 일어난 가장 악질적인 스캔들 중 하나다. 나는 『생명 전매특허? 멈춰라! 기업의 탐욕 때문에 유전자 조작 식품을 억지로 먹어야 하는가?』[1] 첫 장章에서 제2차 세계대전 이후 기업의 영향력 증대 현황을 도표로 만들었다. 현재 지구 상에서 가장 막강한 힘과 영향력을 행사하는 조직 중 하나가 다국적기업이다. 정부는 의사 결정 과정에서 공동선共同善보다는 기업 이익을 우선시하는 경우가 잦다.

하버드 대학교 사회의학 원로 교수 마르시아 안젤Marcia Angell은 『제약 회사는 어떻게 우리 주머니를 털었나』The Truth about the Drug Companies: How they Deceive Us and What to do about it에서 이런 사실을 확인시킨다. 안젤은 선진국 제약 회사들이 '다수 세계' 빈곤층에게 시행하는 비윤리적 임상 실험을 강하게 비판한다. 이렇게 실험되는 약품은 말라리아 같은 빈국형 질병의 치료제가 아니다. 심장질환이나 당뇨병 같은 '소수 세계' 사람들의 질병

---

[1] Seán McDonagh, 2003, *Patenting life? Stop! Will Corporate Greed Force us to Eat Genetically Engineered Food?* Dominican Publications, Dublin.

치료제다. 안젤의 요지는 결국 이것이다: 제약 회사는 자사 이윤을 추구하는 데만 연구 역량을 집중한다.[2]

기업은 정부 규제 기관까지 통제력을 확장한다. 2006년 5월, 영국의 국제 환경보호 단체인 지구의 친구들 유럽지사(Friends of the Earth Europe)는, 유럽 식품안전청(European Food Safety Authority(EFSA))이 바이오 산업계의 통제에서 벗어나 독립적인 과학자들과 일하지 않는 한 대중의 신뢰를 회복할 수 없을 것이라고 주장했다. '지구의 친구들'은 유럽 식품안전청의 세 가지 오류를 비난했다: 첫째, 친기업적 성향의 과학자들을 고용한 점. 둘째, 이해관계에 얽힌 과학자들을 고용한 점. 셋째, 유럽 식품안전청은 과학자가 유전자 조작 식품에 관여할 경우, 반드시 신고할 것을 요구한 유럽연합의 법 집행을 거부했다는 점.[3]

현 시점에서 공공과학 예산을 삭감하는 정부가 대부분이다. 공공과학이란 특정 기업의 이익이 아니라 공동선을 위해서 공공연구기관이 시행하는 연구를 뜻한다. 미국·아일랜드·영국·호주 정부가 이 범주에 속한다. 요즈음은 대학조차 기업의 식민지가 되어 가고 있다. 이는 잠재적 대체에너지원 연구처럼 대중, 특히 차세대에게 혜택을 줄 연구 과제에서 공공과학을 점점 멀어지게 할 것이다. 공공과학의 포기는 인류와 자연의 복리에 불행한 결과를 초래한다. 교회 지도자들은 공공과학의 대의를 옹호해야 하며, 호주 연방과학산업연구원(Commonwealth Scientific and Industrial Research Organization(CSIRO))에서 근자에 과학자 여럿을 해고한 정부의 결정을 비판해야 한다. 2003년 노동당 학술 담당 대변인은 CSIRO에서 일자리 850개

---

[2] Marcia Angell, "Where our rules don't apply", *The Australian Financial Review*, 18 November 2005, 6 of the Review.

[3] Friends of the Earth Europe press release, 30 May 2006. See www.foreeurope.org/GMOs/publications/ESFAreport.pdf

와 1억 호주 달러의 예산이 삭감되었다고 주장했다. 사설 연구는 항상 이윤 추구가 목적이라는 사실을 잊어서는 안 된다. 공적 지원을 받는 프로젝트가 없으면 진정으로 지속가능한 미래의 발전에 기여할 많은 연구 수요를 충족시킬 수 없다. 세계교회협의회World Council of Churches(WCC)가 발간한 「기후변화 희생자들과의 결속」은 공공과학을 포기함으로써 야기될 문제점을 간단명료하게 요약한다: "기업이 기술혁신에 관심을 가지고 이윤 추구 목적의 연구를 대대적으로 지원할지라도, 정부는 그런 연구가 지속적 미래를 위해 필요한 방향으로 나아갈 수 있도록 조치를 취해야 한다."[4]

세계교회협의회

교회가 기후변화에 관해 앞으로 무엇을 할 수 있을지 생각하려면, 지금까지 무슨 일을 해 왔는지 알아보는 것이 중요하다. 정의와 지속가능성을 위한 일에 헌신하는 모든 종파의 그리스도인들은 세계교회협의회가 광범위한 생태학적 문제, 특히 지구온난화에 대해 어느 교회 단체보다 용기 있는 지도력을 행사했다는 사실을 대체로 인정한다. 지난 몇 년 동안 세계교회협의회는 지구온난화에 관한 광범위한 교육사업을 추진해 왔다. 여기에는 1994년 5월에 발간된 「위험의 징조, 믿음의 시련, 기후변화의 가속화」와 2002년에 발간된 「기후변화 희생자들과의 결속」도 포함된다.[5]

---

[4] *Solidarity with Victims of Climate Change*, World Council of Churches, 150, route de Ferney, P.O. Box 2100, 1214 Geneva 2, Switzerland, 2002, 14.

[5] *Sign of Peril, Test of Faith, Accelerated Climate Change*, World Council of Churches, 150, route de Ferney, P.O. Box 2100, 1211 Geneva 2, Switzerland, 1994, and *Solidarity with the Victims of Climate Change, Reflections on the World Council of Churches' Response to Climate Change*, 2002.

1975년 나이로비 회의 이래 세계교회협의회는 환경문제에 대해 우려를 표명해 왔다. 세계교회협의회는 1988년 제네바 지구온난화협의회를 후원했는데, 이 회의에는 교회 구성원·환경 단체·과학자·정치인과 신학자들이 참가했다. 그 후 세계교회협의회는 지구온난화 대응 전략 개발의 중요성을 계속 강조해 왔다. 첫째, 지구온난화는 하느님이 창조하신 피조물의 복리에 대한 위협이기 때문이며, 둘째, 소수 세계와 다수 세계 간의 정의 문제로서 지구온난화로 가난한 이들이 더 많은 고통을 겪을 것이기 때문이다. 세계교회협의회 옵서버들은 1992년 리우데자네이루 지구 정상회담에서 유엔 기후변화협약의 채택을 선도했던 여러 회의에 참석했다.

지구 정상회담이 끝난 후 세계교회협의회 옵서버들은 유엔 기후변화협약에 관한 평가서와 함께 여러 가지 제안을 했다: 첫째, 기후변화에 대한 더 깊은 신학적·윤리적 성찰이 중요하다. 둘째, 기후변화에 대응하기 위해서는 삶의 모든 영역에서 근본적인 변화가 일어나야 한다는 사실을 사람들에게 알리는 것이 중요하다. 셋째, 기후변화의 생태학적·경제적·정치적 측면은 정의의 관점, 특히 부유한 소수 세계와 빈곤한 다수 세계의 양극화 현상에 비추어 평가되어야 한다. 마지막으로, 교회는 기후변화에 대한 교육·홍보·생활 프로그램 개발을 지원할 자금을 확보해야 한다.

1993년에 출간된 「위험의 징조, 믿음의 시련」*Sign of Peril, Test of Faith*은 이 문제들을 총망라했다. 제1장에서는 지구온난화의 과학적 근거를 평가하고 미래의 결과들을 예측한다. 과학적 자료의 일부 불확실성은 인정하지만 기후변화가 "인간과 모든 생물체에 심각한 영향을 줄 가능성이 있다는 사실"에 비추어 볼 때, 기후변화가 일어나고 있다는 사실을 분명하게 보여 줄 모든 증거가 갖춰질 때까지 실질적 대응을 미루는 것은 무책임한 행위라고 이 문서는 지적한다. 이 문서는 유엔 기후변화협약 3조 3항에 명시된 '사전 예방 원칙'precautionary principle을 지지한다. 이는 온실가스 배출과 지구온난화를 연관 짓는 결정적 증거가 없어도, 정부가 엄격한 환경 관련 조치들을 취하여 잠재적 피해에 대비하라고 요구한다.

제2장은 기후변화가 그리스도인의 믿음에 끼칠 영향에 대한 이해를 돕기 위해 신학적·윤리적 체계를 개발한다. 이러한 고찰은 하느님이 피조물과 가난한 이를 사랑하신다는 근본 교의에서 비롯한다. 피조물에게 고통을 가하여 하느님 뜻을 거역하려는 인간의 성향은, 하느님의 은총이 사람의 마음을 움직여 '생태학적 회개'ecological conversion를 이룩할 수 있다는 자각으로 균형을 되찾는다. 지구온난화와 관련하여, 진정한 회개의 길은 현대 서구 문화를 지배하는 물질의 부단한 축적보다, 오히려 소박하고 자족할 줄 아는 새로운 삶의 방식을 택하려는 의지에 있다.

이 문서는 피조물에 대한 하느님의 통치와 배려에 대해 성찰하면서, 우리의 행동이 다른 사람에게만이 아니라 다른 생명체에게도 해를 입힌다면, 하느님께 죄짓는 것이라는 사실을 그리스도인들에게 상기시킨다. 생태학적 정의라는 시각에서 세계 도처의 화석연료 사용 행태에 대해서도 비판한다. 세계 인구의 5분의 1은 화석연료에 대한 지칠 줄 모르는 욕구가 있으며, 전 세계 온실가스 배출의 85%에 대해 책임져야 한다. 반면 세계 인구 중 가장 가난한 20%가 단순히 기본 생필품을 충당하기 위해서라면 오히려 화석연료를 좀 더 써도 된다. 전 세계 에너지원의 불공평한 분배는 차치하고라도, 현재 화석연료의 소비 수준은 다음 세대가 누려야 할 지구 자원의 정당한 몫을 박탈하고 있다. 요약하면, 신학적·윤리적 성찰은 하느님께서 모든 피조물을 사랑하신다는 사실을 확인시킨다. 저자는 인간들이 지구에 해를 끼치고 피조물의 미래를 위태롭게 하는 오만과 탐욕을 버릴 것을 촉구한다.

제3장은 지구온난화에 대한 긍정적 대응이 사회 각 분야에 어떤 의미가 있는지 살핀다. 기업, 특히 다국적기업이 전 세계에 상품과 서비스를 파는 과정에서 무엇이 연루될 수 있는지 명확하게 밝히려고 한다. 지구온난화에 대한 포괄적 대응은 소수 세계 전 분야에 걸쳐 사회적·정치적·경제적 차원의 심도 있는 변화가 수반되어야 한다는 것을 이 장은 강력히 주장한다.

제4장은 현실적 계획하에 온실가스 배출량을 감소시킬 국가적 방책에 대해 논의한다. 변화에는 보상하고 수구에는 벌칙을 물리는 '당근과 채찍' 전략도 여기 포함된다. 제4장과 5장에서는 그런대로 먹고살 만한 소수 세계와 매우 부유한 소수 세계의 대응 방식은 달라야 한다는 점을 지적한다. 적당한 음식과 기본 생필품을 공급받을 권리는 있지만 에너지를 낭비하고 지구를 혹사시킬 권리는 없다. 정부와 기업은 에너지 효율을 제고하고 화석연료를 풍력·파도·조력·태양·소규모 수력발전·바이오 자원 같은 재생가능에너지원으로 조속히 전환할 수 있는 정책을 입안해야 한다.

제6장은 매우 중요한 질문을 던진다: 현재 세계적 사회·정치 체제하에서 경제성장은 모든 문제, 특히 다수 세계의 빈곤과 소수 세계의 실업을 해결할 만병통치약으로 추앙받고 있지만, 이 체제하에서 과연 온실가스 배출 목표를 달성할 수 있을까? 이 장은 한정된 세상에서 무한한 경제성장은 분명히 불가능하다는 점을 지적하면서, 성장 모델의 타당성에 의문을 제기한다. 또한 소수 세계인들이 더 검약한 생활을 함으로써 빈곤층의 기초 생활 수준 향상에 꼭 필요한 에너지가 공급될 수 있게 해야 한다고 주장한다. 초안 작성자들은 단순하지 않았다. 그들은 이익이 발생하는 한, 지금처럼 성장 위주 체제에 집착하는 막강한 경제 집단들의 기득권에 정부가 훨씬 더 호의적이라는 사실을 잘 알고 있었다.

제7장은 지구온난화의 위협을 줄이려면 무엇이 좋은 삶인지에 대한 새로운 통찰이 필요하다고 주장한다. 오늘날 잘산다는 것은 재산을 축적하고 부동산을 소유하며 연료를 낭비하여 막대한 탄소를 배출하고 겉꾸미기에 몰두한다는 것과 다르지 않다. 이런 시각을 바꾸는 것이 쉬운 일은 아니다. 지구온난화에 관한 세계교회협의회의 통찰은 타인과의 관계를 변화시키며 다른 피조물과 조화롭게 생활하도록 동기를 부여하려는 시도다.

제8장과 9장은 인류가 초래한 기후변화 위기에 대응하여 교회가 할 수 있는 잠재적 역할을 검토한다. 이 장은 범세계적 정의·평화·피조물의 화합을 추구하면서 영성의 큰 윤곽을 그린다. 악을 비난하고 그리스도인에게 화해와 조화의 길을 가르치는 교회의 예언자적 소명과 궤를 같이하면서, 교회가 '지구의 친구들' 같은 독립 환경 단체들과 협력하여 지구온난화에 대한 캠페인을 활발하게 벌여야 한다고 주장한다. 이 장은 소수 세계의 풍요로운 생활 방식에 대해서도 중요한 문제를 제기한다. 오늘날 많은 사람이 행복의 필수조건이라 생각하며 누리는 편안함이 자연에 대한 무심한 착취이며, 오래가지 못할 것들이 아닐까? 저자들은 검소하지만 충만했던 옛 조상들의 삶과, 그런 삶이 오늘날에도 가능하다는 사실을 현대 그리스도인에게 상기시킨다.

나는 「위험의 징조, 믿음의 시련」에 대해서 길게 다루었는데, 이는 여기서 제안된 방법론과 전달하려는 메시지가 가톨릭 교회뿐 아니라, 그리스도교 다른 종파와도 관련이 있다고 믿기 때문이다. 지구온난화에 대한 분석은 과학적·신학적 견지에서 모두 합리적이며, 이 문서가 제시한 제안들은 지역적·세계적 차원에서 당대의 요구에 부응하는 것들이며 심사숙고의 결과다. 이 문서는 가장 중요한 현대의 윤리적 문제 가운데 하나에 대응하는 길로서, 실천가능한 행동 프로그램을 제시한다.

1996년 3월, 당시 교황청 정의평화평의회 의장이던 로저 에치가레이 Roger Etchegaray 추기경은 주요 선진국 주교회의 의장들에게 보낸 서한에서, 세계교회협의회가 기후변화와 인간 활동 간의 관계에 대해 교회 구성원들의 주의를 환기시키는 데 지도적 역할을 했음을 인정했다. 추기경은, 현지 교회들이 자국에서 세계교회협의회가 열성적으로 추진하는 활동과 연계하여 서로 도울 수 있는 일들을 나름대로 찾아보라고 촉구했다. 그러나 불행히도, 그때나 지금이나 달라진 것은 거의 없다.

　2002년, 세계교회협의회는 「기후변화 희생자들과의 결속」이라는, 또 하나의 훌륭한 기후변화 관련 문서를 발표했다. 이 문서는 기후변화가 야기하는 극단적 기후 조건 때문에 어마어마한 비용을 쏟아 부어야 할 것이라는 점을 지적했다. 보험사들은 그 비용이 머지않아 연간 3천억 달러에 이를 것이라고 주장한다. 다수 세계에 속한 나라들이 가장 불리한 입장에 서게 될 것이다. 이 문서는 교토 의정서가 시작에 불과하다고 여긴다. 왜냐하면 유엔 정부간 기후변화위원회 소속 과학자들이 2050년까지 온실가스 배출을 60~80% 감축할 것을 요구하고 있는 데 반해, 교토 의정서에 서명한 선진국들은 지금까지 단 5.2%를 감축하는 데 그쳤기 때문이다. 이 문서는 에너지 수요 공급에 관한 방대한 기술과 정책 평가가 가능한 상황에서 강력한 정치적 지도력만 병행된다면 이 목표는 달성될 수 있다고 본다.[6] 문서 13~14쪽에서는 2001년 11월 도하에서 열린 세계무역기구World Trade Organization(WTO) 회의를 거론한다. 참석자들은 세계무역기구에 구속력 있는 생태학적 기준을 적용하기가 불가능하다는 타당한 지적을 했다: "이 기구는 체제상 환경의 중요성과 근본적으로 결부될 수 없게 되어 있다. 시장

---

6 *Solidarity with Victims of Climate Change: Reflections on the World Council of Churches' Response to Climate Change*, 11.

구조는 상품 구매의 촉진을 뒷받침하지만, 환경보호의 척도와 한계를 설정할 능력은 없다. 시장 역동성 억제 대책을 수립하는 데는 정부의 역할이 필수 불가결하다".[7]

세계무역기구는 1994년에 설립된 신생 기구다. 사람들은 이 기구가 무역에서 환경을 고려하지 않을 것임을 당연히 예상했을 것이다. 세계무역기구의 입장에서는 강우림을 파괴해 가면서 생산된 소고기나 친환경적 목초지에서 생산된 소고기나 합법적 무역 대상이기는 매한가지다. 세계무역 규제 정책에 생태학적 배려는 반영되지 않는다. 또한 세계무역기구는 자체 의사 결정 과정의 노출을 상당히 꺼리며, 어떤 경우에도 독립 비정부기구와 상대하려 하지 않는다.

반면, 세계은행World Bank과 국제통화기금International Monetary Fund(IMF)은 1980년대에 열대림과 산호초 같은 주요 생태계 보호의 중요성에 대해 언급하기 시작했으며, 그들의 협의 과정에 비정부기구들을 포함시키기 시작했다. 세계무역기구는 1980년대 중반에 시작한 관세 및 무역에 관한 일반 협정GATT 8차 회의에서 설립되었다. 다국적기업들은 특허권과 투자 정보 서비스 분야를 포함, 자기들의 이해를 보호해 줄 강력한 무역 기구의 필요성을 느꼈다. 바로 이 때문에 미국과 유럽연합이 세계무역기구를 승인했다. 우루과이 라운드Uruguay Round 기간 내내 세계 정세 악화에 대해 진지하게 논의되었다. 1987년, 유엔은 「브룬틀랜드 보고서」Brundtland Report를 『우리가 공유할 미래』라는 제목으로 출간했으며, 리우데자네이루에서는 지구 정상회담이 열렸다.[8] 이 회의에서 정치인들은 환경보호에 관해

---

[7] Ibid., 14.

[8] *Our Common Future*, The World Commission on Environment and Development, Oxford University Press, 1987.

멋진 연설을 했다. 그러나 아직 세계무역기구는 세계무역 조정 권한에서 생태 항목을 제외시켜도 된다고 생각한다. 이는 미사여구가 난무하는 멋진 연설에도 불구하고 정치인들은 환경문제에 거의 관심이 없다는 뜻이다. GATT에서 WTO로의 전환을 관리한 피터 서더랜드Peter Sutherland는, 이른바 세계 자유무역 제도를 촉진하는 것보다 장기적으로는 환경문제가 더 시급하다는 사실을 인식하고 있었다.

세계교회협의회의 2002년 문서를 다시 보면, 그것은 생태학적 현 상황에 대한 정확하고 냉혹한 평가다. 이 문서는 "파괴가 진행되어 왔으며 지금도 진행되고 있다. 변화는 설득만으로 될 것 같지 않다. 현 체제의 기능 장애가 더욱 명백해지면 변화가 생길지도 모른다. 변화는 격변과 고통을 수반할 것이다"라고 주장한다. 이 문서는 현 상황에 매우 적절한 신학적 성찰로 끝맺는다: "저항이 성공으로 장식되리라는 보장은 없다. 미래는 알 수 없다." "사랑이 식어 갈"(마태 24,12) 가능성이 현저하다. 우리의 사랑은 성공에 대한 보장에 결코 연연하지 말아야 한다. 바오로 사도는 "믿음과 희망과 사랑 이 세 가지는 계속"(1코린 13,13)된다고 했다. 사랑은 삶의 한계를 초월한다. 하느님의 절대적 미래에 대한 희망은 사랑의 궁극 소망이다.[9]

데이비드 홀만David G. Hallman은 교회 내에서 지구온난화에 대한 경각심을 높이는 데 가장 크게 기여한 사람이다. 그는 세계교회협의회의 기후변화 프로그램 진행자다. 2005년 11월에 호주 가톨릭지구보호협의회Catholic Earth Care Australia가 준비한 캔버라 기후변화 회의에서 홀만은 세계교회협의회의 범세계적 활동에 대해 설명했다. 그 내용이 매우 인상적이다:

---

9 *Ibid.*, 26.

- 태평양교회협의회와 세계교회협의회 태평양지부는 태평양 제도諸島의 교회들이 기후변화의 심각한 위협에 대처할 수 있도록 적극 지원한다.
- 세계교회협의회는 윤리와 기후변화 인도 네트워크Indian Network on Ethics and Climate Change를 후원하여 인도 기후변화 문제에 인도인 스스로 참여하도록 돕는다. 이 기구는 환경과 개발 관련 기구에 종사하는 가톨릭과 개신교 신자들로 구성되어 있다.
- 유럽 크리스천 환경네트워크European Christian Environment Network와 영국 크리스천 생태학 연대Christian Ecology Link는 지난 몇 년 동안 기후변화 프로그램을 활발히 운영하고 있다.
- 아프리카교회협의회Africa Council of Churches는 지역공동체를 중심으로 기후변화와 물 부족의 연관성에 관한 워크숍을 개최하고 있다.
- 라틴아메리카교회협의회Latin America Council of Churches는 신앙에 기초한 환경문제 커리큘럼을 개발하여 신학교와 교구에서 사용하도록 하며, 시민단체들과 함께 환경 프로젝트를 시행하고 있다.
- 미국에서는 환경에 관한 전국 종교 파트너쉽National Religious Partnership on the Environment(NRPE)이 장기적 기후변화 교육 프로그램을 운영하고 있다. 이 기구에는 미국 복음환경네트워크US Evangelical Environmental Network와 환경과 유대인 생활 연합Coalition on Environment and Jewish Life이 포함된다.
- 캐나다교회협의회Canadian Council of Churches는 기후변화 프로그램을 적극 추진하는 연합기구 카이로스 캐나다Kairos Canada와 초교파적으로 협력하고 있다.[10]

---

10 www.catholicearthcareoz.net homepage/Conference 2005

가톨릭 교회

생태 위기에 관해 광범위한 교육 프로그램을 갖추고 있는 세계교회협의회와는 대조적으로, 같은 주제에 관한 가톨릭의 가르침은 교황의 교도권을 통한 것이든 주교회의를 통한 것이든 대단히 빈약한 실정이다. 2002년에 마조리 키난Marjore Keenan 수녀는 생태 위기에 관한 교황의 가르침을 책으로 엮었다. 교황청 정의평화평의회는 이 책을 『창조 보전: 인간 활동과 환경』Care for Creation: Human Activity and the Environment이라는 제목으로 출판했다. 이 책은 교황의 가르침을 훌륭하게 엮었지만 아직 미흡하다. 가톨릭 교회 내 성性 문제에 관한 최근 가르침을 한데 묶는다면 훨씬 방대한 책이 될 것이다.

『간추린 사회 교리』 제10장은 환경보호에 할애되었지만[11] 분량은 겨우 15쪽에 지나지 않는다. 인간의 행위에 관한 제6장은 27쪽 분량이다. 좋은 자료들이 많이 수록되어 있지만, 나는 제10장이 전체에서 가장 빈약한 부분이라고 주장한다. 바이오 공학에는 9개 절이나 할애되고 생물체 다양성의 파괴에 관한 부분은 한 단락에 불과했다. 이 장은 생태 위기를 강조하지도 않았고, 인류와 수많은 다른 피조물의 미래가 직면한 절박함에 대해서도 함구하고 있다. 이 책에서는 생태 위기의 절박성과 '생태학적 회개'의 필요성에 대한 요한 바오로 2세의 중요한 언급도 찾아볼 수 없다. 이유가 무엇일까?

요한 바오로 2세는 2001년 1월 17일의 알현식에서 이렇게 말했다: "세상 이모저모를 살펴보면, 인간이 하느님의 기대를 저버렸음을 즉시 알게

---

[11] *Compendium of the Social Doctrine of the Church*, Veritas Publications, Dublin, 2004.

됩니다. 인간, 특히 우리 시대의 인간은 주저 없이 산림과 계곡을 유린했으며 물을 더럽히고 서식지를 해쳤습니다. 공기는 숨도 쉴 수 없을 만큼 오염시키고 수리水理와 대기를 어지럽혔으며 비옥한 땅을 사막으로 만들었습니다. 무제한의 산업화를 통해 단테 알리기에리Dante Alighieri가 그리는 '우주의 정원'flower-garden of the universe(Paradiso, XXII, 151)을 모욕했습니다. 그러므로 지난 수십 년 동안 인류를 당면한 재난에 더 민감해지도록 만든 '생태학적 회개'를 지원하고 촉진합니다. 인간은 더 이상 창조주의 '청지기'가 아니라, 나락으로 떨어지기 전에 멈춰야 한다는 사실을 이제야 깨닫기 시작한 독재적 폭군이 되었습니다."[12] 여기서 교황은 현대 생태 문제의 심각성과 절박성, '생태학적 회개'의 필요성을 강력히 지적했다. 이 부분이 『간추린 사회 교리』에 포함되지 않았다니 당황스럽다.

전반적으로 생태 문제에 관한 한 하찮은 분량의 가르침에 비추어 볼 때, 지구온난화가 현재는 물론 향후 50년 동안 지구가 직면해야 할 가장 심각한 생태학적 문제임에도 불구하고, 교황의 교도권이나 주교회의에서 어떤 가르침도 내리지 않았다는 사실이 그리 놀랄 일은 아니다. 지구온난화에 대한 교황의 최초의 가르침은 생태학에 관한 1990년도 교황 교서 「창조주 하느님과 함께하는 평화, 모든 피조물과 함께하는 평화」Peace with God the Creator; Peace with all of Creation에서 발견된다. 이 교서의 여섯째 단락은 지구온난화와 염화불화탄소 화합물CFC에 의한 오존층 파괴를 하나로 묶었다. 이 교서는 "점진적인 오존층의 고갈과 관련된 '온실효과'는 중대 국면에 도달했다. …"고 주장한다. 클로로플루오르 카본이 지구온난화를 야기하는 것은 사실이지만, 오존층의 고갈과 지구온난화는 별개의 문제다. 이

---

[12] Pope John Paul II, "God made man the steward of creation", *L'Osservatore Romano*, 24 January 2001, 11.

것은 물론 모든 생태학적 문제에 관한 도덕적 가르침에는 정확한 과학적 근거가 있어야 한다는 이 책 180쪽의 언급을 반복하는 것이다.

몇 차례 주교회의에서 지구온난화와 기후변화를 깊이 다뤘다. 일부 가톨릭 신학자들도 같은 문제에 대해 글을 발표한 바 있다. 이 문제의 절박성에 비하면 극히 소수만 관심을 보인 셈이다. 이 책은 과거와 현재의 도덕적 원리를 결합하여 지구온난화에 대한 신학적 대응책을 개발하려고 한다. 언급한 대로, 『간추린 사회 교리』에 지구온난화에 대한 간략한 언급이 있는데 그 470항은 다음과 같다: "자연 자원을 활용하는 모든 경제활동은 환경보호에 주의를 기울여야 하며, 경제활동에서 발생하는 필수적 실제 비용인 환경보호 비용을 미리 예측해야 한다." 이와 관련하여, "인간 활동과 기후변화 간의 관계는 극도로 복잡한 양상임을 감안할 때, 과학적·정치적·법률적·국가적·국제적 차원에서 적절한 감시를 부단히 받아야 한다. 기후는 우리가 보호해야 할 가치다. 소비자와 업계 종사자들은 각자의 행동에 훨씬 더 큰 책임 의식을 가져야 한다."[13] 이 짧은 문장이 지구온난화와 기후변화에 대한 가톨릭 교회의 응답이다.

기후변화와 공동선

"기후는 보호해야 할 가치다"라는 인용문에 주목하자. '공동선'共同善에 대한 관심은 전통적으로 가톨릭의 도덕적·사회적 가르침의 요체였다. 『간추린 사회 교리』는 '공동선'에 관한 광범위한 성찰에서 "사람들이 사회 공동체를 만들면서 추구하고 얻는 공동선은 그들의 개인, 가족 그리고 이들

---

[13] *Ibid.*, No.470.

과 관련된 가치에 대한 보장이다"라고 명시한다(61, 164, 165, 168, 170항).

예수회의 데이비드 홀렌바흐 신부 같은 현대 윤리신학자들은 다원적 사회에서 공동선에 관해 언급하기가 쉬운 일은 아니라고 한다. 다원적 사회에서도 종교 영역에서나 이데올로기가 좌우하는 정치 영역에서나 한 계층이 공동선이라고 여기는 사회적 가치와 견해를 다른 계층에 강요하려는 권위주의적 압력에 대한 기억이 아직도 일부 남아 있다. 점점 세계적인 추세가 되어 가고 있기는 하지만, 특히 미국 입장에서 보면 문화적 차이가 공동선에 대한 논의를 어렵게 하고 있다. 많은 이가 공동선보다는 오히려 '차이에 대한 관용'이 미국의 지고한 사회적 열망이 되었다고 주장한다. 홀렌바흐는 오늘날 우리가 당면한 사회적·정치적 문제들에 적절히 대응하기 위해서는, 관용의 문화가 스스로 창출할 수 있는 것보다 더 많은 에너지를 동반한 도덕적 통찰력이 필요하다는 사실을 직시하고 있다.

놀랍게도, 그가 말하는 도전 항목에 환경은 포함되어 있지 않다. 그는 후에 이렇게 주장한다: "미국인은 국가로서 자신들의 가치와 타국인의 가치 사이에 연결 고리가 있으며 이러한 고리가 직접적이고 명확하다는 사실을 알고 있다. 장기적으로 불가분의 가치가 될 환경보호의 필요성이 이러한 직접적 연결의 한 예다. 모든 나라가 국경 없는 생명물리적 환경에 서로 의존하고 있기 때문이다."[14]

170항을 제외한 『간추린 사회 교리』와 가톨릭 교회의 다른 모든 사회적 가르침 대부분이 간과하는 것은, 인간의 생기발랄한 사회적 관계는 늘 활기차고 지속가능한 생태계에 깊이 뿌리박고 있다는 사실이다. 지구온난화처럼 생태계에 악영향을 주거나 생태계의 균형을 깨뜨리는 모든 것은 근

---

[14] David Hollenbach SJ, 2002, *The Common Good and Christian Ethics*, Cambridge University Press, Washington DC, 50.

본적으로 공동선을 붕괴시킨다. 그것이 뒤집을 수 없는 부정적 변화를 초래할 때 특히 그렇다. 공동선에 관한 홀렌바흐 신부의 조심스러운 견해조차 피조물의 파괴가 곧 공동선의 훼손이라는 사실을 망각하고 있다.

기후변화가 야기하는 현상들을 꼼꼼히 살펴보자. 2004년 1월, 영국 정부 수석과학자 데이비드 킹 경은 인류 공동체가 직면한 가장 심각한 문제가 기후변화라고 주장했다. 그는 미국의 기후 정책이 테러리즘보다 세계에 더 큰 위협이라는 견해를 내놓았다. "계속되는 온난화의 결과, 세계 도처 수백만 명이 기아·가뭄·홍수 그리고 말라리아처럼 사람을 탈진시키는 질병에 노출될 것이다."[15] 기후변화가 인간 사회와 생태계에 가져올 해악을 생각할 때, 고삐 풀린 기후변화를 방지하는 데 필요한 개인적·국가적·세계적 차원에서의 여러 활동을 강화할 목적으로 공동선 논쟁을 이용하는 것은 당연한 일이라고 생각된다.

『간추린 사회 교리』 468항은 "안전하고 건강한 환경에 대한 권리"를 지지함으로써 '공동선' 문제와 밀접하게 관련된 또 다른 길을 열어 놓고 있다. 요한 바오로 2세는 1988년 10월 8일 유럽공동체 위원회와 스트라스부르 인권재판소에서 행한 연설에서 이러한 새로운 법률적 합의에 대해 언급했다. 교황은 환경 정의와 인권 운동들이 지구의 황폐에 맞서기 위해 점점 더 권리에 기초한 전략을 실현하고 있다는 사실을 알고 있었다. 여기서 말하는 '특별한 권리'에는 지난 20년 동안 더욱 폭넓게 신장된 인권 개념이 적용된다. 여기에는 적절한 생활수준을 누릴 권리, 교육받을 권리, 음식과 물에 대한 권리, 건강하게 사는 데 필요한 것들을 공급받을 권리, 주거 환경에 대한 권리와 일할 권리가 포함된다.

---

15 Steve Connor, "US climate policy is a bigger threat to world than terrorism", *The Independent*, 9 January 2004, 1.

주거지가 건강해야 건강한 환경을 누릴 권리가 충족된다. 이것은 깨끗한 물과 신선한 공기와 건강을 위협하는 독소나 위험 요소가 없는 비옥한 토지에 대한 권리를 포함하며, 지구 상의 생명 지속 과정에 피해를 주는 모든 것을 배제함을 뜻한다. 지구온난화가 지구와 인간을 위한 기후 조건들을 악화시킨다면, '안정된 기후 조건을 누릴 권리'라는 슬로건 아래 지구온난화에 대해 행동을 촉구하는 캠페인을 벌일 만도 하다.

칼 데일리Cahal Daly 추기경은 『지구에 대한 배려』*The Minding of Planet Earth*에서 1982년 9월 28일 유엔총회가 채택한 세계자연헌장World Charter for Nature에 주의를 환기시킨다. 이 헌장의 목적은 "주요 생태계와 생명 지원 체계 그리고 … 생명체의 다양성"을 보호하는 데 있다. 이는 안전한 환경을 누릴 권리를 인간뿐 아니라 모든 다른 생명체에까지 확대한 것이다. 추기경은 이 헌장의 제안들이 모호하여 별 의미가 없음을 제대로 지적하고 있다. 재검토하여 효력을 강화해야 할 것이다.

세대 간 정의

신학과 윤리를 다듬어 지구온난화에 대한 활동을 지지해 줄 또 다른 소재는 세대 간 정의正義에 대한 관심이다. 전통적으로 윤리적 관심은 대개 인간의 행동이 지금 당장 혹은 가까운 장래에 개인이나 공동체에 미칠 영향에 쏠리지만, 이는 더 이상 적절한 틀을 제공할 수 없다. 왜냐하면 현세대가 강력한 테크놀로지로 지구에 가져오는 엄청난 변화는 인간을 비롯한 모든 피조물의 미래 세대에 부정적인 영향을 끼칠 수 있기 때문이다. 윤리적 관심에서 비롯된 기본 원칙은 미래 세대들이 지금 우리가 사는 지구처럼 비옥하고 아름다운 세상을 물려받을 권리가 있다는 것이다. 새로운 도덕적 환경에 대해서는 『간추린 사회 교리』 470항에 언급되어 있다: "평등과 세대 간의 결속에 근거한 도덕적 견지에서, 과학계의 기여를 통해 새로운 에너지원을 발견하고 대체에너지원을 개발하며 원자력 안전도 향상을 지속시킬 필요가 있다." 이 책 제4장에서도 주장했듯이, 원자력이 지구온난화에 대한 해법이 아니라는 것은 분명하다.

미래 세대에 대한 관심은 특히 정치인과 관료들 사이에 팽배한 다음과 같은 태도를 근절시키는 데 도움이 될 것이다: '지금 내가 하는 행동이 문제를 악화시키고 사태를 돌이킬 수 없이 만든다 해도, 내가 책임자로 있을 때 아무 일도 일어나지 않으면 후임자가 처리하도록 내버려 둘 것이다.'

이런 태도에 맞서, 교회는 지속가능성과 '사전 예방 원칙'을 가르쳐야 한다. '지속가능한 발전' 개념을 재정립할 필요가 있다. 이 개념은 1987년 『우리가 공유할 미래』라는 제목으로 출간된 「브룬틀랜드 보고서」의 근간을 이루는데, 보고서는 이 개념을 "미래 세대의 필요와 열망을 충족시킬 능력을 훼손시키지 않고도 현재의 필요와 열망을 충족시킬 방법을 추구하는 것"이라고 정의하면서, "이는 경제성장 억제 요구와는 거리가 멀다. 다만, 개발도상국들이 더 많은 역할을 담당하고 그에 상응하는 혜택을 받을 수 있는 성장의 새 지평을 열지 않는 한, 빈곤과 저개발 문제가 해결될 수 없다는 점을 인식한다"고 단언한다.[16] 보고서가 작성되던 당시 침체되었던 아일랜드 경제나, 특히 연간 두 자릿수 성장을 거듭하는 중국 경제에 성장이 끼친 영향을 20여 년이 지난 지금 생태학적으로 평가해 보면, 중국과 인도가 추진하는 서구적·석유 의존적 경제성장은 환경 면에서 지속가능성이 없으며, 전 지구에 참화를 입히리라는 사실은 명명백백하다.

---

16 *Our Common Future*, op. cit., 40.

세계교회협의회 문서 「기후변화 희생자들과의 결속」은 무한 경제성장 효과에 대한 분석에서 상당히 예리한 통찰력을 보여 준다. 문서는 이렇게 지적한다: "우리가 '지속가능한 발전' 개념을 재정립하려면 유한한 지구의 혹독한 현실을 참작해야 한다. 붕괴를 거부하고 부정적 영향을 제한할 필요는 지속가능성의 중요한 차원으로 더욱 중요하게 인식되어야 할 것이다. 발전이라는 말은 생활수준을 향상시키고 '보다 나은 세상'으로 우리를 이끌어 갈 것이라는 뜻을 더는 함축하고 있지 않다. 악화 일로의 생활 여건 속에서 생존 능력을 강화시키는 데 더 큰 무게를 실어야 할 것이다".[17]

지구는 유한하며, 우리는 인간과 다른 피조물의 미래 세대를 위해 공정하고 정의롭게 살아야 한다는 사실을 기억해야 한다.

'사전 예방 원칙'은 『간추린 사회 교리』 469항에 언급된 또 다른 도덕 원칙이다. 이 문서는 모순되는 과학적 견해가 주어졌을 때 건강이나 환경 복지에 대한 행위의 결과를 놓고 실질적 결정을 내려야 할 상황에서 '사전 예방 원칙'을 제시한다. 본문의 주장은 그런 상황에서 "규칙을 적용하는 것이 아니라 불확실한 상황을 관리할 특정 지침인 '사전 예방 원칙'의 평가에 의지하는 것이 적절하다"는 것이다. 이는 윤리적 난제를 다루는 데 '사전 예방 원칙'이 유용하다는 뜻이다.

그러나 '사전 예방 원칙'을 규칙이 아닌 '어떤 특정한 지침'으로 보면 모든 정책, 특히 생태계나 서식지에 영구적으로 생태적 피해를 입히면서 소수에게는 단기적으로 경제적 혜택을 주는 경제 정책을 입안하고 추진할 지평을 확장할 가능성도 있다. 『간추린 사회 교리』도 이를 인정한다: "자원이 한정되어 있고 일부 자원은 재생불가능하므로, 경제개발계획은 자연

---

[17] *Solidarity with Victims of Climate Change: Reflections on the World Council of Churches' Response to Climate Change*, 2002, 15.

의 정직성과 순환성을 신중히 고려하고 존중해야 한다." 이 원칙은 지역 상황에 맞게 적용되어야 한다. 이제 이 원칙은 인간 활동이 기후 조건을 현재와 미래 세대에게 불리하도록 변화시키는 상황에 적용되어야 한다. 미국 가톨릭 주교회의는 기후변화에 대한 성찰로 분별의 덕을 도입했다:

> 이 덕목은 도덕적으로 깨끗한 삶을 영위하는 개인에게 필요할 뿐 아니라 더 큰 공동체의 도덕적 건강을 위해 매우 중요하다. 분별력은 우리의 행동에 적용되는 이해력이다. 이는 주어진 상황에서 공동선을 구성하는 것이 무엇인지 식별하도록 도와준다. 분별력은 공동체의 양심을 이룩하는 과정에 도움 되는 신중한 성찰의 과정을 요구한다. 분별력은 주어진 문제를 해결하기 위해 필요한 원칙을 찾는 데 도움 될 뿐 아니라 공동선을 보호할 수 있는 조치를 택하도록 우리를 이끌어 준다. 흔히 생각하듯이 분별력이란 단순히 결정을 내리기 위한 조심스럽고 안전한 접근법을 말하는 것이 아니다. 오히려 도덕적 선을 이루기 위해서 어떤 행동을 취하거나 피할 사려 깊고 신중하고 사리에 맞는 기준을 제공하는 것이다.[18]

분별력이란 어떤 행동을 방해하거나 그것에 무심하다는 뜻이 아니라는 것을 주교들은 분명히 했다. 분별력은 권한을 지닌 사람들이 지구온난화에 대한 현재의 과학적 자료들을 사려 깊게 검토하기를 요구한다. 그러나 분별력은 기후변화가 미래에 엄청난 부정적 결과를 초래하리라고 예측하는

---

18 United States Conference of Catholic Bishops, *Global Climate Change, A Plea for Dialogue, Prudence and the Common Good*, 15 June 2002. See www.usccb.org/sdwp/ejp/bsstatement.html

사람들에게 그저 동의하는 정도로만 그치는 것을 허용하지 않는다. 제대로 이해된 분별력은 중요한 사회적·생태적 문제에 직면하여 용기 있는 행동을 취할 것을 요구한다. 지구온난화의 경우, 분별력은 온실가스 배출 감축을 위해 철저한 행동을 요구할 것이며 일부 제안들은 현세대에게 상당한 희생을 요구할 것이다. 그러나 위험 부담이 너무 커서 어떤 행동도 그다지 신중하게 받아들여지지 않을 것이다.

우리는 돌이킬 수 없는 생태학적 피해의 성격과 그런 피해가 미래 세대들에게 미칠 영향에 대해서도 알아야 한다. 지구온난화가 지구와 인류에게 입힐 잠재적 피해는 엄청나다. 현세대와 차세대가 지구온난화를 초래하는 가스 배출을 감축하지 않는 한, 지질학적 시간 내로 필연적이고 돌이킬 수 없는 결과가 나타날 것이다. 한두 세대의 행동이 인류 역사뿐 아니라 지구 전체에 그토록 심각하고 돌이킬 수 없는 충격을 줄 수 있다는 것은 인간과 지구에게 엄청나고 두려운 사건이다.

가난한 이들을 위한 우선적 선택

생태신학 연구에 도움 되는 또 다른 원칙은 '가난한 이들을 위한 우선적 선택'이다. 이는 특히 20세기 후반 라틴아메리카에서 대두된 비교적 최근의 도덕 원칙이다. 현재 『간추린 사회 교리』에 정식으로 기술되어 있는 이 원칙은, 지역적으로뿐만 아니라 세계적으로 개인과 사회가 가난한 이들에게 어떤 영향을 줄 수 있는가 하는 관점에서 윤리적·경제적 선택을 검토하라고 요구한다.[19] 그러한 윤리적·경제적 선택이 가난한 이들의 생활을 향

---

[19] *Compendium of the Social Doctrine of the Church*, No.59.

상시킬 것인가, 더 곤궁하게 할 것인가? 다음에 열거한 몇몇 예에서 보듯이, 지구온난화는 가난한 이들에게 파괴적 영향을 미칠 것이다.

지구온난화에 관해 실로 비극적인 역설 중 하나는 지구온난화를 일으키는 데 아무 역할도 하지 않은 가난한 이들이 가장 많은 고통을 겪게 될 것이라는 사실이다. 세계교회협의회의 기후변화 문서 「위험의 징조, 믿음의 시련」 11쪽에는 1800~1988년 각국 이산화탄소 배출량 비교표가 실려 있다. 도표에 의하면, 북아메리카가 배출의 32.2%에 대한 책임이 있고 유럽이 26.1%, 라틴아메리카와 중국이 각각 3.8%와 5.5%의 책임이 있다. 중국의 이산화탄소 배출량은 그 후 엄청나게 증가했다. 중국이 현 수준의 화석연료를 계속 사용한다면 2025년에 미국의 배출량을 추월해 가장 많은 온실가스 배출국이 될 것으로 예상된다.[20] 남아프리카공화국 데스몬드 투투 Desmond Tutu 대주교는 『아프리카 — 연기처럼 사라질 것인가?』의 서문에서 지구온난화 문제를 간단명료하게 언급한다: "세계 최부국들은 공정 분담량 이상의 온실가스를 배출하고 있다. 그 결과 홍수와 가뭄, 다른 기후변화는 세계 극빈자들과 빈국에 지속적으로 불평등한 영향을 미치고 있는데, 그 가운데 많은 사람이 아프리카 대륙에 있다."[21]

교회 공동체와 모든 인류는 가난한 이들의 곤경에 책임을 다해야 한다. 결속 Solidarity은 요한 바오로 2세가 무척 소중하게 여긴 개념이다. 교황 회칙 「사회적 관심」 Sollicitudo rei socialis(1987, 38항)은 이렇게 말한다: 결속이란 "가깝고 먼 많은 사람들의 불행에 대한 막연한 동정이나 피상적인 걱정만을 뜻하지 않는다. 반대로, 우리는 진정으로 모든 이에 대해 책임을 져야

---

20 Michael McCarthy, "The China Crisis", *The Independent*, 19 October 2005, 1.

21 *Africa – Up in Smoke?* (2005). The second report of the Working Group on Climate Change and Development, written and compiled by Andrew Simms, policy director of the New Economics Foundation, 3 Jonathan Street, London SE11 5NH.

하기 때문에, 결속이란 공동선을 위해 모든 이와 개인의 이익에 전념하겠다는 확고하고 끈기 있는 결심이다." 심각해지는 생태 위기에서 결속은 우리가 지구공동체의 구성원으로 더욱 결합되고 있음을 나타낸다. 교황청 생태학 문서들을 조망하면서 마조리 키난 수녀는 "결속이란 개념은 자연계에도 해당된다"고 말한다.[22] 우리는 가난한 이와 모든 피조물의 복리에 책임이 있다. 이들의 운명은 서로 뒤얽혀 있다. 우리는 모든 생물의 차세대에게 그들의 복리를 위해 비옥하고 아름답고 활력 넘치는 지구를 남길 수도 있거니와, 그렇지 않을 때는 모든 차세대 피조물의 수는 감소할 것이다. 메마르고 오염된 세상에서 미래 세대들은 기술의 폐허뿐 아니라 자연 자체의 폐허 속에서 살 수밖에 없을 것이다.

광범위한 지구공동체에 대한 관심

도덕 체제의 또 다른 요소는 광범위한 지구공동체에 대한 관심이다. 광범위한 지구공동체는 모든 생명체를 포함한다. 이런 시각은 최근에서야 나타나기 시작했다. 유감스럽게도 이것은 바티칸 성성聖省이나 공의회 가르침의 명백한 핵심은 아니다. 인간을 절대 우위에 두었다는 이유도 일부 있다. 이는 제2차 바티칸 공의회 「사목 헌장」 69항을 인용한 『간추린 사회교리』 171항에 분명히 언급되었다: "하느님은 지구와 지구의 모든 것을 사람을 위해 마련했고 사람은 자선과 조화를 이루는 정의의 지침 아래 모든 피조물을 공평하게 나누어야 할 것이다." 오늘날 윤리신학자들은 피조물들이 단지 인간에게 음식과 의복과 약품을 제공하는 쓰임새 이상의 가치

---

[22] Sister Margorie Keenan, RSHM, *From Stockholm to Johannesburg*, Pontifical Council for Justice and Peace, Vatican City, 2002, 38.

를 지닌다고 주장한다. 광범위한 지구공동체가 그 자체의 본질적 가치를 제대로 인정받지 못하고 있다. 자연 연구자라면 누구나, 하느님이 인간을 창조하셨듯이 다른 종, 특히 미물의 창조에도 똑같이 애쓰셨음을 알고 있다. 인간은 겨우 200만 년 전에 등장했다. 이는 지구 나이 37억년에 비하면 눈 깜짝할 사이다. 하느님은 다른 피조물도 사랑하신다. 인간은 유전적 결합을 통해 그들과 밀접하게 연결되어 있다. 우리가 직면한 생태학적 도전에 비추어 볼 때, 전 우주 생물권은 공영共榮하거나 공멸共滅할 것이다.

불행히도, 창조의 인간중심주의에서 벗어나 패러다임 전환을 시도한 윤리학자는 극소수다. 예수회의 데이비드 홀렌바흐 신부조차 자연에 관해 인간중심적 입장을 견지하고 있다. 공동선에 대한 가톨릭의 이해가 광범위한 인간 공동체에 무엇을 제공할 수 있는가에 대한 그의 성찰에서 이 같은 견해는 분명히 드러난다. 그는 가톨릭의 특별한 기여는 "인류의 모든 구성원의 동등한 존엄성에 기초를 둔 사회적 결속과 정의에 관한 통찰력이 될 수 있다"고 말한다.[23] 제2차 바티칸 공의회 문서보다 홀렌바흐 신부의 저술에 환경에 대한 언급이 두드러지게 많은 것이 사실이지만, 그도 여전히 배타적 인간중심주의에서 벗어나는 것을 힘들어한다.

느리지만 상황은 변하고 있다. 베네딕도 16세는 시편 135에 대한 최근 묵상에서 이렇게 말했다: "하느님 사랑의 첫째 표지는 피조물에서 발견된다. 하느님이 역사 속에 당신을 드러내시기 전에도 우주적 계시는 만유에 드러나 있었고 한 분이신 창조주 하느님께서는 모든 인간에게 주어져 계셨다. 따라서 피조물에 내밀히 새겨진 하느님의 말씀, 혹은 모든 피조물에게 생명과 물과 양식을 주시는 자애의 표지가 존재한다".[24]

---

[23] David Hollenbach, op. cit., 242.
[24] Fides services, 7 November 2005.

생명의 복음 전파

전 생태계의 파괴와 엄청난 피조물의 소멸에 대한 교회의 응답은 생명의 복음을 전파하고 실현하는 것이어야 한다. 이를 위해서라면 오늘날 지구상에서 가장 막강한 힘을 지닌 기업들에 도전할 수도 있다. 영국산업연맹 Confederation of British Industry(CBI) 의장 딕비 존스Digby Jones 경은 영국 정부가 조심스레 책정한 이산화탄소 배출 감축 목표치에 대해 "친환경 성적증명서를 위해 영국인들의 일자리를 희생제물로 바치는 위험한 일"이라고 비난했다.[25] 딕비 존스 경이 정말로 두려워한 것은 영국산업연맹 회원들의 수익 감소다. 그의 발언은 지구의 장기적 복리보다 단기 수익을 더 우선시하는 듯하다. 종교 지도자들이 그토록 파괴적인 정책에 도전하기를 꺼린다면 이는 예언자 직무에 태만한 것이다.

생명체 보존 의무에 대한 헌신

이 책에서 나는 지구온난화가 현재 일어나고 있으며 앞으로도 지속적으로 생태계에 파괴적 영향을 미칠 것이라고 시종일관 주장한다. 하느님은 창세기 2장 15절에서 우리에게 지구를 돌보게 하셨다. 지구온난화로 인해 생태계에 파멸적 영향을 미치는 멸종이 진행 중이다. 너무 오랫동안 우리의 도덕 기준은 "인간이 만물의 척도다. 인간이 그렇다면 만물은 그런 것이고 인간이 아니라면 만물은 그렇지 않다"라고 선언한 그리스 철학자 프로타고라스의 논법에 의존하고 있다.[26] 이제 인간은 생명체 보존 의무bio-

---

[25] Andrew Taylor, "Jobs warning over touch move on emissions", *Financial Times*, 20 January 2004.

responsibility를 진다. 창세기 9장 12-17절의 정의에 대한 계명을 확대하여, 하느님이 사랑하시는 피조물과 하느님의 현존과 지혜와 권능과 영광에 대한 표현으로 모든 생명체를 포함시켜야 한다는 뜻이다. 이는 호주에서 출간된 『물의 선물』에 아름답게 표현되었다: "성 토마스와 성 보나벤투라에 의하면 종의 다양성은 어느 한 피조물을 초월하는 하느님의 불가사의와 아름다움을 드러낸다. 하느님의 피조물은 삼위일체를 상징한다. 모든 피조물은 단순히 인간을 위해 존재하는 것이 아니라, 나름의 존엄과 가치와 본성을 지닌다. 이 견해는 이 시대에 자행되는 종과 그 서식지 파괴에 대한 도전이다."[27]

생태신학에서 얻은 통찰을 통해 그리스도인들은 윤리적 행동이 우리와 하느님과의 관계, 그리고 다른 사람과의 관계에만 국한되지 않는다는 사실을 깨달아야 한다. 또한 우리는 "지구 상 모든 것은 온 세계인과 모든 피조물을 위한 것"이라는 초기 교부 시대 이래의 교회 가르침과 이를 계승한 제2차 바티칸 공의회의 지향을 새삼 공식화해야 한다.

예언자적 사명

지구온난화와 관련하여 교회의 예언자적 임무를 숙고해야 한다. 성경에 기초한 윤리신학은 교회의 예언자적 역할이 지닌 두 측면을 강조한다. 첫째, 모든 관련 사안을 성찰한 후 교회는 지구온난화에 근본 책임이 있는

---

26 Robert Barry Leal, *The Environment and Christian Faith: An Introduction to Eco-theology*, St. Paul's Publications; 60-70 Broughton Rd. PO Box 906, Stratfield, NSW, 2004, 15.

27 *The Gift of Water: A Statement from Catholic Earthcare Australia endorsed by Bishops of the Murray-Darling Basin*, 2004. www.catholicearthcareoz.net

개인과 기관들이 그들의 유복한 생활 방식과 에너지 낭비벽을 바꾸도록 대항해야 한다. 앞서 언급한 미국 주교들의 성명서는 용기가 부족하다. 주교들은 지구온난화 문제를 다루는 일에 국제적 결속의 중요성을 인정하면서도, 미국 정부가 교토 의정서에 서명하도록 다그치는 일에는 나서지 않겠다고 한다. 주교들은 "협약이나 과정의 상세 조항에 대한 승인은 생략하고, 우리 주교들은 이와 같은 국제 협약의 수립을 인정하고 기존의 협약과 미래의 노력이 정당하고 효과적인 발전으로 이어질 수 있기를 바란다"고 말했다.[28] 이런 성명서는 도움이 안 된다. 말하자면, 관련 사안에 대한 분명한 판단이 결여되어 있다. 낙태나 인간 배아 실험에 대해서는 자신들의 결정이 미국의 현 정치권 중 어느 한쪽만을 지원하는 결과가 될지라도, 주저 없이 단호한 행동을 취한다. 지금도 단 섭씨 0.63도의 기온 상승이 극지방과 사하라 사막 이남 아프리카 여러 지역에 미치는 영향은 엄청나다. 지구 평균 기온이 최저 섭씨 3도 상승할 것이라는 현재 예측은 확실히 경종을 울릴 만한 이유가 된다. 향후 몇백 년 동안 최대 섭씨 11도가량 상승한다면 인류를 포함한 지구 상의 모든 종은 파국을 맞을 것이다.

   기후변화에 진지한 행동을 취하기를 꺼리는 부시 행정부의 태도에 대해 미국 가톨릭 교회가 침묵해서는 안 된다. 이 문제는 너무 중요하기 때문에, 가난한 이들과 미래 세대와 상처입은 지구공동체들의 이름으로 기득권자들에게 대항할 용기를 보여야 한다. 예언자 아모스라면 미래 세대를 위해 보존되어야 할 지구를 파괴하는 부자들에게 무슨 말을 할까? 자신들의 터무니없는 욕심 때문에 없는 사람들을 억압하고, 가난한 이들을 짓밟은 사마리아 여자들의 생활 방식에 맹공을 퍼부은(아모 4,1-3 참조) 예언자 아

---

[28] United States Conference of Catholic Bishops, *Global Climate Change*, op. cit.

모스는 기후변화 문제에 비협조적인 부시 대통령을 가차없이 질책할 것이다. 예언자 아모스는 목숨 걸고 도전장을 내밀기를 망설이는 세계 최부국의 가톨릭 주교들에게 과연 무슨 말을 할 것인가?

둘째, 교회의 예언자적 사명은 훨씬 덜 탄소집약적이면서 품위 있는 수준의 생활 공간을 제공하도록 가톨릭 공동체에게 요구해야 한다.

2006년 6월, 서울 대교구 정진석 추기경은 한국 가톨릭 신자들에게 "지속적이며 재생가능한 방법"으로 복음을 실천하도록 요구하는 교서를 발표했다. 정 추기경은 오늘날 세계가 직면한 생태 위기는 인류의 미래와 밀접한 연관성을 가지며 이에 대해 교회는 지도자적 역할을 수행해야 한다고 말했다. 16쪽에 달하는 이 교서는 화석연료의 사용, 생물의 다양성에 가해지는 위협, 석유화학 농업의 영향, 식량 부족과 지속불가능한 분배를 중점적으로 다룬다. 이 교서는 생태 문제를 더욱 진지하게 다룰 방안에 대해 실천적 제안들을 제시했다. 여름 캠프에서 젊은이들이 생태 교육을 받는 것도 그중 하나다. 이러한 창의적 제안들이 향후 10년 안에 성공하려면 성직자들도 교육을 받아야 한다.[29]

환경 붕괴에 대한 호주 가톨릭 교회의 응답

호주 가톨릭 교회는 영어권 가톨릭 교회 중 환경 위기를 진지하게 생각하는 유일한 교회다. 2002년에 발표된 「사회정의 성명서」*Social Justice Statement*는 환경에 초점을 맞췄다. 성명서는 "최근 가장 우려되는 환경 현상은 지구온난화의 위협"이라는 견해를 표명했다. 대부분의 환경 전문 과학자

---

[29] Cardinal Cheong Jin-suk, "Gospel call to live ecological life: Korean Cardinal", *OnlineCatholic*, 27 June 2006.

들은 대기로 배출되는 온실가스가 기후 형태를 변화시키며 해수면을 상승시키고 지구 생명체들을 위협한다는 데 동의한다.

"1인당 온실가스 배출량이 세계 최상위권에 속하는 호주인들은 이웃 태평양 제도의 곤경 앞에 당연히 반성해야 한다. 투발루, 키리바시, 팔라우, 통가, 나우루와 쿡 제도를 포함한 아름다운 섬나라 700만 주민들은 해수면 상승으로 국토 파괴와 침수의 공포에 떨고 있다. 그들의 외침은 우리에게 온실가스 배출 감축을 위한 즉각적 조치를 취할 것을 요구하고 있다."[30]

지구온난화가 그레이트 배리어 산호초 단지에 끼친 영향에 대해서는 퀸즐랜드 가톨릭 주교단의 「연안 지역 주민들에게 기쁨을! 그레이트 배리어 산호초 단지에 대한 사목 교서」에서 논의되었다. 주교들은 교서에서 이렇게 경고했다: "기온이 섭씨 0.6도 상승하여 현재 산호초 단지는 100년 전보다 더워졌다. … 산호는 정상적인 여름 날씨보다 섭씨 1도라도 높아지면 스트레스를 받아 백화白化될 수밖에 없으므로 내열력이 매우 적은 온도 범위에서만 생존한다. 그러므로 미세한 열의 변화에도 민감한 산호들이 오랜 기간 온난화에 노출될 경우 생존할 수 없다. 1998년과 2002년에 그레이트 배리어 산호초 거의 대부분에 뚜렷한 산호 표백 현상이 발생했으며, 일부에서는 90%에 달하는 산호초가 소멸되었다. 산호초 변화 연구자들은 기후변화로 인해 향후 유사 사건의 발생 빈도와 정도가 훨씬 심해질 것이므로 그레이트 배리어 산호초 사건은 경종을 울린다고 보고했다".[31]

교서는 지금까지 겪은 희생을 인정하면서, 문제의 심각성에 비추어 산호초 보호에 주 정부와 개인이 더 적극적으로 활동해 줄 것을 촉구했다.

---

[30] 2002 Social Justice Sunday Statement, www.catholicearthcareoz.net

[31] *Let the Many Coastlands Be Glad* (Ps 97)*! A Pastoral Letter on the Great Barrier Reef,* by The Catholic Bishops of Queensland, June 8, 2004, 20. available from Catholic Earthcare Australia. www.catholicearthcareoz.net

2005년 11월, 호주 가톨릭지구보호협의회Catholic Earth Care Australia는 캔버라에서 기후변화에 대한 국제회의를 개최했다. 호주 가톨릭지구보호협의회 의장이자 정의·개발·생태계와 평화를 위한 주교협의회Bishops Committee for Justice, Development, Ecology and Peace 회원인 크리스토퍼 주교는 「기후변화: 하느님의 지구를 존속시킬 우리의 책임」이라는 문서를 발표했다. 문서는 "인간 행동이 초래한 급속한 기후변화를 전 세계 과학계가 기정 사실로 인정했음"을 분명히 받아들이는 것으로 시작한다.[32] 이어서, "지구 상 생명 네트워크는 급속한 기후변화로 위험에 직면했다. 이 네트워크는 솔기 없는 옷 같아서, 이 옷을 보호하려면 현재와 미래의 생명체를 모두 하나라고 생각하면서 태아를 보호하고 종의 다양성을 존중하는 윤리를 부단히 적용해야 한다. 생명은 하나이며, 인간의 행복은 지구 상 모든 생태계의 리듬과 근본적으로 얽혀 있다. 생물체 어느 일각이 겪는 고통은 모든 피조물이 함께 신음한다는 뜻이며 급속한 기후변화는 그런 고통을 극적으로 드러내는 것이다"라고 말한다.[33]

유능한 과학자들이 이 회의에 참석한 500여 청중 앞에서 연설했다. 자넷 린제이Janette Lindesay는 물의 순환과 해양의 대이동을 포함하여, 극히 중요한 생명 지원 체계를 기후변화가 붕괴시키고 있다는 것을 분명히 했다. 홍수와 가뭄의 증가, 극단적 기후 여건과 해수면 상승, 백만 개의 전력 발전소와 맞먹는 에너지를 서유럽에 공급하는 멕시코 만류의 축소 혹은 정지 가능성 등에서 이러한 붕괴는 더욱 명백해지고 있다. 그것은 아시아에도 더 잦은 태풍을 야기시킨다. 2006년 7월, 2주 반의 필리핀 방문 기간

---

[32] *Climate Change: Our Responsibility to Sustain God's Earth*, Catholic Earthcare Australia, 2005, 4.

[33] *Ibid.*, 7.

에 세 차례의 태풍이 필리핀 인근을 지나갔으며, 이로 인해 집중호우, 산사태, 인명 손실과 환경 파괴가 초래되었다고 린제이는 말했다.

캔버라의 기후학자 브렌단 맥키Brendan Mackey도 "여러 요소를 참작하건대 기후변화는 극도로 복잡한 현상이다. 그럼에도 불구하고 기후변화는 현재 진행 중인 현상이며, 온실가스 수준이 감소하지 않는 한 개인과 공동체에 미칠 영향은 처참할 것이라는 데 과학자들의 의견이 모아지고 있다"고 주장했다. 맥키와 린제이는, 지난 몇 년 동안 학계의 정보는 엄청난 증가세를 보였으며 그 정보들을 활용하여 뮤레이달링 평원 같은 어느 특정 지역에 기후변화가 미칠 영향을 예측할 모델을 만들 수 있다고 주장했다.

태평양 키리바시 섬에서 온 마이클 맥켄지Michael McKenzie 신부는 기후변화와 해수면 상승이 그가 사목하는 섬나라 사람들에게 미치는 영향에 대해 증언했다. 전문용어 일색이던 오전 회의와는 달리, 해수면과 조수의 급상승이 키리바시 섬에 미치는 직접적 영향을 담은 DVD 상영으로 그의 증언은 호소력을 더했다. 해수면이 1미터만 상승해도 키리바시 사람들의 섬생활은 불가능하다.

데니스 에드워즈 신부는 「범지구적 기후변화 시대의 성찬례」라는 훌륭한 보고서를 발표했다. 에드워즈 신부는 기후변화에 대응하는 것이 신앙생활의 중심이 되어야 한다고 주장했다. 그는 주일마다 예수님 이름으로 모여 하느님 말씀을 듣고 빵을 나누는 사람들과 함께, 지구온난화가 뜻하는 바에 대해 토론했다. 에드워즈 신부는 모든 피조물이 하느님의 살아 있는 상징물임을 강조하는 성찬례의 신학을 정립했다. 그는 우리가 비통한 현실과 생태계 파괴 현장에서 성찬례에 참여하고 있다는 것을 깨달았다. 정통 신학자들은 고통과 비탄을 포함하여 우리 사는 세상의 모든 것을 하느님께 올려드리는 것을 성찬례라고 한다. 성찬례가 거행되는 동안 제물과 신앙공동체가 예수님의 몸으로 변화될 수 있도록 성령께 기도한다. 생태계 위기에 대응하는 데는 깊은 헌신과 믿음이 필요하다. 이 보고서에서, 성찬례 중심의 그리스도교 공동체 관습을 통해 형성된 나눔의 문화가 장기적으로 생태학적 헌신에 가장 강력한 원천이라고 보는 이유가 바로 여기에 있다.[34]

호주에서 시도된 또 하나의 중요한 교회일치적 사목 활동은 루터교 신학자이자 작가인 노멀 하벨Normal Habel이 창안한 '창조 시기'Season of Creation 전례다. 그는 창조 메시지가 전례력의 중심이 되어야 한다고 믿는다. 그래서 전통적인 대림 · 성탄 · 사순 · 부활 시기에 '창조 시기'를 새로 추가할 것을 제안한다. 이 전례는 매년 10월 4일 프란치스코 축일 전 한 달 동안 매주일 거행된다. 1979년, 요한 바오로 2세는 아시시의 성 프란치스코를 생태계 수호성인으로 시성했다. 프란치스코 성인의 삶과 증언은 동서양 모든 교회에 친숙하다. '창조 시기' 헌장은 일곱 항으로 구성된다:

- 지구가 하느님의 생생한 현존으로 충만한 신성한 행성임을 세상에 알려라.
- 모든 피조물과 결합하여 하느님의 창조를 찬양하라.
- 피조물에 대한 우리 죄를 고백하고 신음하는 피조물에 공감하라.
- 모든 피조물을 인간 가족으로 맞아들여라.
- 부활하신 예수님이 모든 피조물을 채우고 새롭게 하시는 우주 그리스도라는 복음을 선포하라.
- 모든 피조물에게 베푸시는 예수님의 치유 능력을 받도록 모든 이를 성찬 전례로 초대하라.

---

[34] Denis Edwards, "Celebrating Eucharist in a Time of Global Climate Change", 2005, www.catholicearthcareoz.com

● 모든 피조물을 치유하시는 예수님의 동반자가 되기 위한 선교 소명을 받들어 앞으로 전진하라.

'창조 시기' 교회력은 3년 주기를 따른다. 가해(2005년)는 '창조의 정신'이라 부른다. 첫 주일은 숲 주일, 둘째 주일은 땅 주일, 셋째 주일은 황무지 주일 그리고 넷째 주일은 강 주일, 다섯째 주일은 지구 주일이다. 나해는 '창조의 말씀'이라 부른다. 각 주일의 주제는 이렇다: 인간성 주일, 하늘 주일, 산 주일 그리고 동물 축복 주일. 다해의 주제는 바다 주일, 동물 주일, 폭풍 주일 그리고 우주 주일이다. 이런 전례 아이디어는 호주에서 나왔지만 지금은 미국에서도 거행되고 있다. 교구 전례위원회에서 채택하면 아일랜드에도 도입될 수 있을 것이다. 이 전례의 성서적·음악적 정보 자료들은 웹사이트 www.seasonofcreation.com에서 쉽게 얻을 수 있다.

환경에 대한 뉴질랜드 주교단의 입장

2006년 9월 10일, 뉴질랜드 주교단은 교서 「생태 위기에 직면한 세계」*Our World is Facing an Ecological Crisis*를 발표했다. 이 교서는 2005년 베네딕도 16세 즉위미사 강론의 일부를 인용하는 것으로 시작한다: "내적 사막이 이리도 넓어지니 외적 사막도 확장되었다. 지구의 보고寶庫는 피조물이 사는 하느님의 정원을 꾸미기 위한 것이 아니라 착취와 파괴의 권력을 섬기기 위한 것으로 전락했다."

주교들은 묻는다: 세계 인구의 20%가 낭비하는 자원은 가난한 나라와 미래 세대의 생존에 필요한 재원을 강탈하는 수준이다. 이때 '살인하지 마라'는 계명의 의미는 과연 무엇인가?

매일 30,000명이 기아로 죽어가는 마당에, 생명 존중이란 과연 무엇을 뜻하는가? 지구 상에 생존한 종의 절반이 향후 200년 안에 멸종할 것으로 예상되는 가운데, 지구 관리인이 된다는 것은 무엇을 뜻하는가?

과학과 신학은 인간 존재에 많은 축복을 가져왔다. 지난 50년 이상 이런 축복은 인간의 기본 욕구를 충족시킬 능력을 향상시켜 왔다. 그러나 세계의 극빈자들에게 이런 혜택은 불공평하게 분배되었고 오히려 해가 되기도 했다. 절대 빈곤과 환경 파괴의 원인은 자연력도 하느님의 의지도 아니다. 인간 행동의 결과다. 이러한 행동은 인명을 지고의 관심사로 여기지 않는 가치와 우선순위와 결정에서 비롯된다.

세계는 생태 위기에 직면하고 있다. 경제 위기 혹은 빈곤 위기라 불러도 무방하다. 우리의 관심이 부와 물질의 축적에 고도로 집중되어 있는 지금, 이러한 위기는 통상 가난한 이의 고통과 환경의 붕괴로 나타난다. 이것이 현 상황의 본질을 영적·도덕적 위기로 보는 이유다.

기후학자들은 현세대가 향후 20년간 내리는 결정들이 인류의 미래에 영향을 미칠 것이라고 경고한다. 태평양 연안 주민들에게 기후변화는 이미 그들이 직면한 가장 시급한 위협 가운데 하나다. 기온과 해수면 상승, 그리고 더 격렬해지는 폭풍과 재해의 강도는 태평양 제도諸島 각 지역 주민들의 식량과 물 공급에 이미 영향을 미치고 있다.

육지가 바다 밑으로 가라앉기 훨씬 전에 이미 태평양 제도의 생명체는 삶을 유지할 수 없게 될 것이다. 금세기 말 이전에 태평양 지역에서만 백만 명의 환경 난민이 생길 것으로 예측한다.

세계의 다른 곳에서도 기후변화로 가장 고통받는 이들은 기후변화를 초래하는 데 아무 역할도 하지 않은 사람들이다. 우리와 일면식도 없는 사람들과 아직 태어나지도 않은 생명들이 우리가 내리는 결정, 뉴질랜드와 다른 선진국들이 내리는 결정의 결과로 혜택을 받거나 고통을 겪게 될 것이다. 베네딕도 16세가 즉위미사 강론에서 언급했듯이 "내적 사막이 이리도 넓어지니 외적 사막도 확장되었다".

환경 보호에는 수백만을 죽음으로 내모는 생활 방식, 즉 더 소비하고 더 소유하려는 우리의 욕구를 절제하는 것도 포함된다. 소비중심주의, 국제 환경의 변화와 저개발 국가들의 고통은 뒤엉킨 채 서로 연결되어 있다.

개인적인 차원에서, 타인의 고통과 지구 파괴는 자신의 생활 방식을 면밀히 성찰할 것을 요구한다. 개인의 이기적 행동은 장기적 요구와 넓은 안목 대신, 단기적 이익과 눈앞의 만족을 원하는 사회를 조성한다.

이에 대응하기 위해서는, 더 큰 가치를 위한 자기희생, 편리한 선택에 대한 자기부정, 소비사회 한복판에서 선택하는 검소한 생활 방식 등, 개인과 집단 차원에서의 이타적 행동이 필요하다. 많은 혜택을 준 과학·기술의 발전을 포기하라는 뜻이 아니다. 세상 모든 사람과 진정으로 결속하여 그 발전을 현명하고 사려 깊게 활용하라는 뜻이다.

이런 사안은 진정한 세계적 해결책이 필요한 범세계적 문제다. 가톨릭 신자 개인이나 교구, 가톨릭 학교, 종교 공동체와 교회 단체들은 에너지를 절약하거나 상품을 현지 구매하여 운송비를 절감하는 등, 지금까지와는 다른 방식을 택함으로써 큰 역할을 할 수 있다. 세계적으로 탄소 배출을 80% 감축해야 하는데, 뉴질랜드 가정들이 현재 소유한 차종만 바꾸어도 이 목표는 하룻밤 사이에 달성할 수 있다. 물과 포장재의 절약은 개인과 가정이 간단히 실천할 수 있는 방법이다. 그러나 우리 사회의 취약한 노년층은 전력 위기 당시 난방과 전기의 결핍을 이미 충분히 감내했다. 생활 방식의 변화에서 오는 희생은 그 희생을 감당할 수 있는 사람들이 짊어져야 할 것이다.

신앙과 종교 전통은 이 위기의 시대에 많은 것을 줄 수 있거니와, 그것은 소박함의 중요성과 우리가 원하는 것들을 약간 포기하는 것을 배움으로써 다른 사람들이 필요한 것을 얻도록 도와주는 것이다. 우리가 피조물의 관리인임을 알고 가난한 이들과 결속하며 공동선을 존중할 때, 환경 정의의 문제가 만인의 책임임을 깨닫게 된다.[35]

환경 붕괴에 대한 영국 교회의 응답

아일랜드와 영국 교회에는 환경 붕괴와 관련하여 철저하고 창의적인 조치를 취한 이가 아직 없으니 안타깝다. 2002년 요하네스버그 환경 개발 유엔 협의회UN 2002 Conference on Environmental and Development in Johannesburg를 준비하기 위해 영국과 웨일스의 가톨릭 주교회의는 교서 「피조물의 외침」 *The Call of Creation*을 발표했다. 이 교서 초안자는 호주 가톨릭지구보호협의회가 활용한 자료만큼 우수한 자료를 활용할 줄 몰랐던 것이 분명하다. 이 교서는 지구온난화에 아주 작은 부분을 할애했지만, 영국 정부가 이 중요한 사안을 놓고 무엇을 하고 있는지는 언급하지 않았다.

영국과 아일랜드의 적극적인 기후변화 대응 전략은 '노아 작전'Operation Noah이다. 이것은 영국과 아일랜드 전체 그리스도교회의 상위 기구인 영국·아일랜드 통합교회Churches Together in Britain and Ireland가 추진하는 초교파적 운동이다. '노아 작전'은 인간이 초래한 기후변화를 방지하기 위해 기획되었다. 이 운동은 2004년 10월 영국 코벤트리에서 출범했는데 창립 총회에는 200여 활동가가 참석했다. 그들은 온실가스 감축 계약에 서명했

---

[35] New Zealand Bishops on the Environment, www.zenit.org. Sept 10. 2006. Downloaded on 23.10.06

으며 영국 정부와 전 세계 지도자들에게 동참을 촉구하기로 했다. 또한 교회의 자체 전력을 재생가능에너지원으로 바꾸도록 진정했다. '노아 작전'의 책임자는 폴 보든햄Paul Bodenham이다. 그는 이 계약 개념이 유대 그리스도교 전통에 깊이 뿌리박은 것이며, '노아 작전'은 지구 상 가장 취약한 사람들과 생태계를 돕기 위해 맺는 그리스도인들의 계약이라고 한다.

이 발상은 아프리카 기후 네트워크Climate Network Africa 책임자 그레이스 아쿠무Grace Akumu의 편지에서 나왔다. 그녀는 "아프리카의 희망과 열망은 선진국의 맹목적인 경제발전 욕구로 좌절되었다"고 말했다. 에드 빌Ed Beale이 회의장에 들어서자 영국 전역에서 온 참석자들은 우레 같은 기립박수로 그를 환영했다. 에드는 '노아 작전'과 교회의 기후변화 의식을 고취시키기 위해 영국의 땅끝인 존 오그로츠에서 랜즈 엔드까지 국토 종단 도보행진을 한 27세의 침례교도였다. 창세기 노아 이야기에서 영감을 얻은 이 운동은 피조물을 존중하고 보호하라 명하신 하느님 말씀에 대한 응답이다. 하느님은 노아에게 자기 가족뿐 아니라 다른 피조물들도 보호하도록 인도하셨다. 하느님은 노아에게 동물 한 쌍씩을 방주에 태우게 하시어 피조물의 멸종을 막으셨다(창세 6,17-22 참조).

'무지개 계약'Rainbow Covenant은 모든 피조물을 포괄한다. 이 운동은 구약성경의 예언자 전통과 연결되어 있다. 이스라엘이 하느님에게 등 돌리거나 중요한 가치를 거부할 때 예언자들이 나타났다. '노아 작전'은 지구온난화에 대한 집단적 거부가 있다고 믿는 데서 출발한다. 아무 조치도 취하지 않는 것이 미래 세대에 초래할 결과를 지적함으로써, 이 운동은 사람들의 안일한 태도에 맞서 예언자적 임무를 수행하는 역할을 한다. 이 운동은 약속의 땅에 들어가기 전 이스라엘 사람들의 저항에 맞섰던 모세의 연장선상에 있다고 스스로 평가한다. 신명기 말미에서 그는 말한다: "나는 오늘 하늘과 땅을 증인으로 세우고, 생명과 죽음, 축복과 저주를 너희 앞에 내놓았다. 너희와 너희 후손이 살려면 생명을 선택해야 한다"(신명 30,19). 이 대목은 이 운동의 완벽한 슬로건이다. 국제사회가 이처럼 중요한 사안을 어물쩍 넘기려 할수록 효과적인 해결책 마련을 위한 시간은 줄어들 것이며, 모든 생명체의 미래 세대들은 더 큰 고통과 파괴를 겪게 될 것이라는 사실을 인식하고 있기 때문이다. 고맙게도 영국의 일부 가톨릭 교회가 '노아 작전'을 통해 지구온난화 문제에 관여하고 있다. 그러나 이 문제가 교구 차원의 문제로 인식되기 위해서는 교회 지도자들이 더 많은 지원을 아끼지 말아야 할 것이다.

이 운동 말고도 또 다른 희망의 푸른 싹이 있다. 2005년 더비셔에서 열린 전국 정의평화 네트워크협의회National Justice and Peace Network's Conference의 주제는 '우리가 피조물의 관리인이다'였다. 참석한 300여 명의 정의평화 운동가들은 이 메시지를 열광적으로 채택했다. 그러나 이 메시지는 교구 생활 가장 깊숙한 곳까지 침투하여 주교들의 상상력을 장악해야 한다. 주교들은 지속가능한 정책 및 프로그램 개발 재원의 분배권을 가지고 있다. 그들은 광범위한 환경 분야, 즉 윤리학 · 신학 · 경제학 · 운송 · 에너지 · 통신 · 식량 정책 전문가들의 말에 귀 기울여야 한다. 이것이 교회 공동체를 운영하는 방법이다.

영국 성공회도 기후변화를 매우 심각하게 다루기 시작했다. 2005년도 전국 시노드는 선교홍보위원회Church's Mission and Public Affairs Council가 제출한 보고서「하느님의 지구를 공유함」Sharing God's Planet을 검토했다. 이 보고서는 2008년 이전에 영국 교회가 계획에 입각한 에너지 절감을 실시하라고 촉구했다. 2006년 5월, 틴들 기후변화 연구 센터Tyndall Centre for Climate Change Research에서 행한 연설을 통해 캔터베리의 로완 윌리엄스 대주교는 영국 교회가 '에너지 절감 운동'shrinking footprint에 착수한다고 말했다. 이는 교구 내 모든 건물과 사무실의 현재 에너지 소비량을 측정하여 온실가스 배출 감축 목표를 설정하겠다는 뜻이다.[36]

2006년 6월 5일, 세계 환경의 날에 즈음하여 영국의 모든 교구는 교회 소유 건물의 현 에너지 소비량과 종류를 진단·평가 받았다. 이 사안에는 지역 신자들도 참여하여 논의를 촉진시켰다. 자료들은 전자메일로 배부되어 종이를 아꼈다. 이 운동의 책임자는 런던 교구 리처드 차트리스Richard Chartres 주교다. 자세한 정보는 www.shrinkingthefootprint.anglican.org 에 올라와 있다.

생태계 파괴에 침묵하는 아일랜드 교회

1960년대 이래 아일랜드의 환경은 많은 변화를 겪었지만 대부분 유해하다. 초원에서 모래 언덕에 이르기까지 아일랜드 전역에 180개의 골프장이 생겼다. 대부분 정부 허가도 없이 건설된 골프장들은 모두 환경을 심각하고 유해한 방향으로 바꿔 놓았다. 공장·축산 폐수와 열악한 위생 설비는 지하수를 포함한 수질오염의 원인이 되었다. 사실 지금은 1980년대 같은 어류의 대량 폐사가 없다. 농민들은 더 주의 깊어졌고, 적합한 사일로 폐기물 처리 시설도 갖추고 있다. 그러나 환경보호기구Environmental Protection Agency(EPA) 연차 보고서는 많은 수원지의 오염에 주의를 환기시킨다.

농경 사례, 특히 독보리 경작은 아일랜드의 여러 동식물 종에 위협적이다. 임야 방목放牧이 지나치다. 지금 이 순간 아일랜드의 생물 다양성 보존

---

36 "Zeal of approval", *The Guardian*, Society/Guardian/Environment, 17 May 2006, 8.

이 시급하다. 석유 생산의 정점과 기후변화로 향후 20~30년 안에 도로가 무용지물이 될지 모르는데도, 25,000헥타르의 최상급 토지가 도로의 신규 건설로 마구 잠식되고 있다. 쓰레기 처리도 큰 문제다. 유독성 폐기물 소각로 근처에서 살아야 할 가능성이 높아졌다. 현재 아일랜드는 교토 의정서가 할당한 배기가스 분담량을 23%나 초과했다.

이 섬뜩한 시나리오에 대한 아일랜드 교회들의 응답은 철저한 침묵에 가깝다. 카셀과 엠리 교구의 더모트 클리포드Dermot Clifford 대주교는 물에 관한 교서「피조물 전체가 신음하고 있다」*The Whole of Creation is Groaning*를 발표했다. 머피Murphy 주교는 새 천년 교서에서 환경문제를 언급했다. 2005년도 교서「세계 공동선을 향하여」에서 아일랜드 주교들은 말한다: "아일랜드의 온실가스 배출 감축을 위해 많은 일이 국가 차원에서 시행되어야 한다. 한 국가로서 우리는 2005년 2월부터 발효되는 교토 의정서가 정한 책임을 이행할 법적 의무를 진다. 최근 정부의 국가 기후변화 전략을 검토하건대 아일랜드는 교토 의정서에 명시된 목표에 도달할 수 없을 것이다. 그러므로 2000년에 수립된 국가 기후변화 전략 대책의 보다 신속한 집행은 도의적 책임에 속한다. 가정, 학교, 교구, 기업, 정부 모두 각자의 역할이 있다. 자신의 습관을 반성하고 하느님 뜻대로 피조물을 돌보며 지속가능한 환경을 만들 도덕적 책임을 분명히 하려면 다들 자기 나름의 목표를 세워야 한다."[37] 이 교서는 잘 알려져 있지 않다. 교회의 리더십을 통해 우리는 더 많은 교육과 효율적 인도를 받을 필요가 있다.

탄소 배출량을 줄이고 기온 상승을 되도록 억제하는 생활로 아일랜드의 환경을 보호하는 일에 교회가 한마음이 될 수 없다는 현실이 부끄럽다. 아

---

[37] *Towards the Global Common Good*, Pastoral Letter on International Development from the Irish Bishops' Conference, 2005, Veritas, Dublin, 10.

일랜드 교회와, 이슬람교·불교·힌두교 같은 타종교 구성원들이 긴밀히 협력하여 환경문제, 특히 지구온난화에 대응한다면 이는 종교의 중요성과 영향력에 대한 훌륭한 증언이 될 것이다. 재앙은 힌두교, 불교, 아일랜드 교회, 개신교, 가톨릭을 가리지 않고 만인을 공평하게 으깨버릴 것이다. 우리의 땅과 강과 기후를 보호하는 일이야말로 교회가 하나 될 수 있는 유일한 영역이다.

교회와 환경에 관한 유용한 웹사이트는 EcoCongregation의 www.eco-congregation.org다. 영국 교회와 정부의 제휴로 개설된 이 사이트는 환경 자선단체 ENCAMS(Environmental Campaigns)와 영국·아일랜드 통합교회 환경 네트워크Environmental Issues Network of Churches Together in Britain and Ireland의 후원을 받는다.

환경을 점검하거나 교구 감사를 받으려면 이 웹사이트에서 유용한 자료를 다운받을 수 있다. 기존의 우수 사례를 확인하여 생태계 개선 분야에 우선순위를 정할 수 있도록 도와주며, 미사·연구·사목 다방면에 자료를 제공한다. 생태 모임 활동을 어디서부터 어떻게 시작할 것인지도 조언한다. '창조와 그리스도교' 등의 이름을 가진 12개 분임도 있다. 이 분임들은 신학 그룹 토론과 강론의 시각을 제공한다. 제10분임 '녹색 선택'은 친환경 생활 방식 개선과 필요 자원 개발 방안에 대한 정보와 지원을 제공한다.

이 웹사이트는 아일랜드 생태 모임Eco-congregation 홈페이지에 링크되어 있다. 내가 이 사이트에 접속했더니 이런 메시지가 떴다:

> 우리는 여러분과 여러분의 교회가 환경과 신앙을 연계하는 실질적 도움을 이 사이트에서 얻기를 바랍니다. 여러분은 영국과 스코틀랜드 교회에 관한 갖가지 이야기와 경험들을 접하게 될 것입니다.

그러나 아일랜드 교회도 이 프로그램에 등록했으므로 그런 내용들을 우리 자신의 경험으로 교체하고 더 많은 내용을 제공하겠습니다. 여러분의 의견을 환영합니다. 제안, 견해, 수정 사항이 있으면 연락 주십시오. 이 사이트가 유용하고 교육적이길 바라며 여러분의 환경 관련 사업에 큰 성공이 있기를 빕니다!

2005년에 올라온 내용인데 그 후로 달라진 게 아무것도 없다. 모든 아일랜드 교회의 엄청 빈약한 환경 의식을 잘 드러낸다. 조속한 시일 내 상황이 근본적으로 변화될 필요가 있다.

이런 아일랜드 교회에 아마Armagh의 칼 데일리 추기경은 한 줄기 서광이다. 그의 열정과 용기와 사목적 감성에는 아무리 존경을 표시해도 부족하다. 그는 은퇴 무렵에야 환경문제의 중대성을 깨닫기 시작했지만 아마 지금은 환경문제에 관한 한 아일랜드에서 가장 해박한 교회 원로일 것이다. 2004년, 그는 『지구 돌보기』라는 훌륭한 책을 출간했는데, 이는 생태학과 사회정의와 종교에 관한 것이다. 데일리 추기경의 생태학적 고찰에 대한 자료는 대부분 「지구 보고서 2000」 *Global 2000 Report to the President*에서 나왔다. 이 보고서는 1977년 지미 카터 미국 전 대통령이 주도한 연구 프로그램에 관한 것이다. 여기 수록된 지구온난화 자료는 대단히 정확하다. 보고서는 "이산화탄소의 대기 집중 현상은 산업화 이전 수준보다 3분의 1 이상 상승할 것이다"라고 지적한다.[38]

생태 위기의 중요성과 절박성을 깨달은 데일리 추기경은 책 뒤표지에서 "우주적 파국을 피하려면 시급히 이 문제에 대처하라"고 직언했다. 철학적

---

38 Cardinal Cahal Daly, *The Minding of Planet Earth*, Veritas, Dublin, 2004, 184-5.

교육 배경과 북아일랜드 종교 분쟁 속의 오랜 사목 경험 때문에 그는 늘 자신의 발언 내용과 방법에 신중했다. 그런데 이 어투는 대단히 강하다.

베네딕도 16세는 2006년 6월 18일 그리스도의 성체성혈대축일 강론에서 성찬례의 생태학적 측면에 주목했다. 축성된 성체는 "가난한 이의 양식"이며 "지구와 인간 노동의 결실"이다. 그는 말했다: "빵은 우리가 만든, 우리의 생산품이 아닙니다. 지구의 결실이며 그래서 은총입니다. 이때 필요한 것이 지구의 힘과 하늘 은총의 시너지, 즉 해와 비입니다." "인간과 동물이 목말라 죽을 만큼 가문 곳의 이야기를 들으면서, 우리는 물이 얼마나 큰 은총인지 알아야 하며 우리가 물을 만들 수는 없음을 새삼 깨달아야 합니다. 이 작은 성체를 자세히 들여다보면 빈자의 빵이 창조의 종합으로 보입니다." 교황은 창조와 예수님을 멋지게 연관짓는다: "성체조배를 하면서 축성된 성체를 묵상할 때, 창조의 표지는 우리에게 말씀하십니다. 그러면 우리는 이 은총의 위대함뿐만 아니라 과거와 예수님의 십자가와 부활도 발견하게 됩니다.'[39] 성찬례에 대한 이 심오한 이해야말로 지구온난화를 포함한 제반 생태학적 도전에 맞설 에너지의 원천이 되는 것이다.

기후변화의 실천적 대응

모든 교회는 신자들에게 더 친에너지적 생활 방식을 채택하도록 격려해야 한다. 화석연료를 사용할 때는 더욱 그러하다. 아일랜드와 영국 각 가정에서 화석연료 의존도를 낮출 몇 가지 손쉬운 방법을 여기 소개한다:

---

[39] Vatican Information Service, *The Consecrated Host Truly is the Bread of Heaven*, Sermon of Pope Benedict XVI on the Feast of Corpus Christ at the Basilica of St. John Lateran on 15 June, 2006.

- 온도 조절 장치를 섭씨 1도 하향 조정하면 난방비를 10% 이상 절감할 수 있으며 이산화탄소 배출량도 감축된다. 좀 추우면 옷을 껴입어라.
- 온수를 틀면 대부분 30초 안에 화상을 입을 정도로 뜨거운 물이 쏟아진다. 온수는 섭씨 60도 정도가 적당하다. 욕실에 분무식 수도꼭지를 설치하는 것이 어떤가? 일반 수도꼭지로 양동이의 절반을 채우는 시간 동안 분무식 꼭지에서는 단 한 컵 분량의 물만 나온다.
- 냉장고, 냉동고, 식기 세척기, 오븐 같은 가전제품을 구입할 때 에너지 효율을 점검하라. 압력솥과 전자레인지는 재래식 기구보다 에너지 소비가 적다.
- 가열 압착기의 온수 탱크에 단열 외피를 씌워 열 손실을 최소화하라.
- 양호한 단열은 난방비와 이산화탄소 배출을 줄인다. 이중창은 열 손실방지에 좋다. 최초 설비비가 들더라도 난방비 절감에 크게 유리하다. 난방 장치 가동 중에는 커튼을 닫아라. 지붕 단열도 중요하다. 더운 공기는 상승하므로 지붕 단열이 부실하면 지붕을 통한 열 손실이 크다.
- 지붕 밑 방의 단열 상태를 확인하라. 단열재 두께가 250밀리미터 이하라면 몇 겹 더 씌우는 것이 좋다. 적합한 단열재로는 양털, 폴리스티렌, 셀룰로오스 섬유와 다중 포일 등 다양한 자재가 있다.
- 자연 채광이 있을 때는 전구를 꺼라. 절전형 전구를 사용하라. 이 전구는 재래식 전구 4분의 1 정도의 에너지만 소비한다. 절전형 전구가 재래식 전구보다 단가는 더 비싸지만 전기 요금 절감으로 구입비를 단기간에 회수할 수 있다. 텔레비전과 컴퓨터는 대기 모드에서도 거의 같은 양의 에너지를 소모한다는 사실을 기억하라. 사용하지 않을 때는 모든 전기 제품을 꺼 두라.
- 차나 커피를 끓일 때는 필요한 만큼의 물만 사용하라.

- 여러 교회 그리스도인들로 구성된 웹사이트 크리스천 생태학 링크Christian Ecology Link는 그리스도인의 생태학적 의식을 개발하는 데 매우 귀중한 자료다. 충분히 방문할 만하다. www.christian-ecology.org.uk는 구성이 탄탄한 홈페이지로 '노아 작전'처럼 진행 중인 캠페인이나 지원 운동으로 직접 연결시켜 준다. 당면 생태 문제를 다루는 항목은 많은 도움이 된다. 실천적 아이디어 항목은 친생태적 생활 방식에 대해 여러 조언을 한다. 주로 영국의 생태적 사건을 기록하는 일지日誌도 있다. 관련 기도문도 올라와 있고 유사 사이트와도 연결시켜 준다. 이 유용한 사이트는 자원 봉사자들이 편집했다.

지구온난화를 제1의제로 삼음으로써 교회는 당대의 가장 중요한 문제와 대결하는 데 절실히 요구되는 리더십을 제공한다. 교회의 가르침과 사목적 우선순위가 이런 문제들에 초점을 맞춘다면 교회가 세상에 대한 하느님의 사랑을 진정으로 받아들인다는 것을 보여 주게 될 것이다(요한 3,16-17 참조). 지도자들은 지구를 파괴하는 힘에 대항함으로써 예언자 역할을 수행하고 지속가능한 삶의 방식을 추구하게 될 것이다. 이는 지구온난화를 깊이 우려하는 사람들에게 매혹적이다. 아텐보로Attenborough 감독처럼 어린이의 눈을 들여다보는 사람이면 누구나, 자신의 행동이 지구온난화를 유발하는 심각한 변화의 원인을 제공하고 있다는 사실을 염려할 수밖에 없다. 교회가, 특별히 가톨릭 교회가 환경문제에 대한 현재의 무감각에서 벗어나 '노아 작전' 같은 운동에 온 힘을 쏟아 붓는다면, 그들이 매우 기뻐할 것이다.

변할 때는 지금이다

낭비할 시간이 없다. 기후변화에 결정적인 행동을 취할 수 있는 시간은 기껏해야 20년밖에 없으며, 그렇지 못할 경우 돌이킬 수 없는 '전환점'tipping points을 지나쳐 버릴 것이라는 데 과학계가 의견의 일치를 보이고 있다. 화석연료에 계속 무관심하게 접근한다면, 우리는 그린란드 빙상의 용해와 남극 대빙원의 붕괴처럼 세계를 황폐화시키는 변화에 길들여질 것이다.

지난 몇 세기 동안의 발전 신화로 말미암아 사람들은 미래 세대가 과거 세대보다 더 높은 생활수준을 누릴 것이라고 믿었다. 탄소 수준이 100만 분의 450까지 상승한다면, 일정한 피드백 과정이 지구를 인간과 다른 피조물들의 차세대가 살기에 덜 쾌적한 곳으로 만들 것이 확실하다. 이를테면 차세대는 열팽창이 해양을 통해 서서히 이루어질 때까지 기후 조건이 점점 더 나빠지리라는 것을 해수면 상승으로 미루어 알 수 있을 것이다. 미리 안다 해도, 인류의 삶은 필연적으로 퇴보하여 못 견디게 힘겨워질 것이다. 자신이 무슨 짓을 저지르고 있는지 알면서도 계속 대기를 오염시킨 20세기 말과 21세기 초의 두 세대를 후대는 결코 용서하지 않을 것이다.

지금 바로 변화가 시작되어야 한다. 우리는 분명 유례없는 자연계 위기의 시대에 살고 있다. 그리스도교 신학의 시각에서 볼 때 우리는 '역사의 결정적 순간'kairos moment에 살고 있다. 새로운 시대를 위한 개인과 단체의 구체적인 선택이 요구되는 바다. 지구온난화 대응에 개인이 어떤 역할을 하든, 정치·경제 공동체가 한배에 타지 않는 한 아무것도 이룰 수 없다. 하여, 전환적 발상의 정치적 리더십이 필요하다. 앨 고어 미국 전 부통령 같은 정치인이 있어야겠다. 지구온난화 전반에 걸린 일이 무엇인지, 누가 대중을 이끌어 필요한 변화를 만들어 낼 것인지, 그는 국민들에게 용기 있게 설명했다. 탄소 과세는 화석연료 사용 감소와 각종 대체에너지원 개발을 위한 포괄적 접근의 시작에 불과하다.

교회는 '국가적 존경의 표징'으로서 이러한 노력의 전면에 나서야 한다. 지구온난화 문제는 궁극적으로 윤리적·종교적 사안이기 때문이다. 교회 지도자들은 지금까지보다 훨씬 더 효과적인 리더십을 발휘해야 한다. 더 광범위한 생태 사목적 접근이 교회 직무의 중심에 서야 한다. 실천적 차원에서는 세계자연보호기금, 그린피스, 녹색당, 유엔, 지구의 친구들, 녹색소비자연대Green Consumer Organization 같은 기구들이 지구온난화에 대한 문제를 이해하고 구체적인 선택을 하도록 우리를 돕는다. 종교적 차원에서는 하느님이 자연 속에 현존하신다는 사실에 민감한 신학과 영성과 선교학을 발전시키도록 노력해야 한다. 우리를 자연과 재통합시키기 위해서는 하느님의 현존을 기리고 알리는 전례가 실로 중요하다. 가정과 학교와 그리스도교 공동체를 위해 이런 전례를 발전시켜야 한다. 이는 현재 교회 공동체에 잠재된 창의력을 불러일으킬 것이다. 성사를 거행할 때 우리는 물, 기름, 포도주, 빛, 어둠 등 자연에서 온 상징을 사용한다. 그러나 이런 것들이 무기력하게 사용됨으로써 우리를 자연과 하나 되게 하지 않고 오히려 낯설게 만드는 경우도 종종 있다.

긍정적으로 마무리하자. 성령강림대축일에 우리는 「성령송가」를 바친다: "오소서 성령님, 저희 마음을 성령으로 가득 채우시어 저희 안에 사랑의 불이 타오르게 하소서. 주님의 성령을 보내소서. 저희가 새로워지리이다. 또한 온 누리가 새롭게 되리이다." 이것이 우리의 도전 과제이자 기도다. 우리는 이 아름다운 세계를 창조하신 하느님이 우리 시대에 자행되는 파괴를 슬퍼하시고, 우리 모두가 지구의 치유와 배려에 헌신할 소명을 부여하셨음을 알고 있다. 환경보호 운동의 세계적 확산과 이를 교회의 선교 차원으로 통합하려는 움직임은 일종의 '표징'이다. 시인 제라드 맨리 홉킨스Gerard Manley Hopkins의 말을 빌리면 이렇다:

성령께서 활처럼 굽은 세계를
따스한 가슴과 아! 찬란한 날개로
조용히 감싸서 보호해 주신다.

■■■ **옮긴이의 말**

이 책은 기후변화의 재앙이 더 이상 소설이나 영화에서 다루고 있는 가상의 일이 아니라, 빠른 속도로 우리에게 다가오고 있는 현실적 재앙임을 깨닫게 해 준다. 사실 그동안 지구온난화와 기후변화 문제에 대해 많은 연구 보고와 정책 입안과 프로젝트가 국가 단위 혹은 국제적 차원의 전문기구에서 수없이 다루어져 왔다. 그러나 보통의 생활인들은 말할 것도 없고, 적극적으로 관심을 가져야 할 기업인과 정치인들조차 기후변화 문제를 절박한 생존의 과제로 인식하지 않았던 것이 사실이다. 먼 나라 혹은 다른 나라의 일이거나, 지금 당장 해결해야 할 긴급한 문제가 아니라는 생각들이 지배적이었던 것이다.

인간은 다른 모든 피조물과 밀접하게 연결되어 있기 때문에, 지금 세대가 기후변화 문제에 어떻게 대처하느냐에 따라, 인간을 포함한 전체 우주 생물권이 계속하여 함께 번영을 누리거나, 아니면 모두 함께 사라져 버릴 수 있는 매우 절박한 순간에 처해 있다고 저자는 경고한다. 전 세계 기후 과학자들은 일치된 의견으로 지구온난화의 시계추를 늦추기 위해 우리가 행동을 취할 수 있는 시간은 고작 20년밖에 남지 않았다고 주장한다. 이제 기후변화 문제는 더 이상 강 건너 불이 아니라, 바로 우리 자신의 발등에 떨어진 불이 된 것이다.

지은이는 이 책에서 중대한 전환점에 서 있는 지구공동체의 일원인 우리 모두에게 기후변화의 근본 원인과 인류의 파국을 극복하기 위해 결단력을 발휘해야 할 때와, 앞으로 20년 동안 누가·무엇을·어떻게·어디서부터 시작해야 할 것인가에 대해, 과학적 근거와 구체적 사례를 바탕으로 실질적이며 실천가능한 방법들을 제시하고 있다.

옮긴이로서는 개인, 시민 단체와 종교계, 기업과 정부가 상호 긴밀하게 연대하여 기후변화와 지구온난화 문제에 대처해 가는 과정에서, 이 책이 유익한 길잡이가 되어 우리가 직면한 위기를 효과적으로 극복해 나갈 수 있게 되기를 바란다.

2008년 새해
함미자

■■■ 관련 웹사이트

Christian-Ecology link
www.christian-ecology.org.uk

Eco-congregation
www.ecocongregation.org
www.emagazine.com

Friends of the Earth (FOE)
www.foe.co.uk

Friends of the Earth (Ireland)
www.foe.ie

Gore, A1, *An Inconvenient Truth*
www.climatecrisis.net

International Panel on Climate Change
www.ipcc.ch

Oxford Declaration on Climate Change
www.climateforum2002.org

Nuclear Spin
www.nuclearspin.org

Peak-Oil
www.peakoil.com

UN Environment Programme
www.climateimc.org

Union of Concerned Scientists
www.ucsusa.org/.../global-warming-fag.html

■ ■ ■ 참고문헌

Anil MAKHANDYA and KIRSTEN, 2002, *Climate Change and Sustainable Development*, Earthscan, London.

A. Barrie PITTOCK, 2005, *Turning up the Heat*, Earthscan, London.

Amory B. LOVINGS, 1979, *Soft Energy Paths*, Harper and Row, New York.

Cardinal Cahal DALY, 2004, *The Minding of Planet Earth*, Veritas, Dublin.

Compendium of the Social Doctrine of the Church, 2004, Veritas, Dublin.

David HOLLENBACH, SJ, 2002, *The Common Good and Christian Ethics*, Cambridge University Press, Washington DC.

Energy in Ireland, 1990~2004, Trends, issues, forecasts and indicators, Sustainable Energy Ireland.

Fred PEARCE, 2005, *The Last Generation — How Nature Will Take Her Revenge for Climate Change*, Eden Project Books.

Godfrey BOYLE (ed), 2004, *Renewable Energy: Power for a Sustainable Future*, Oxford University Press with the Open University.

James LOVELOCK, 2006, *The Revenge of Gaia*, Penguin, London.

Jared DIAMOND, 2005, *Collapse: How Societies Choose to Fail or Survive*, Allen Lane, an imprint of Penguin Books, London.

Jeremy LEGGETT, 1990, *Global Warming: The Greenpeace Report*, Oxford University Press, Oxford.

John HOUGHTON, 2004, *Global Warming*, Cambridge University Press, Cambridge.

John SWEENEY, et al, 2004, *Climate Change: Scenario and Impacts for Ireland*, Environmental Protection Agency (EPA), PO Box 3000, Johnstown Castle, Co Wexford, Ireland.

Kenneth S. DEFFEYES, 2005, *Beyond Oil: The View from Hubbert's Peak*, Hill and Wang, a division of Farrar, Straus and Giroux, New York.

Martin REES, 2003, *Our Final Century: Will The Human Race Survive the Twenty-First Century?* William Heinemann, London.

Our Common Future, The World Commission on Environment and Development, 1987, Oxford University Press.

Seán MCDONAGH, 1999, *Greening the Christian Millennium*, Dominican Publications, Dublin.

Sign of Peril, Test of Faith, Accelerated Climate Change, 1994, World Council of Churches, 150, route de Ferney, PO Box 2100, 1211 Geneva 2, Switzerland.

Tim FLANNERY, 2005, *The Weather Makers: History and Future Impact of Climate Change*, Allen Lane (Penguin), London.

Richard DOUTHWAITE (ed), 2003, *Before the Wells Run Dry: Ireland's Transition to Renewable Energy*, Lilliput Press, 159 Lower Rathmines Road, Dublin 6.

The Future of Renewable Energy 2, EURED Agency 2002, James and James (Science Publishers) 35-37, William Road, London, NW1 3ER.

G.B. MARINI-BETTÓLO, 1989, *Study Week on A MODERN APPROACH TO THE PROTECTION OF THE ENVIRONMENT*, Pontifical Academy of the Sciences, Vatican City, Rome.

색인

가장자리 플라즈마의 반복 폭발edge-localized modes(ELM) 131
걱정하는 과학자들의 모임(Union of Concerned Scientists) 85 124
고다드 우주연구소(Goddard Institute for Space Studies) 19 49 62 77
교토 의정서(The Kyoto Protocol) 10-1 54 69-71 75 79 89-106 114 136 175 187 206 219
교회와 기후변화(Churches and climate change) 10-1 47 182-3 186-7 190 193 199 201 209-10 216-7 222
   극단적 기후(Extreme weather) 9 27 30 63 187 209
   던다크 공과대학(Dundalk Institute of Technology) 156
   재생가능에너지 촉진의 실패(Failure to promote renewables) 160-1
교회와 지구온난화(Churches and Global Warming) 85-6 179-227
   가톨릭 교회(Catholic Church) 11 178 186 191-4 206 207-12 217 224
   복음주의 교회(Evangelicals) 85-6
   세계교회협의회(World Council of Churches) 182-90 191 198 201
그레이트 배리어(Great Barrier) 47 208
그린란드(Greenland) 25 31-3 35 39-40 42 225
글렌달로(Glendalough) 25
기술적 조정(Technical fixes) 86-7
기업과 지구온난화(Industry and Global Warming) 84-5 91 100
기후변화(Climate Change) 7-12 14-5 16-25 27-37 39 41-87 89-93 104 114 119-20 124 158 166 179-80 182-4 186-7 189-90 193-6 199 201 206-10 213 215-7 219 222-4 225 229-30

갑자기(Suddenly) 18 25 60
건강(Health) 56
위협(Under threat) 7 66 71 190 195 213

나오미 오레스크스(Naomi Oreskes) 30
남극(Antarctic) 8 22 39-41 47-8 225
『네이처』(Nature) 30 56 58 72
노아 작전(Operation Noah) 215-7 224
뉴올리언스(New Orleans) 28-9 45 94

데이비드 벨라미(David Bellamy) 74-5
데이비드 아텐보로(David Attenborough) 8 224
데이비드 윌리엄스(David Williams) 168
데이비드 킹(David King) 8 195

레나토 마르티노(Renato Martino) 128-9
로완 윌리엄스(Rowan Williams) 11 217-8
리마(Lima) 33

마셜 제도(Marshall Islands) 44
메탄(Methane) 16-7 20-2 37 65-6 84 99
멕시코 만류(Gulf Stream) 23-5 31 209
몬트리올 의정서(The Montreal Protocol) 22-3
뮤니히-레(Munich-Re) 30
미국(United States of America) 7 20 27

35 41 45 50 53-5 57 62 66 69-73 76-85 90-4 106 108-9 112 115-8 123-5 127 131-2 135-6 140 144 147-8 157-8 164-5 167-70 172 176 181 188 190 194-5 199 201 206 212 221 225
밀루틴 밀란코비치(Milutin Milankovitch) 15
밀란코비치 주기(Milankovitch cycles) 15

바이오 에너지(bio-energy) 141-5
방글라데시(Bangladesh) 29 44
배출 증가(Increase in emissions) 84 92 94-100 114 121 160 175-7 201
베네딕도 16세(Pope Benedict XVI) 10 203 212 214 222
북극(Arctic) 8 20 24 31 36-7 40-2 66
비욘 롬보그(Bjorn Lomborg) 75-6
빙하(Glaciers) 24 32-6 40 46 71 74-5
빙하 작용(Glaciation) 14-5

산림(Forest) 51 60-1 141 192
석유 생산의 정점(Peak-Oil) 10 163-178 219
세계자연보호기금(World Wide Fund for Nature) 53 226
수력발전(Hydro-Power) 139-40
수소에너지원(Hydrogen, energy source) 81
　저장의 어려움(Difficult to store) 82
스반테 아레니우스(Svante Arrhenius) 17
스웨덴(Sweden) 17 108 127 145 158-9 160
시드니(Sydney) 50-1 176

아놀드 슈왈제네거(Arnold Schwartznegger) 80
아일랜드(Ireland) 9 14 18 23 30-2 36 45 52 54 59 61 65 87 94-102 109 111 137-41 143-7 150 152-6 159-62 163 168-9 171-4 181 197 212 215 218-22
농업(Agriculture) 31 61-6
아일랜드 지속가능에너지연구소(Sustainable Energy Ireland, SEI) 138-9 152 155 161
알베도 효과(Albedo effect) 24 41
알프레드 벵거 극지 및 해양 조사연구소(Alfred Wenger Institute for Polar and Marine Research) 49
에너지 효율(Energy Efficiency) 10 104 127 135-62 185 223
엘리자베스 콜버트(Elizabeth Kolbert) 24
염화불화탄소 화합물(Chlorofluorocarbon, CFC) 22 192
영구 동토층(Permafrost) 22 36-7
영국(Britain) 7-9 11-2 16 20-3 30-2 36 40 48 58 63 69 71-2 76 78 91 104-5 111-4 118-22 126-7 129-30 137 142 146 149-50 153 156 163 166 172-4 176-7 181 190 195 204 215-8 220 222 224
온실가스(greenhouse gases) 10 21-2 65 69-73 76 78 80-4 89-90 92-101 105 121 124 142-3 146 154 161 173 175-7 184-5 187 200-1 208 210 215 218-9
온실효과(greenhouse effect) 20-1 137 176 192
요한 바오로 2세(Pope John Paul II) 10 191 195 201 211
원자력(Nuclear power)
　교회(Church) 128-30
　사고(Accidents) 109-14 117 126 128 133
　옹호 전략(Propaganda) 130
　싸지 않다(Not cheap) 119-24
우라늄(Uranium) 109 112 114-7 122-5 132

원자로 폐로/폐기(Decommissioning) 118 122 153
융합(Fusion) 131-3
체르노빌(Chernobyl) 109-11 132-3
친환경적이 아니다(Not green) 114-9
테러리스트(Terrorist) 124-5
폐기물(Waste) 112 116 118-9 126-9 133
유엔 정부간 기후변화위원회(UN's Intergovernmental Panel on Climate Change, IPCC) 16 19 23 39 41 86 90 93 119 124 187
이산화탄소(Carbon Dioxide) 16-9 21-3 35 37 48 50 54 60-3 73 75-7 80 82-7 92 95 97 101-5 114 116-7 121 128 138 142 147 153 156 160 163 173 175-7 201 204 221 223
일본(Japan) 27 54 78 113 117 123 132 136 147 157

지구온난화(Global warming)
  농업(Agriculture) 22 31 33 49 51 61-6 99 167
  멸종(Extinction) 36 41 48 58-60 204 213 216
  사막화(Desertification) 52-5
  산성화(Acidification) 48-9 86-7
  질병(Disease) 9 56-7 60 63 195
지미 카터(Jimmy Carter) 76 221

찰스 킬링(Charles Keeling) 18

칼 데일리(Cahal Daly) 196 221
케리 엠마누엘(Kerry Emanuel) 30
클라우스 토퍼(Klaus Toepfer) 51
키리바시(Kiribati) 44 67 208 210

자동차(Car)
  ~의 미래(Future of) 169-75
재생가능에너지(Renewable Energy) 10 74 87 130 135-62 185 216
제임스 러브록(James Lovelock) 8
제한과 수렴(Contraction and Convergence) 105-6
조력 에너지(Tidal energy) 150-3 185
조지 몬비오트(George Monbiot) 74-5 166
조지 부시(George W. Bush) 69-70 72-3 76-7 79 84-5 90 93 108-9 144 206-7
조 파만(Joe Farman) 22
존 틴들(John Tyndall) 16-7
존 해슬렛(John Haslett) 25
존 호튼(John Houghton) 43
중국(China) 33 45 53-5 62-4 78 81 92 109 117 123 132 136 142 165 197 201

탄소 배출권(Carbon Permits) 92 94 101-3 105
태양열 에너지(Solar Power) 114 145-9
태풍(Typhoons) 28-9 44 61 67 70 209-10
투발루(Tubalu) 44 208
티모시 오스본(Timothy Osborn) 21
틴들 기후변화 연구 센터(Tyndall Centre for Climate Change Research) 12 175 217
팀 플래너리(Tim Flannery) 47 59

파도 에너지(Wave energy) 150-3
퍼스(Perth) 50
페루(Peru) 33 61
포츠담 임팩트 연구소(Potsdam Institute Impact Research) 19
풍력 에너지(Wind Energy) 153-6 161

피터 콕스(Peter Cox) 23
필리핀(Philippines) 19 27 29 45 51
  62-3 107-8 128 141 209-10

항공 여행(Air Travel) 175-8
해수면(의) 상승(Rising Sea Levels) 8-9 29
  39-42 43-6 47 67 208-10 213 225
해수의 열팽창(Thermal Expansion of
  Water) 43-4
해양 생태계(Marine Life) 46-9
  담수(Water, fresh) 24 31 40 45
  49-52
허리케인(Hurricanes)
  길버트(Gilbert) 27
  리타(Rita) 28-9
  미치(Mitch) 27
  앤드루(Andrew) 27
  윌마(Wilma) 29
  카타리나(Catarina) 28
  카트리나(Katrina) 28 72
호주(Australia) 7 9 47 49-51 53-5 57-9 91
  114-5 117 121 123 181 205 211-2
    가톨릭 교회(Catholic Church) 207-12
    가톨릭지구보호협의회Catholic Earth
    Care Australia 189 209 215
히말라야(Himalayas) 33